Neue Wege der Leistungsgesellschaft

Windmühle
GmbH
Verlag und Vertrieb von Medien

Frederic Vester, Friedrich Glasl,
Bernhard Teriet, Heijo Rieckmann, Eberhard Ulich,
Hans-Peter Fischer, Hans-Jürgen Heinecke

Neue Wege der Leistungsgesellschaft

**Wertwandel und seine
praktischen Konsequenzen im Unternehmen**

Herausgegeben von Uwe Schäkel und Jürgen Scholz,
Institut für Management-Entwicklung

Reihe Betriebliche Weiterbildung 4

Windmühle GmbH · Verlag und Vertrieb von Medien · Essen

CIP-Kurztitelaufnahme der Deutschen Bibliothek

Neue Wege der Leistungsgesellschaft
Wertwandel und seine praktischen Konsequenzen
im Unternehmen / Hrsg. Inst. für Management-
Entwicklung. Frederic Vester
Essen-Werden: Windmühle, Verlag und Vertrieb
von Medien, 1982
(Reihe betriebliche Weiterbildung; Bd. 4)

ISBN 3-922789-08-0

1. Auflage 1982
Alle Rechte vorbehalten
© 1982 Windmühle GmbH, Verlag und Vertrieb von Medien, Essen
Printed in Germany
Satz: Schreibsatz Windmühle GmbH
Druck: Kroha-Druck, 8164 Hausham
ISBN 3-922789-08-0

Inhaltsverzeichnis

Vorwort

"Wertwandel und Veränderung sind heute Trumpf. Auch in der Wirtschaft.
Dabei hat sich herausgestellt, daß sinnvolle Änderungen und Verbesserungen des Einsatzes der menschlichen Arbeitskraft auch die Erträge positiv beeinflussen können," so schrieb Rosemarie Fiedler-Winter in
Blick durch die Wirtschaft am 10.12.81. Was aber ist eigentlich "Wertwandel"?

Arbeit selbst wird nicht mehr als sinnvoll empfunden, arbeitende Menschen identifizieren sich nicht mehr mit ihrem Beruf, Geld und Erfolg
sind keine großen Anreize mehr, die eigene Arbeit gibt heute weniger
Menschen als früher Zufriedenheit und Sinn im Leben. Diese Nein-Sätze
von Yankelovich werden komplettiert durch eine Reihe von Analysen, die
aufweisen, worin sich heute Menschen Ziele setzen: Befreiung vom Zwang
zu hektischer Leistungsaktivität, zu expansiver Rivalität. Integration
in Gruppen und Solidarität werden angestrebt - so Horst Eberhard Richter.
Der Kreis um Eberhard Ulich stellt aufgrund hinweisender Beobachtungen
die Frage, ob nicht die Rückzugs- und Privatisierungstendenzen der Jüngeren eine Resultante der als gesellschaftlich unnütz empfundenen Produktion von Bergen von Wegwerfprodukten ist. Auch der sich explosiv
äußernde Drang nach Selbstbestimmung und Einflußnahme auf den eigenen
Lebenskontext muß als neuer Wert begriffen werden, nach dem die Tugen-
den Gehorsam und geduldiges Ausharrenkönnen das Autonomiestreben nicht
mehr so recht unter Kontrolle halten. Mit diesem Anspruch auf Selbststeuerung ist auch die kulturelle Selbstverständlichkeit von der sau-
beren Aufeinanderfolge der Lebensrollen zerbrochen: Schule, Ausbildung,
Kinderkriegen, eigenes Heim, Beruf, Familie, Karriere vollziehen sich in
einer Turbulenz und einem selbstverständlichen Nebeneinander, die den äl-
teren Betrachter nahezu schwindlig machen.

Einzelne Firmen haben erkannt, daß die Veränderungen der alten Normen
ein Appell zum gedanklichen und praktischen Neubeginn sind.

Aufbauend auf diesem Gedankengut veranstalteten wir vom 2. bis 3. Dezember 1981 in Düsseldorf unsere 5. Studientagung, an der zahlreiche selbständige Unternehmer, Geschäftsführer mittelständischer Unternehmen, Leiter von Personal-, Ausbildungs- und Weiterbildungsabteilungen und Bildungsreferenten des öffentlichen Dienstes und deren Organisationen teilnahmen. Im Vordergrund dieser Tagung standen Berichte von Firmenvertretern. Damit eröffnete das IME den Teilnehmern wieder einmal praktische und realisierbare Wege der betriebsbezogenen Mitarbeiterentwicklung und -weiterbildung, die den neuesten Entwicklungen Rechnung tragen.

Wir danken den Referenten, die sich bereit erklärt haben, ihre Berichte für diese Veröffentlichung zur Verfügung zu stellen.

Bielefeld, im Oktober 1982
Institut für Management-Entwicklung
Uwe Schäkel   Jürgen Scholz

1. Teil

Neue Mitarbeiteransprüche — Chancen und Risiken für die Zusammenarbeit im Unternehmen

WERTWANDEL UND SEINE KONSEQUENZEN

VON PROF. DR. FREDERIC VESTER, MÜNCHEN

Wenn Wertvorstellungen sich wandeln, dann geschieht das ja wohl kaum spontan aus sich heraus und auch nicht als Folge von definierbaren Einzelursachen, sondern da diese Werte Teile unseres Bewußtseins sind, Teile des Gedankengutes von ganzen Völkern, von Populationen und diese zusammen mit ihrem Lebensraum ein komplexes System bilden, ist ein solcher Wandel der Werte immer die Re-Aktion auf eine veränderte Gesamtkonstellation und nur hieraus erklärbar. Genau das ist Thema dieses Buches. Einen Wertewandel getrennt für sich zu verstehen oder gar beklagen oder aufhalten zu wollen ohne diese Konsequenzen zu berücksichtigen, wäre gewiß sinnlos.

Deshalb will ich versuchen, das Besondere der heutigen Konstellation ein wenig von diesem Systemansatz aus zu beschreiben. Denn das "Einzelphänomen als Ausdruck eines komplexen Systems" zu sehen, wird sicher eine wichtige Grundlage für die anschließenden Beiträge sein.

Nun zu dieser heutigen Konstellation:
Wir haben es heute, wie schon öfter im Laufe der Menschheitsgeschichte, mit der Auflösung einer Kultur zu tun, mit dem Zuendegehen des industriellen Zeitalters. Vergleichen wir es mit dem Verfall des Römischen Reiches, so kann man etwa bei dem großen Historiker Jakob Burkhard nachlesen, daß es dort zu verblüffend ähnlichen Erscheinungen kam wie sie heute zu beobachten sind: Lockerung der Familienbindungen, Nachlassen konstrukti-

ver Aktivität im Austausch gegen passiven Konsum, Passivität der Masse auch bei Kampf und Spiel (Gladiatorenkämpfe, Wagenrennen), Absage der Jugend an das "Geschäft" der Eltern, weiterhin Verluste der selbstregelnden Instinkte beim Essen und Trinken oder auch emanzipatorische Bestrebungen der Frau (nicht im Sinne eines neuen Wertes der Weiblichkeit, sondern im Sinne eines Nachäffens der - letztlich ja gar nicht um jeden Preis erstrebenswerten - männlichen Eigenschaften und Denkstrukturen, auch dort, wo es gälte, die femininen - auf die ich noch kommen werde - zu entwickeln und einzusetzen).

Dies war zu einer Zeit, als die Bevölkerungsdichte, außer gelegentlichen lokalen Übervölkerungen, weltweit einer fast stationären Phase entsprach, so wie es sich auf der Ihnen ja allen bekannten Wachstumskurve der Weltbevölkerung, über den Beginn des Ackerbaus hinaus bis ins Mittelalter, präsentiert.

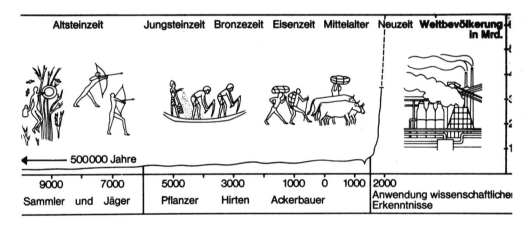

Wachstumskurve der Menschheit

Abbildung 1: Wachstumskurve der Menschheit

Inzwischen hat sich jedoch das einstmals sehr langsame Tempo der Verdoppelung der Menschheit vertausendfacht. D.h. etwa 30.000 Jahre dauerte es früher, bis wieder doppelt so viele Menschen auf der Erde waren - eine Rate, die über viele hunderttausend Jahre anhielt. Statt alle 30.000 Jahre verdoppelt sich heute die Menschheit in wenigen Jahrzehnten, und damit kommt gegenüber früheren Kulturkrisen ein gänzlich neuer Faktor hinzu:

Der aus dieser plötzlich emporgeschnellten Bevölkerungszahl resultierende Dichtestreß.

Denn nicht nur die Zahl der Menschen nahm zu, sondern auch diejenige ihrer künstlichen Systeme, so daß aus vereinzelten technischen Prozessen - etwa bei der Eisenverhüttung im alten Germanien - eine Konzentration gewaltiger industrieller Prozesse auf engstem Raum entstand. Das wiederum ermöglichte eine nochmalige Zunahme der Siedlungsdichte. Aus Urlandschaften, besonders in Nordamerika, wurden oft in wenigen Jahrzehnten riesige Ballungsgebiete. Ballungsgebiete, über deren Probleme wir in den letzten Jahren in meinen Institut intensiv gearbeitet haben, um das neuartige Systemgefüge, die neue Systemstruktur zu ergründen. Denn hier hatte die Menschendichte eine weitere Schwelle überschritten, wobei der Sog dieser Agglomerationen immer noch im Wachsen begriffen ist.

Um 1800 lebten rund 2 % aller Menschen in Städten mit über 20.000 Einwohnern. Heute sind es über 50 %, wobei Massierungen von 20 Mio. Menschen in einem einzigen Ballungszentrum bald keine Seltenheit mehr sein werden.

Aber nicht nur die Menschen und ihre künstlichen Systeme rückten immer näher zusammen, auch die Kommunikationsdichte nahm zu. Vorgänge im fernen Amerika wurden durch Zeitungen, Rundfunk und Fernsehen schließlich hautnah, und was in Afrika passiert oder in Nicaragua, füllt ebenso unser Wohnzimmer wie der Mord an einem ägyptischen Präsidenten - unsere Privatsphäre wird von immer mehr Ereignissen durchdrungen. Auch das ist Dichtezunahme. Und nun kommt das Paradoxe der Situation: Während so die Menschen immer mehr zusammenrücken und immer mehr von einander erfahren, das Kommunikationsnetz immer enger wurde, wird die Art der zwischenmenschlichen Kommunikation auf der anderen Seite immer indirekter. Entfremdung, Frustration, fehlende Antistressoren wie Körperbewegung und Zärtlichkeit, Mangel an Hautkontakten, all das erhöht die negativen Effekte dieses Dichtestresses.

Die direkte Beziehung zu dem Ergebnis seiner Arbeit, wie sie etwa bei einem Fischer auf den kleinen Antillen noch gegeben ist, also die Beziehung zum Produkt über die Hände, über den Organismus und damit das Vertrautsein mit dem, was man gestaltet, das wurde mehr und mehr ersetzt durch

Telekommunikation, durch Schaltpulte und durch eine zum Teil völlige Abtrennung von der Endwirkung dessen, was wir tun. Neue Stressoren wie Frustration, Angst vor Verantwortung, mangelndes Erfolgserlebnis, Kompetenzdefizit kamen hinzu. Das, was man in 8 Stunden am Tage tut, diffundiert irgendwohin, ist im Grunde nicht mehr greifbar.

Dem Einzelnen, auch dem Entscheidungsträger, beginnt die Situation aus der Hand zu gleiten, man wird mit den Problemen immer weniger fertig. Das, woran man sich jahrzehntelang halten konnte, scheint nicht mehr zu stimmen. Alles in allem scheinen wir bei der erfolgten Dichtezunahme den "kritischen Punkt" verpaßt zu haben, ab dem wir, sozusagen auf höherer Ebene, in einen neuen, überlebensfähigen Zustand finden.

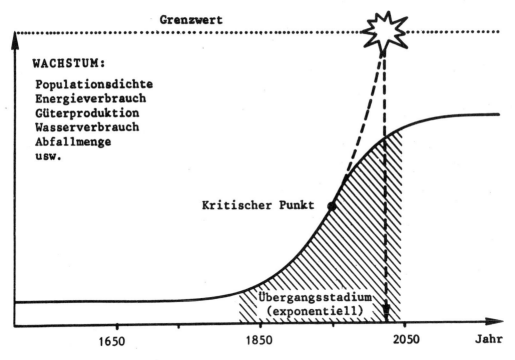

Abbildung 2: Wachstumskurve

Je weiter wir über diesen Punkt hinausschießen, das zeigt die gestrichelte Linie, um so weniger wird es möglich sein, die Rückführung auf den Zustand des Überlebens, also das Abbiegen in die Waagerechte, ohne Katastrophe zu erreichen. Und je höher wir mit künstlichen Hilfsmitteln diese Strecke verlängern, um so drastischer wirken die Grenzwerte, an die wir dann stoßen, um so stärker natürlich die Katastrophen.

Diese S-förmige Entwicklung, die auch unter dem Begriff "logistische Wachstumskurve" bekannt ist, beruht auf allgemein gültigen Systemgesetzen, wie sie sich aus der Neuordnung und Umstrukturierung der Einzelkomponenten eines dynamischen Systems und der zugrundeliegenden Mathematik ergeben. Es sind Vorgänge, wie wir sie im Grunde bei allen komplexen Systemen beobachten. Deshalb müssen wir die Antworten zu unserer heutigen Situation nicht nur in der kulturellen Entwicklung, also beim Menschen selbst und seinen bisherigen Erfahrungen suchen, sondern wenn wir wirklich verstehen wollen, was hier stattfindet, müssen wir uns vor allem einmal die Systemgesetze der biologischen Welt ansehen, zu der wir ja schließlich mit Haut und Haar gehören.

Hierzu noch eine Randbemerkung: Wir haben lange geglaubt, und viele glauben es heute noch, daß wir Menschen eine Ausnahme unter den Lebewesen bilden, daß für uns die biologischen Gesetze, die von den Säugetieren bis hinunter zu den Bakterien zutreffen, nicht gelten. Die Allgemeingültigkeit physikalischer Gesetze, haben wir längst akzeptiert. Vielleicht weil sie mit weniger Zeitverzögerung arbeiten und weniger komplex sind. Wenn uns ein Ziegelstein auf den Kopf fällt, dann wissen wir, daß wir uns bei aller angenommenen Gottähnlichkeit den Gesetzen der Schwerkraft nicht entziehen können, das haben wir kapiert. Was dagegen die biologischen Gesetzmäßigkeiten betrifft, so haben uns die Religionen, die Ideologien, ja auch manche Philosophen und Sozialwissenschaftler eingeredet, etwas Besonderes zu sein. Darauf basiert ein Teil ihres Erfolges, denn so was gefällt einem, das geht ein wie Butter, wie der Erfolg der "Herrenmenschentheorie" ja noch vor gar nicht allzu langer Zeit gezeigt hat.

In Wirklichkeit sind jedoch gerade jene tiefer liegenden "biokybernetischen" Gesetze wie etwa das Verhalten eines Systems bei wachsender Dichte (darauf basiert schließlich die Bildung von Zellen, von Organen, von Organismen und schließlich ganzen Ökosystemen - also kurz: das Leben als solches) genauso allgemeingültige Naturgesetze wie die Energieerhaltungssätze oder wie diejenigen der Schwerkraft oder der Mechanik. Mit dieser Zwischenbemerkung wollte ich also nur unterstreichen, daß man die Gültigkeit biologischer Systemgesetze auch für den Menschen akzeptieren sollte und daß es sich lohnt, einiges über diese Gesetzmäßigkeit zu wissen.

So zeigen z.B. eine Reihe von Ergebnissen aus der Biologie und der Verhaltensforschung, daß mit dem Überschreiten einer jeden Dichteschwelle sich entweder der Schritt zu einer höheren Organisationsform vollzieht, oder aber, daß das System wieder zu einer geringeren Dichte zusammenbricht. Beides bedeutet erneutes Überleben. In der Tat birgt ja jede neue Dichteschwelle für die betroffene Population die Gefahr einer Vernichtung der gesamten Population in sich. Um dies zu vermeiden, hat sich in der Natur ein Regelmechanismus entwickelt, der bei entsprechenden Konstellationen dafür sorgt, daß die Überlebensfähigkeit der betreffenden Spezies wieder erneut garantiert wird, sei es durch ein neues Verhalten und eine neue Organisationsform, die mit der höheren Dichte zurechtkommt, oder sei es durch Aggression, gegenseitiges Vernichten, nachlassendem Brutpflegeinstinkt, Sterilität und Krankheit, wobei durch eine für das Einzelwesen brutale Reduktion der Bevölkerungszahl wieder die frühere Dichte erreicht. Nun kann die Population - auch ohne Umlernen - erneut überleben. Deshalb meldet sich auch prompt beim Überschreiten einer Dichteschwelle ein Warnsignal, bei dem z.B. veränderte hormonelle Abläufe durch die entstehende Streßreaktion eine ausschlaggebende Rolle spielen.

In Tierversuchen, z.B. bei Baumspitzhörnchen, den Tupajas, wurde bewiesen, daß nur wenige Stunden eines solches Dichtestresses, wie er allein schon durch einen über längere Zeit erzwungenen Anblick eines im gleichen Käfig sitzenden, jedoch in der Rangordnung überlegenen Artgenossen erzeugt wird, zu tiefgreifenden organischen Veränderungen führen kann. Wenige Stunden eines solchen Dauerstresses, einige Tage wiederholt, kann bei den Tupajas z.B. zu einer völligen Impotenz führen. Ähnlich wie Schüler im Klassenzimmer mit einem ungeliebten Lehrer, ist auch hier die natürliche Reaktion auf Streß, nämlich Angriff oder Flucht, nicht möglich. Angriff fällt weg, weil der andere überlegen ist, Flucht fällt weg, weil die Tür geschlossen ist. Ich könnte mir denken, daß auch in vielen Büros eine ganze Reihe von gestreßten Tupajas sitzen, auch dort einfach nur durch den Anblick eines überlegenen Artgenossen, der im übrigen auch durchaus ein Untergebener sein kann, es muß keineswegs immer der Chef sein. Für mich besteht jedenfalls kein Zweifel, daß z.B. die statistisch beobachtbare zunehmende Sterilität in unserer Leistungsgesellschaft durch den insgesamt erhöhten Streßpegel bedingt ist. Reihenuntersuchungen an amerikanischen College-Studenten, die 1929 noch durchschnittlich 90 Millionen Spermien pro Milliliter Samenflüssigkeit aufwiesen, zeigten 1979, also 50 Jahre später (natürlich nicht bei den selben Studenten, sondern bei neuen im selben Alter) statt 90 Millionen Spermien nur noch 60 Millionen, und 23 % der jungen Männer waren praktisch bereits steril. All dies offenbar im Sinne einer natürlichen Reduzierung der Dichte.

Auch ein anderes Phänomen, das wir heute beobachten, nämlich der für ein Lebewesen im Grunde ungeheuerliche Vorgang, daß eine so tief verankerte Verhaltensweise, wie z.B. der Mutterinstinkt (ohne den viele Arten längst nicht mehr existieren würden) im Abnehmen begriffen ist und, zumindest in unseren Industrienationen, bei einer Reihe von Frauen bereits völlig verschwunden ist, ist auf das Höchste alarmierend. Dazu gehört, daß das Stillen zugunsten der Flaschennahrung zurückgeht, der Wunsch eine Familie zu bilden abnimmt und Kinder in Heimstätten abgeschoben werden. Solche Anzeichen bedeuten, daß streßbedingte Störungen bei uns bereits einen Grad erreicht haben, wie er eben auch in solchen Dichteexperimenten bei Tieren, z.B. den Tupajas beobachtet werden kann. Bleiben die Tiere in hoher Zahl eingeschlossen, so kann auch bei ihnen der Brutpflegeinstinkt nachlassen, wobei im Extremfall die Muttertiere ihre Neugeborenen sogar auffressen. Offenbar ist auch dies ein einprogrammiertes biologisches Phänomen für Extremsituationen. Hilflosigkeit in der Erziehung, steigende Zahl von Schlüsselkindern und umgekehrt Aggressionen gegen die Eltern und Jugendkriminalität sind die Anzeichen bei uns.

Während hier, selbstverständlich über eine Reihe von indirekten Stufen, neue erschreckende Verhaltensweisen auftreten, sind es andererseits gerade die bestehenden Normen und eingespielten Verhaltensweisen, die überhaupt erst zu Streßschäden führen, ja, die diese dann multiplizieren. Wenn ein Lebewesen in freier Wildbahn sich bedroht fühlt, dann reagiert es naturgemäß spontan mit seinem Körper, z.B. mit Flucht oder Angriff. Ein Reh springt ins Gebüsch, ein Hund verbellt den Störenfried, ein Hase beginnt Haken zu schlagen. Dazu genügt schon ein kleines Geräusch oder ein Lichtstrahl oder ein Schatten. Sie können es selbst ausprobieren. Gehen Sie normal durch eine Taubenansammlung in einem Park, so picken die Tiere ruhig weiter. Sobald Sie aber z.B. in die Hände klatschen, wirkt dieses ungewohnte Geräusch als Streßsignal und setzt sich bei den Tauben sofort in Fluchtbewegung um, die Tauben flattern auf. Das wäre also die normale Reaktion: Umsetzung des Signals in Bewegung.

Doch beim modernen Menschen werden solche instinktiven Impulse immer mehr durch die verschiedensten Zwänge unserer Zivilisation, durch Konstellationen, die ich vor allem in meinem Buch "Phänomen Streß" analysiert habe, abgewürgt. Denn gerade bei uns jagt oft pausenlos ein Alarmsignal, ein Streßreiz, den anderen. Das heißt aber beschleunigter Herzschlag, steigender Blutdruck, abschlaffendes Verdauungssystem und andere körperliche Veränderungen, die uns eigentlich alle für das Kämpfen präparieren sollen. Doch wir beherrschen uns, wir beugen uns den Regeln. Die angestauten Effekte dieser laufenden Frustration, dieser nicht zustande gekommenen Reaktion schädigen das Kreislaufsystem, den Verdauungstrakt, die Lunge, die Muskeln und Gelenke und beschleunigen den allgemeinen Alterungsprozeß. Und der ehrgeizige Abteilungsleiter, der sich vom Kollegen oder gar von der eigenen Frau ausgestochen fühlt, auf ihn hat dieser Streß auf die Dauer dann einen tödlichen Effekt.

All das sind Mechanismen, über die der allgemeine Dichtestreß auf die Dauer krank macht, steril, aggressiv, das Gruppenverhalten pervertiert und den Brutpflegeinstinkt absinken läßt, was alles zur Verminderung, zur Vernichtung von großen Teilen der Population, aber dadurch auch wieder zu geringerer Dichte und somit zu einer neuen Überlebenschance führt. Ein Weg, der auch bei uns Menschen wiederholt zu beobachten war. Kriege gehören dazu, Seuchen (Streß vermindert die Immunabwehr) und Selbstmordwellen. Überleben also durch Zerfall in geringere Dichte. Ich nannte noch eine andere Möglichkeit, mit hoher Dichte und entsprechend enger Vernetzung fertig zu werden, nämlich durch Anpassung an die neue Dichte. Sozusagen durch Organisation und Kommunikation auf höherer Stufe, wobei der Streßmechanismus den Anstoß zu einem neuen Verhalten gibt. Ein Verhalten, welches gleichzeitig die Bevölkerungszahl auf der nun erreichten Stufe stabilisiert. Das wäre der zweite Weg des Überlebens: Organisationsform auf höherer Stufe, ein Vorgang der neue Verhaltensweisen verlangt, neue Normen, neue Wertmaßstäbe.

Verhaltensweisen, mögen sie noch so mächtig und althergebracht sein, sind in der Tat nich mehr unüberwindlich, wenn eine Notlage vorliegt, und ich glaube, die liegt heute vor. Die menschliche Population hat höchstwahrscheinlich den kritischen Punkt schon überschritten und muß nun schleunigst den Weg in eine neue Organisations- und Kommunikationsform finden, will sie nicht durch Systemkatastrophen brutal dezimiert werden. Ein Thema, das ich vor allem in meinem letzten Buch "Neuland des Denkens", anhand hunderter konkreter Beispiele aus den zwanzig wichtigsten Lebensbereichen beschrieben habe. In der Tat liegt heute eine Situation vor, die ein radikales Umdenken verlangt. Eine Situation, die uns, sobald wir darüber informiert sind, genauso wie ein sichtbares äußeres Ereignis zwingen dürfte, bestimmte überholte Verhaltensweisen aufzugeben, zu ändern und damit einen Vorgang einzuleiten, wie er in bestimmten außergewöhnlichen Situationen bei praktisch allen Lebewesen beobachtet werden kann, von höheren Säugetieren bis hinunter zu einzelligen Amöben.

Gerade bei Vögeln kann man das beobachten. Vögel zwitschern kaum, wenn ihre Reviere weit auseinanderliegen. Die Kommunikation beginnt erst ab einer gewissen Dichte. Das Zwitschern ist ein Warnsignal zur Abgrenzung des Reviers. Denn sobald sie näher aneinanderrücken, wäre es sonst schwierig zu verhindern, daß sie in die Nahrungsreviere ihrer Artgenossen eindringen. Sobald daher Dichtestreß auftritt, fangen sie an, ihr Verhalten zu ändern, sie beginnen über bestimmte Tonfolgen zu kommunizieren. Wenn sie zwitschern, wird der andere nur bis zu einer ganz bestimmten Distanz herankommen. Dann wird das Signal für ihn unangenehm und er kommt nicht näher. Auf diese Weise erreichen die Vögel die dichtest mögliche Packung, die sie ohne ein solches Signal nie finden würden. Teils würden sie Raum verschwenden, teils in zu großer Dichte aufeinandersitzen und an Nahrungsknappheit zugrundegehen. Also ein typisches Beispiel, wo eine neue Kommunikationsstufe eine höhere Dichte erlaubt.

Dieses Prinzip geht, wie gesagt, hinunter bis zu Amöben. Unter veränderten Lebensbedingungen, also in Krisenkonstellationen, beginnen selbst manche Amöbenarten - ebenfalls unter einer Art von Wertwandel - ihr Verhalten grundlegend zu ändern und, statt lediglich die eigene Vermehrung durch Teilung voranzutreiben, auf einmal einen höheren Organismus, und zwar einen sogenannten Schleimpilz aufzubauen. Zunächst erkennt man eine Art von rhythmischer Wellenbewegung - eine erste Art von "Verständigung -, dann

strömen alle auf einen Punkt zu, türmen sich auf, übernehmen unterschiedliche Aufgaben und bilden schließlich einen Pilz, in dessen Kopf sich eine
große Anzahl von ihnen in Sporen verwandelt, die nunmehr extreme Situationen überdauern können. Die Art kann überleben. Was uns dabei begegnet, ist
eine Art Systemgesetz, das sich hier in seiner einfachsten Form ausdrückt,
aber natürlich durch die gesamte Natur wirksam ist. Ein Gesetz der Anpassung, der Metamorphose.

Nachdem ich nun einige Konstellationen und Gesetzmäßigkeit dargelegt habe,
die über verschiedene Zwischenstufen zum Wertwandel führen, möchte ich zu
Problemen und Konsequenzen des Wertwandels selbst kommen. Was sind eigentlich Werte, was sind Normen? Zunächst sind es Begriffe, wie Wohlstand,
Recht auf Arbeit, Freizeitwert, Wachstum, soziale Sicherheit, Gleichberechtigung und wie sie alle heißen, also komplexe Symbole, komplexe Abbilder der Wirklichkeit, reduziert auf Wortsymbole, die schließlich einen
festen Eigenwert bekommen. Das ist äußerst praktisch für viele Zwecke und
hilfreich bei Entscheidungen. Nur hier kann auch etwas sehr Gefährliches
eintreten: Die Wirklichkeit, von der wir ja diese Symbole machen, diese
Wirklichkeit mag sich verändern, ohne daß wir in unserem Kopf die Wertbe-
griffe von der Wirklichkeit verändern. Plötzlich finden wir uns nicht
mehr zurecht. Umso mehr scheuen wir uns, die Landkarte, auf der wir uns
auskennen, zu verlassen und ins Gelände zu gehen.

Ich frage mich daher, ob nicht der steigende Drang zu den Universitäten,
zu den Schulen, zu einer möglichst langen Ausbildung, vielleicht nichts
anderes ist, als der Versuch, möglichst lange auf der Landkarte zu bleiben, um nicht ins Gelände zu gehen, denn längst haben wir die Symbolwelt
mit der Wirklichkeit verwechselt und sträuben uns, einmal eingeprägte
Landkarten dem Gelände neu anzupassen, selbst wenn es dabei um unser Leben geht. Warum sträuben wir uns? Es ist unser Verlangen nach Sicherheit,
nach Verhaltenssicherheit, denn die Rückkehr in ein Gelände, welches wir
nicht mehr kennen, erzeugt natürlich Angst vor dem Ungewissen, erzeugt
wieder einmal Streß.

Wir sehen, auch hier haben wir dann natürlich nur wieder die beiden Aus-
wege wie beim Dichtestreß. Die eine Möglichkeit ist, daß wir uns verbohren, bis eine Katastrophe eintritt und wir unbarmherzig und völlig unvorbe-

reitet von der rauhen Wirklichkeit erfaßt werden. Das war z.B. der Fall beim Sturz des Schahs, beim Zusammenbruch vieler Firmen, die trotz veränderter Verhältnisse bei ihren Wertvorstellungen vom Wachstum blieben, sich in Überkapazitäten flüchteten und daran zugrunde gingen. Die Beispiele sind zahllos - und sie häufen sich auch bei einst gut etablierten Firmen, in der Computerbranche, in der Textilindustrie, im Automobilgeschäft, bei den Superbanken und neuerdings selbst beim Hähnchen-Jahn. Das ist die eine Seite - nicht anpassen, sich verbohren - durch weiteren Input und Wachstum den eingeschlagenen Weg zu zementieren versuchen. Die andere Möglichkeit ist, daß man sein Modell von der Wirklichkeit korrigiert, auch wenn uns das aus unserer "Sicherheit" entläßt und uns zwingt, die Dinge neu zu sehen. Das Festhalten an alten, längst nicht mehr sinnvollen gesellschaftlichen Normen erklärt sich also letztlich mit der Angst vor dem Umlernen.

Nun ist es ja so, daß die Gesellschaft, in die wir hineingeboren werden, uns zunächst feste Normen und Werte liefert, an denen sich unser Verhalten orientieren kann. Wie wir das dann in der Praxis anwenden müssen, wird uns anschließend in langwierigen Lernprozessen eintrainiert. Diese Kanalisation ist nun zunächst ein starker Antistressor, denn sie gibt uns die sichere Erwartung, daß sich die anderen Menschen ebenso verhalten wie wir. Welcher Art die festgelegte Norm ist, spielt dabei eigentlich keine Rolle. Nach dem Sozialwissenschaftler Hans-Paul Barth ist daher das Wichtigste, daß man überhaupt irgendeine Norm hat, weil sonst unser Verhalten nicht entlastet würde. Andererseits empfinden wir die Gesellschaft aber auch als fremde Macht, weil sie unser Verhalten kanalisiert. Es entsteht ein Dilemma. Dennoch scheint ein aus der Unsicherheit fehlender Normen entstehender Streß noch schlimmer zu sein - wahrscheinlich unerträglich - als die strengste Diktatur.

Dies nur, um klarzulegen, daß die bloße Auflösung bestehender Wertvorstellungen, ohne daß man sie durch neue ersetzt, nicht funktioniert. Genau diese Auflösung ist es aber, die von vielen Gruppen heute angestrebt wird, wobei das Ergebnis natürlich viel schlimmer sein kann als selbst die schlimmste Norm. Um daher überhaupt menschliches Lebens in der Zukunft zu ermöglichen, um - wenn Sie so wollen - den allgemeinen Selbstmord, das "no future"-Gefühl zu vermeiden, müssen wir unsere tiefste Angst, nämlich die vor dem unbekannten Leben selbst (also die Angst vor einem Leben, für das wir kein Verhaltensrepertoir haben) durch eine neue Verhaltenssicherheit abbauen.

In einer Zeit des technischen und sozialen Wandels wie heute, hieße das, in kurzer Zeit eine Wertvorstellung durch eine andere zu ersetzen, und dies immer häufiger. Dazu gibt es eine Möglichkeit, nämlich die Norm selber beweglich zu halten, d.h., wie ich im "Neuland des Denkens" ausführte, eine Art von dynamischer Norm zu schaffen, die nicht einen Standort, sondern eine Richtung beschreibt. So etwas war in früheren Zeiten nicht nötig, hier entsprach das lange Wahren einer Tradition der natürlichen Bevölkerungsbewegung, die ebenso langsam verlief wie die Veränderung der Umwelt. Bei der derzeitigen Vermehrungs- und Verdichtungsrate ist aber der Zeithorizont, in dem sich die Gesamtkonstellation der Realität verändert, so kurz geworden, daß das beharrliche Festhaltung an Traditionen und Wertvorstellungen in gewissen Fällen Gift, ja tödlich sein kann. Wo die Festlegung auf eine starre Regel auch beginnt, sie mag zunächst noch zeitnah sein, im nächsten Moment stimmt sie mit der neuen Wirklichkeit mit der inzwischen schon wieder veränderten Umwelt nicht mehr überein. Auf der augenblicklichen steilen Wachstumskurve - nicht nur der Menschheit, sondern auch ihres Rohstoff- und Energieverbrauchs, ihrer Abfallproduktion und ihrer Informationsdichte - ist jeder Millimeter, den wir auf der Zeitachse nach rechts gehen, mit einem riesigen Sprung nach oben verbunden. Das schafft dann jedesmal völlig neue technische, soziale und politische Gegebenheiten auf unserem Planeten.

Ein Verhalten, das bei dem früheren stationären Zustand über ein ganzes Jahrtausend seine Gültigkeit bewahrte, hätte heute, wo die gleichen Veränderungen tausendmal schneller ablaufen, eine Gültigkeit von vielleicht nur einem Jahr. Eine Tradition, die früher nach 100 Jahren ungültig wurde, mag heute schon einen Monat nach ihrer Einführung ihre Gültigkeit wieder verlieren. Viele statische Normen sind also in unserer Zeit im Moment ihrer Aufstellung schon wieder falsch und daher als Norm nicht zu gebrauchen. Das zeigt sich bis in die Landesplanung hinein. Zum Beispiel, wenn einmal festgelegte Vorhaben wie Flurbereinigungen, Flughafenbau, Kanalbauten eine lange Anlaufzeit haben, dann aber, wenn sie realisiert werden, völlig unsinnig geworden sind, so daß sie eigentlich niemand mehr will,

aber - da der Ablauf durch eine statische Norm fest verankert worden
ist - in ihrer Durchführung nicht mehr gebremst werden können.

Die dadurch entstehenden Kollisionen spiegeln sich nur all zu deutlich in
den Demonstrationen und Bürgerbewegungen gegen den Ausbau von Flughäfen
oder gegen eine längst überholte an zentralen Großkraftwerken orientierte
Energiepolitik oder gegen die Vernichtung des Altmühltals durch einen
wirtschaftlich völlig unsinnigen Kanalbau wider. So resultieren aus überholten statischen Normen zwangsweise neue Kooperationsmuster etwa in diesen Bürgerinitiativen, in dieser außerparlamentarischen Partizipation,
entweder bei solchen öffentlichen Vorhaben oder in kleinen bei der Mitbestimmung im Unternehmen. Auch das ist eine Konstitution neuer Koopera-
tionsformen, die helfen können, statische, nicht mehr gültige Normen gemeinsam durch eine dynamische Norm zu überwinden, so wie dies auch der
Augsburger Soziologe Atteslander in seinem jüngsten Buch "Die Grenzen des
Wohlstandes" dargelegt hat. So, wie das auch in einigen neuen Planungs-
strategien der Fall ist, die sich aus systemischen Modellen ergeben. Auch
wir selbst arbeiten an einem solchen Modell: dem Sensitivitätsmodell, einem Planungsinstrument, das die Komplexität, aber auch die Offenheit des
Systems berücksichtigt. Obwohl sich die einzuhaltenden Werte Jahr für Jahr
verändern, bleibt eines längerfristig konstant, nämlich die Art der Veränderung, ihre Richtung und vielleicht sogar ihr Tempo.

Trotz ständig sich verändernder Werte kann man sich nun an etwas halten.
Vertrautheit und Sicherheit stellen sich ein, wie früher bei der statischen Norm. Und so dürfte sich bei vielen Faktoren, z.B. beim Energieverbrauch, bei den Strompreisen, der Nahrungsumstellung, dem Wasserverbrauch
und vielen anderen Größen, die unserem augenblicklichen Verhalten und
Wirtschaften entspringen, die Ausarbeitung dynamischer Normen anbieten,
welche die nötigen Veränderungen selbst zum vertrauten Maßstab machen. Ein
Maßstab, den dann die Allgemeinheit kennt, auf den sie sich vorbereiten
kann, statt durch eine plötzlich notwendige, und damit um so einschneiden-
dere, Aufhebung einer nicht mehr tragbaren statischen Norm den Boden unter
den Füßen zu verlieren.

Eine der wichtigsten Aufgaben in Richtung eines neuen Denkens wird es daher sein, die eigentliche Natur der bisherigen Normen und Werte zu analy-

sieren. Man muß herausfinden, welche von ihnen Scheinkonstanten sind, die
- abgesehen von der Tatsache, daß sie unsere festgefahrene Situation ja
mitverschuldet haben - mit unserer heutigen Realität nicht mehr im geringsten zu vereinbaren sind.

Einige wichtige Dogmen dieser Art möchte ich kurz anschneiden. Knöpfen
wir uns als erstes Beispiel unsere in Ost und West immer noch vorherrschende, wenn auch allmählich abbröckelnde Wachstumsideologie vor, das ist
ein Aspekt, der stark, wenn auch indirekt, in das Thema "Thesen zur Organisations-Entwicklung (siehe Beitrag von Herrn Glasl) hineinspielt. Gerade
die Wachstumsideologie beruht ja nicht etwa auf einem Verständnis des realen Systemverhaltens, sondern auf der irrationalen Denkschablone, daß
alles Wachstum, sei es wachsender Wohlstand, wachsende Geschwindigkeit,
wachsender Informationen usw. von vorne herein als erstrebenswert zu gelten habe. Das ist eine a priori-Forderung, die zu beweisen sich niemand
je die Mühe machte. Beweise wären auch nicht zu finden, denn Wachstum ist
von Natur aus wertfrei und deshalb mal gut und mal schlecht. Wir aber
haben ihm eine Qualität angedichtet, ein Wertmaß, das ihm gar nicht zukommt. So heißt Verzicht auf Produktionszuwachs, wie die Praxis zeigt,
noch lange nicht Verzicht auf Gewinn, ebenso wenig wie Produktionssteigerung etwa mit Stabilisierung gleichzusetzen ist.

Heute wird zwar niemand mehr dieses Wachstumsdogma in allen Punkten akzeptieren, aber seine Ablösung durch eine im Prinzip neue Ökonomie für eine
nachindustrielle Gesellschaft, die scheint immer noch vielen undenkbar.
Die Schwierigkeiten bei der Vorbereitung dieses Ablösungsvorganges durch
Unverständnis, Fehlbeurteilung, mangelnde Unterstützung, Erschwerungen bis
hin zu massiven Behinderungen und Drohungen durch die an ihren Dogmen
Hängenden, auch das sind keine Neuerscheinungen. Ob es um die Abschaffung
der Sklaverei in den Südstaaten der USA oder der Kinderarbeit in den englischen Textilfabriken im vorigen Jahrhundert ging oder um die Einführung
des 8-Stunden-Arbeitstages nach 1918, immer haben kleine Interessengruppen und sogenannte Sachverständige mit der Drohung eines wirtschaftlichen
Zusammenbruchs notwendige Entwicklung und Korrekturen zu blockieren oder
aufzuhalten versucht.

Nehmen wir ein anderes Dogma, eines, das - ebenfalls wieder indirekt - dem

Thema von "Karriere und Familie" wie auch dem "Leistungsstreben" zugrunde liegt. Und zwar meine ich den Wert, den man dem Pro-Kopf-Einkommen beimißt. So wird heute in vielen Ländern die Lage nach dem Pro-Kopf-Einkommen bewertet. In Somalia, ähnlich wie in Rwanda, ist es mit DM 200,-- pro Jahr nur ein Viertel so groß wie im übrigen Afrika. Und dort wiederum liegt es nur bei 1/20 des Jahreseinkommens eines Bundesbürgers. Dennoch herrschte z.B. in Somalia, zumindest bis zum Eintreffen des großen Flüchtlingsstromes aus Äthiopien, in vielen ländlichen Gemeinden überhaupt keine Not. Warum nicht?

1. Weil hier das Einkommen, also das Geld, für die Selbstversorgung einfach ohne Belang ist.
2. Weil das soziale Verhalten des Einzelnen für sein Ansehen weit höher zählt,als z.B. seine Produktionsleistung.

Armut ist also keinesfalls gleichbedeutend mit Not und Elend. Sie gab es ganz woanders, nämlich gerade dort, wo das Pro-Kopf-Einkommen weit höher lag: in den Städten. Oftmals waren es z.B. Entwicklungshilfeprogramme, die Armut in Elend verwandelten, sich aber damit brüsteten, daß das Pro-Kopf-Einkommen gestiegen sei. So gibt es Länder, die nach unseren Wertmaßstäben sehr weit unten rangieren, die jedoch, wie z.B. auch in Burma der Fall, eine äußerst niedrige Inflationsrate besitzen, keine Energieprobleme kennen, eine vernachlässigbare Umweltbelastung haben und weder Verkehrsprobleme noch Verbrechen existieren. Alles Dinge, die wir als Traumziel anstreben. Aus der Sicht der Burmesen sind daher die Zustände in unseren hochentwickelten Ländern in der Tat äußerst unattraktiv. Solche Fälle zeigen, daß offensichtlich eine starke Korrelation besteht zwischen bescheidenem Leben und Glücklichsein. Die bei uns als selbstverständlich angesehene Koppelung eines hohen materiellen Lebensstandards mit dem realen Wohlbefinden ist also im Grunde irrelevant. Weder der Produktionsausstoß noch die Gewinnmaximierung noch das Bruttosozialprodukt, die Faktoren, die jahrzehntelang von den Wirtschaftlern als Maßstab für die Lebensqualität angesetzt wurden, haben also eine naturgegebene Gültigkeit. Das ist inzwischen vielen Leuten klar geworden. Für viele Bewohner mancher Trabantenstädte bietet unsere hochtechnisierte Architektur gewiß weniger Lebensqualität als wir sie in manchen südamerikanischen Slums, in den Farellos und Ranchos mit ihren eingespielten Sozialstrukturen finden. den.

Nehmen wir ein drittes Dogma: Die Prosperität eines Volkes sei durch sinkende Geburtenzahlen bedroht. Während man sich einig ist, daß die Entwicklungsländer ohne eine drastische Reduzierung der Geburtenzunahme katastrophalen Zuständen entgegengehen, zittert man bei uns in den Industrieländern vor einem Rückgang der Bevölkerungszahlen in der irrigen Annahme, eine Drosselung der Geburtenzunahme und die damit verbundene, sowieso nur vorübergehende, Überalterung der Bevölkerung stellten eine untragbare volkswirtschaftliche Belastung dar. In Wirklichkeit wissen wir längst, daß Kinder 3 bis 4 Mal teurer sind als alte Leute, vor allem bei dem heutigen späten Berufseintritt. Damit würde durch einen Geburtenrückgang sogar eine spürbare Entlastung der berufstätigen Schichten eintreten; von all den anderen, mit zunehmender Dichte immer unerträglicher werdenden wirtschaftlichen, sozialen und ökonomischen Belastungen ganz zu schweigen. Wenn man sich das einmal ausrechnet und grafisch darstellt, wird man sehen, daß wir mit einer "überalterten Bevölkerung sehr viel besser darstehen und viel eher die Renten bezahlen können - so paradox das klingt -, als wenn wir nun möglichst viele Kinder zeugen, damit diese später dann die "Last der Alten" tragen können.

So viel zum Sinn und Unsinn von Dogmen. Der Dichtestreß wird uns zwingen, sie aufzugeben und gewisse Dinge neu zu bewerten und die Art unserer bisherigen Kooperation zu überdenken. Wir alle sind uns, glaube ich, darüber im klaren, daß die Industriegesellschaft, wie sie heute organisiert ist, nicht mehr überlebensfähig ist. Das fängt mit dem Verhältnis der jungen Generation zum Arbeitsprozeß an und geht bis in die Infragestellung einzelner Organisationsformen hinein: In die Arbeitsstruktur, die Personalentwicklung und den Entscheidungsprozeß. Also alles Themen, die in den anschließenden Beiträgen behandelt werden.

Vor allem die Entscheidungsprozesse kranken ja heute daran, daß sie zwar auf einer ausreichenden Information über den zu entscheidenden Vorgang basieren, aber praktisch kein Instrumentarium besitzen, die Rolle dieses Vorganges, seine Auswirkungen und Rückwirkungen im System, zu bewerten. Und das ist äußerst gefährlich, denn es bedeutet, daß man was die Wechselwirkungen im System betrifft, ins Blinde hinein entscheidet. Das Verhalten des Systems, also der Gesamtkonstellation als Reaktion auf unseren Eingriff, läßt sich mit den herkömmlichen Entscheidungshilfen nicht erkennen.

So zeigt ein Abchecken der Grundregeln überlebensfähiger Systeme (es sind acht Regeln, auf die ich am Schluß noch zu sprechen komme), daß die meisten Entscheidungen heutzutage bis hin zur Landesplanung, eine oder mehrere dieser Grundregeln verletzen, und daß die sich häufenden Rückschläge auch daraus erklärbar sind. Man glaubt eben, daß es genügt, irgendwelche Mißstände anzugehen und zu beseitigen, ohne den eingetretenen Wertwandel zur Kenntnis zu nehmen. Doch neue Mißstände tauchen auf, und schließlich kann man nur noch Reparaturen reparieren. Was man tun muß, ist nicht, den Mißstand anzugehn und ihn mit einem weiteren Eingriff zu beseitigen, sondern Konstellationen und Selbstregulationen schaffen, bei denen der Mißstand weniger Chancen hat aufzutreten als vorher. Meist schlägt man dabei noch mehrere Fliegen mit einer Klappe. Darin liegt der Unterschied zwischen einem technokratischen und einem kypernetischen Vorgehen.

Versuchen wir daher, die heutige Krise einmal in einem anderen Licht zu sehen als wir das gewohnt sind. Nicht analytisch, also nicht darin wie wir Einzelmißstände abstellen können und auch nicht, indem wir in einer typisch männlichen Zielstrebigkeit den Rückgang des Wirtschaftswachstums, des Bevölkerungswachstums beklagen und dabei die Energieverknappung und die zur Neige gehenden Rohstoffe als die eigentlichen Probleme ansehen, sondern, indem wir in einem Sich-eins-fühlen mit der Natur all dies einmal im Sinne ökologischer Gesetzmäßigkeiten ansehen. Indem wir z.B. die besprochenen Auswirkungen des Dichtestreß als natürliches Alarmsignal für ein so nicht mehr überlebensfähiges System betrachten, eine nicht mehr funktionierende Kybernetik und Selbstregulation. In dem Moment sehen wir auch die anderen Probleme, die uns so zu schaffen machen, als etwas ganz anderes. Wir sehen sie auf einmal als innovative Hilfe, als sanften Zwang der Natur und damit des lebendigen Systems, in das wir eingebettet sind. Genau diese Probleme können uns ja den Anstoß geben, uns umzuorientieren und eine neue Zivilisations- und Kulturstufe anzustreben, die der erreichten Menschendichte und unserer engen Vernetzung mit allem, was auf diesem Planaten geschieht, entspricht.

Ein ganz kleines Beispiel: Vielleicht haben Sie beobachtet, daß manche Unternehmen sich gerade durch die Energieknappheit plötzlich entwickelt haben. Ich erinnere mich an einen Kommentar aus dem Vorstand der Gutehoffnungshütte, wonach der plötzliche Sprung der Energiepreise zu einem regelrechten Innovationsschub geführt habe. Man kann solche, zunächst unangenehmen Entwicklungen also durchaus als Anstoß nehmen zu einem Wandel in den Normen, in den Werten, zur Innovation. Da der Mensch als biologisches Wesen von Kopf bis Fuß aus Zellverbänden besteht und ein untrennbares Glied dieser Biosphäre ist, ein Glied, das mit ihr und allen anderen Gliedern auf Gedeih und Verderb verbunden ist, dann ist dieser Mensch auch fähig, genau die Reaktionen zu zeigen, die jede andere Spezies in einer vergleichbaren Situation zeigen würde - sonst hätte es nie eine Evolution gegeben.

Darin liegt meine Hoffnung. Sie liegt in unserer angeborenen, wenn auch durch die Schule zum Teil ausgetriebenen Fähigkeit, die Zusammenhänge zu verstehen und aus ihnen zu erkennen, wie wir mit unserer eigenen Natur und derjenigen, die uns umgibt, eine neue Lebensstufe erreichen. Sobald wir nach den Systemgesetzmäßigkeiten arbeiten und ihnen gehorchen, wie sie in lebenden Organismen seit eh und je gelten, ist der erste Schritt in eine neue Stabilität erreicht, eine neue Form nach Menschenmaß, in der sich die heutigen Probleme von Familie, Beruf und Zusammenleben vielfach von alleine lösen. Meine Studiengruppe arbeitet, was die Systemgesetzmäßigkeiten betrifft, mit einer Reihe von Wissenschaftlern und Wirtschaftlern an einem neuen Konzept und seiner Umsetzung in die Praxis.

Als ersten konkreten Beitrag, sozusagen als Check-Liste, haben wir zu diesem Vorhaben vor einigen Jahren die schon erwähnten acht wichtigsten Regeln, die man bio-kybernetische Grundregeln nennen könnte, zusammengestellt. An diesen Regeln kann man das, was man tut und plant, im Sinne eines überlebensfähigen Systems überprüfen. Es sind Regeln, die in "Neuland des Denkens", aber auch in unserer Systemstudie "Sensitivitätsmodell" ausführlich kommentiert sind. Inzwischen sind sie von anderer Seite für weitere Anwendungen "übersetzt" worden. Zum Beispiel an der Hochschule St. Gallen, von G. J. B. Probst, in dem höchst lesenswerten Lehrbuch "Kybernetische Gesetzeshypothesen als Basis für Gestaltungs- und Lenkungsregeln im Management". Fragen der Selbstorganisation, der Komplexitätsbewältigung oder neue Formen von Hierarchie werden hier im rückwirkenden Abchecken an dem, was in lebenden Systemen passiert, beantwortet. Andere Beispiele einer Umsetzung finden wir z.B. im "Controller-Magazin", wo

Elmar Meyer aus Köln diese Erkenntnisse in ein "Biokybernetisch-orientiertes Controlling" "übersetzt" hat. Darüber hinaus haben sich einige Unternehmen bereits entsprechend umstrukturiert, z.T. neu gegründet und arbeiten nun mit großem Erfolg auf dieser Basis - sogar mit finanziellem Erfolg! Es war natürlich für mich ein Schlüsselerlebnis zu sehen, daß solch eine Umsetzung möglich ist und auch funktioniert.

Die Regeln selbst berühren Themen wie die Selbststeuerung durch negative Rückkoppelung, die Unabhängigkeit der Funktion vom Wachstum und vom Produkt, sie berühren das Prinzip des Jiu-Jitsu (im Gegensatz zum energieaufwendigen "Boxen"), das Prinzip der Mehrzwecknutzung, die Symbiose und das Recycling, das Prinzip eines biologischen Designs aller Strukturen, Funktionen und Organisationsformen. Durch ihre Anlehnung an die Organisationsformen der lebenden Natur beruhen sie auf einer der größten Traditionen die wir kennen, nämlich derjenigen der Biosphäre. Ihre Tradition ist größer als diejenige all unserer Religionen und Ideologien zusammen genommen. Und so sind auch diese Grundregeln nicht von mir erfunden worden, sondern lediglich auf unsere Verhältnisse übertragen, abgeschaut von einer Instanz, der man als rund 4 Milliarden Jahre altes "Unternehmen" getrost vertrauen darf.

Die erste Grundregel betrifft das Prinzip der Selbstregulation durch negative Rückkoppelung. Es zeigt, daß Optimierung jeder Maximierung vorzuziehen ist. Es sorgt dafür, daß wir ein Teilsystem ruhig sich selbst überlassen können, ohne daß es zusammenschrumpft oder ohne daß es explodiert. Es pendelt sich ein. Selbstregulation erspart uns zudem viel Bürokratie, deren Aufwand z.B. allein im Bereich der staatlichen Auftragsvergabe nach Berechnungen des Instituts der Deutschen Wirtschaft unserer Volkswirtschaft jährlich gut 40 Milliarden DM kostet. Ähnlich ist es mit der Aufhebung der Selbstregulation durch die ganze Subventionspolitik, die ich bis auf ganz wenige Ausnahmen von dieser Regel her als unsinnig erachten muß. Sie zementiert nur überholte Wirtschaftsformen.

Die zweite Regel, das Prinzip der Unabhängigkeit vom Wachstum, zeigt, daß Wachstum und Funktion nur vorübergehend zusammengehen, dann aber sich fast gegenseitig ausschließen. Eine Abhängigkeit vom Wachstum bedeutet daher langfristig immer die Vernichtung der Funktion. Nicht Wachstum als solches beklage ich hier, sondern die Abhängigkeit vom Wachstum. Sie zwingt uns, in einer einmal begonnenen Richtung weiterzugehen. So überschreiten wir Grenzwerte, krachen zusammen und können unsere Funktion nicht mehr ausüben.

Die dritte Regel relativiert auch den Wert des Produktes. Produkte kommen und gehen, Funktionen aber bleiben. Jede Produktorientierung, jede Produktabhängigkeit ist daher ebenfalls zu vermeiden. Man sollte sich als Unternehmen auf Funktionen spezialisieren. Automobilfabriken sind danach im Verkehrsgeschäft im Grunde eine viel interessantere Branche als der bloße Automobilbau. Elektrizitätswerke sind danach nicht Stromproduzenten, sondern Energieversorger, was auch heißen kann, die Energienachfrage zu verringern. Die ersten amerikanischen Stromversorgungsunternehmen z.B. haben bereits damit begonnen. Sie geben günstige Kredite für den Einbau von Solaranlagen oder zur Wärmerückgewinnung und stellen Stromsparpakete für ihre Kunden zusammen. So vermeiden sie neue Kraftwerke zu bauen, behalten dennoch ihre Kunden und das Problem ist auf viel billigere, einfachere Weise gelöst.

Die vierte Regel entwertet jede Kraftmeierei. Kein System kann auf Dauer überleben, das vorhandene Kräfte ungenutzt läßt oder sogar mit eigener Kraft gegen sie vorgeht und somit doppelte Energie benötigt, um sie zu ersetzen. Deshalb wählte ich das Symbol des Jiu-Jitsu, der asiatischen Selbstverteidigung. Genauso erlaubt die Natur es sich nicht, irgendwelche vorhandenen Kräfte ungenutzt zu lassen. Wo es geht, setzt sie lediglich geringfügige Steuerenergie ein, um diese Kräfte im eigenen Sinne zu lenken. Das ist ein bewährter Schritt innerhalb der Evolution. Jede Fortführung der Evolution, sozusagen der Fortschritt in der Natur, war begleitet von dem Herausfinden eines neuen Jiu-Jitsu-Tricks und daher verbunden mit einer höheren Energieeffizienz, sprich: Weniger Energieverbrauch pro Körpermasse. Daran gemessen ist das, was wir in den letzten 150 Jahren getrieben haben, ein deutlicher Rückschritt. Das gilt nicht nur für die Energie, sondern es gilt genauso für andere Kräfte, z.B. für die Selbstreinigungskraft der Flüsse, die wir ja auch nicht nutzen, sondern sie erst mal mit Giften und Abfällen kaputt machen und dann mit teuren Klärwerken die Arbeit selbst erledigen. Genauso wenig clever verfahren wir bei der unsinnigen Heizung und Kühlung unserer Gebäude, die - wären sie anders gebaut - sich ohne weiteres aus den Umweltkräften kybernetisch klimatisieren ließen.

Die fünfte Regel zeigt, daß die Maxime "Eine Lösung - ein Problem" nichts taugt. Es ist sehr interessant, daß die Natur das in der Tat nicht macht. Sie hat ein Problem und dafür setzt sie fünf Teillösungen ein, die jede für sich allein nicht ausreichen würde . Wenn die Natur etwas so Kompliziertes macht, dann hat das meist einen Grund. Ein Problem läßt sich nur sicher und dauerhaft lösen, wenn dies mit einem Verbund von Teillösungen geschieht, denn dann kann ruhig eine von diesen Teillösungen ausfallen (was immer mal passiert in einem offenen System), ohne daß das System zusammenbricht. Umgekehrt sollte eine Lösung auch niemals nur für ein Problem, sondern möglichst für ein Bündel von Problemen taugen. So steigen Rationalität und Sicherheit.

Dieses Prinzip der Mehrfachnutzung gilt nicht nur für die Technik, sondern geht bis in den psychologischen Bereich hinein, wo Mehrfachnutzung z. B. die Kommunikation stabilisiert. Die Art unserer Wohnungen, Gebäude und Städte ist auf jeweils einen Gebrauch wie Büro, Wohnraum, Verkehrsweg usw. festgelegt. Trotz höchster Dichte wird damit die Isolation des einzelnen schon fast erzwungen und der Transportaufwand in die Höhe getrieben. Genauso werden natürliche Funktionen wie z. B. die Sexualität nur jeweils einer Aufgabe künstlich zugeordnet. Wichtige Kommunikationsfaktoren werden damit durch falsche Wertungen und Normen ausgeschaltet und unser Zusammenleben belastet. Denken wir nur an die künstliche Ausklammerung von Zärtlichkeit, Erotik und Sexualität aus dem Leben alter Menschen.

Gerade bei der Spezies Mensch hat jedoch das Sexualverhalten von Natur aus mehrere Aufgaben zu erfüllen: Einmal die Fortpflanzung, dann die hohe Antistreßwirkung durch körperliche Berührung, dann die Stärkung der Krankheitsabwehr (Sexualhormone erhöhen die Immunabwehr), und schließlich wichtige soziale Aufgaben für ein friedliches Zusammenleben in Gruppe und Familie. Unsere Zivilisation, die den Geist gerne völlig getrennt von dem körperlichen Organismus sieht, billigte der sogenannten körperlichen Sexualität schließlich nur noch die Funktion der Fortpflanzung zu. Die Erotik mußte dann folgerichtig aus ganzen Lebensabschnitten ausgeklammert bleiben, nämlich aus Kindheit und Alter. Jetzt gehören aber zufälligerweise die so ausgeklammerten Altersgruppen auch noch zu denjenigen Bevölkerungsanteilen, die noch nicht oder nicht mehr im Produktionsprozeß stehen. So kam es, daß die enorme Streßbelastung, die mit dieser Verbannung einer wichtigen biologischen Funktion verbunden ist, auch nicht unmittelbar auf eine Arbeitsleistung zurückschlug. Sie erschien volkswirtschaftlich uninteressant und blieb daher unbeachtet, auch wenn dies vielleicht im Kindesalter den Grundstock zu späteren Verkrampfungen legte, oder die sowieso schon pensionierten Menschen noch schneller vergreisen ließ.

Die sechste, die siebte und die achte Regel prägen neue Werte für den Stoff- und Energieaustausch. Die sechste stellt das Recycling über die Wegwerfgesellschaft, die siebte stellt die Symbiose über die Konkurrenz. Beide ergänzen das Jiu-Jitsu-Prinzip. Die achte Regel schließlich stellt biologische Strukturen über mathematisch-exakte Konstruktionen. Wir selbst sind dabei, einen neuen Baustil zu entwickeln, der genau das bringt, nämlich ein biologisches Design, welches uns gegenüber dem Gebäude nicht mehr als unterlegener Gegner fühlen läßt. Denken Sie an die Tupajas. Auch Gebäude können überlegen wirken und unbemerkt stressen. Wenn Sie genau in den Spiegel schauen, dann bemerken Sie, daß z.B. Ihr linkes Auge ein bißchen runter hängt, das eine Ohr etwas größer ist als das andere. Wie alle biologischen Wesen sind wir ungenau, unvollkommen, nicht perfekt. Und jetzt sehen wir da ein Gebäude aus Glas, Stahl, Aluminium, das auf den Millimeter genau stimmt. Da muß man ja Minderwertigkeitskomplexe kriegen. Die Formen ergeben mit unseren eigenen keine Resonanz. Gebäude, in denen wir uns wohlfühlen sollen, müssen daher dieselbe Imperfektion, dieselbe leichte Unregelmäßigkeit haben, wie wir. Harte Formen beeindrucken, weiche Formen ziehen an. Wir fühlen uns vertraut mit ihnen, das ist etwas Biologisches, es erschlägt uns nicht, sondern entspricht unserer eigenen Natur. Zu dieser Architektur stellt sich eine Antistreß-Beziehung ein. Soviel zur letzten Grundregel, zum biologischen Design.

All diese Regeln sind wohlgemerkt solche für komplexe Systeme. Sie mindern nicht die Bedeutung einer exakten technischen Konstruktionszeichnung oder einer vorübergehenden Wachstumsphase oder einer auf ein Einzelziel gerichteten Planung oder die Reparatur einer Maschine. All das bleibt davon unberührt. In einem funktionierenden System für Detailaufgaben dieser Art sind die alten Vorgehensweisen vorzüglich geeignet. Wir haben jedoch den Fehler gemacht zu glauben, sie seien auch für komplexe Systeme anwendbar. Dafür aber, für die Strategie in einem System, sind sie völlig ungeeignet, ja tödlich. Ähnlich ist es mit den konventionellen Planungsverfahren. Das, was für eine Kurzzeitplanung taugt (auch in einem Unternehmen) ist etwas völlig anderes, als das, was man für eine langfristige Planung braucht. Langzeitplanung ist eben nicht einfach verlängerte Kurzzeitplanung. Das wäre ein verhängnisvoller Irrtum. Sobald es um langfristige Entwicklungen geht, wird aus jeder Maschine (auch ein Unternehmen ist für kurze Zeit eine Art Maschine) ein komplexes, offenes System, und dann muß es auf der Basis von Systemgesetzen angegangen werden.

All das ist sehr einleuchtend und dort, wo der Systemansatz und z.B. auch die acht Regeln bereits angewandt werden, zeigen sie durchschlagenden Erfolg. Deshalb fragt man sich natürlich, warum es so schwer ist, diesen Systemansatz auf breiter Basis durchzusetzen, warum es überhaupt so lange dauert, bis es zu einem Bewußtseinswandel kommt. Damit berühre ich einen Bereich, dem meine Studiengruppe in den letzten Jahren besonders große Aufmerksamkeit geschenkt hat. Es ist das Gebiet des Lernens, der Ausbildung. Lassen Sie mich diesen wichtigen Punkt zum Schluß noch kurz streifen.

Unsere Schulen und die wiederum dort herrschenden Wertvorstellungen haben unser Lernen zunehmen pervertiert. Sie haben unser Gehirn zu einem Vokabelspeicher degradiert, wobei wir das Lernen selbst nie gelernt haben, und das, obwohl das Lernen eine der wichtigsten Wechselbeziehungen zwischen einem Lebewesen und seiner Umwelt ist. Denn prinzipiell hat Lernen zum Ziel, daß ein Lebewesen die Wahrnehmungen aus der Umwelt so interpretiert, daß es sich in dieser Umwelt möglichst gut zurechtfindet und seine Verhaltensreaktionen entsprechend anpaßt. Unsere Schule aber erreicht genau das Gegenteil. Statt zum unverkrampften Sozialwesen, werden wir zum Einzelkämpfer erzogen, der sich dennoch alleine nicht zurechtfindet, denn auch die Wirklichkeit selbst wird uns in pervertierter Form dargeboten. Sie wird auseinandergerissen, in Fächer zergliedert, in künstliche Begriffsgebäude gepreßt, abstrahiert. Begriffe werden in Oberbegriffe eingeordnet statt sie mit der Umwelt zu verknüpfen.

Fragen wir ein Vorschulkind, was ein Stuhl ist, dann sagt das Kind vielleicht noch: Ein Stuhl ist, wenn man sich drauf setzen kann. Hier herrscht
noch ein Systemverständnis. Das Kind sieht den Gegenstand in seinen ganzen
Beziehungen zur Umwelt, es sieht die Wirkung zwischen den Dingen, macht
sie dynamisch. Dann kommt es in die Schule, und es ist aus damit. Der
Stuhl wird zum Möbelstück, das Haus wird zum Gebäude usw. Eine geistige
Verarmung entsteht und übrig bleibt eine Art von Kreuzworträtselintelli-
genz. Zusammenhänge werden zu Formeln verstümmelt. Genau das, was wir heute bräuchten, nämlich die Realität als komplexes System zu erkennen, das
wird uns praktisch unmöglich gemacht. Die Erziehung zum Einzelkämpfer
gibt uns den Rest: Nicht helfen, nicht vorsagen, nicht helfen lassen,
nicht abschreiben. Ein lebensfeindliches Prinzip, das dem Gruppenwesen
Mensch widerspricht, es zu einer nichtüberlebensfähigen Spezies erzieht.
Und je länger die Schule dauert, desto tiefer rutschen wir in die Isolie-
rung, in die Lebensuntüchtigkeit. Der Praxisschock wird immer größer
- und damit sind wir wieder beim Erwachsenen, denn all das hat seine Aus-
strahlungen auf den Beruf.

Auch hier versuchen wir dann Noten in einzelnen Fächern zu erzielen, statt
die Erfüllung in einer sinnvollen Beschäftigung zu suchen. Die Fächerein-
teilung setzt sich in der Arbeitsteilung fort, die immer nur einen Teil
des Menschen ergreift, die anderen Teile frustrieren läßt, ja wertlos erscheinen läßt. Gerade aber das Abweichenkönnen von der Norm der jeweiligen Berufsschicht wird heute zur wichtigen Hilfe mit der der einzelne
Mensch den Berufsstreß und seine Frustrationen vermeiden kann. Anders als
eine unbefriedigende Tätigkeit, die von Innen heraus Körper, Geist und
Seele belastet, erzeugt die natürlich ebenfalls unangenehme Reaktion der
Umwelt auf ein solches Abweichen von der Berufsnorm auch Belastungen.
Wenn wir ausscheren, und einen Job machen, der keinem konventionellen Be-
rufsbild entspricht, dann belasten uns jedoch hauptsächlich von anderen
Leuten produzierte Reize wie Neid, Unverständnis, Vorwürfe, also Stresso-
ren, die von Außen kommen und die man sehr wohl durch eine entsprechende
Interpretation neutralisieren kann.

Hier treffen wir auf Wertvorstellungen, die einen glauben lassen, daß nur
der, der einen richtigen, das heißt einen eindeutig definierbaren Beruf
wählt, es im Leben zu etwas bringt und glücklich ist. Nun, das beides

nicht der Fall ist, kann ich aus eigenen Erfahrungen bestätigen. Inzwischen dämmert es immer mehr Menschen, daß wirkliche Arbeit und Leben eigentlich identisch sind. Eine Tatsache, die in der auf materiellen Wohlstand ausgerichteten Nachkriegsgesellschaft weithin in Vergessenheit geraten war, denn eigentliche Arbeit, im Sinne von Anstrengung und Lebenskampf, aber auch als Interesse am Tun, am Gestalten, wurde immer weniger identisch mit der Berufsausübung, ja, diese Dinge wurden mehr und mehr auf Freizeit, auf Hobby übertragen. Dort strengt man sich heute an, dort sind wir kreativ, messen wir unsere Körperkräfte und sind wir in einer neuen Art von Bürgerpartizipation gesellschaftlich und politisch tätig.

Wenn man sich das mal überlegt, dann hat hier eine enorme Verschiebung stattgefunden. Die dadurch veränderten Wertmaßstäbe beginnen nun natürlich auch die soziale Landschaft erheblich zu verändern. Ein Vorgang, auf den sich so empfindliche Faktoren des Gesamtgefüges wie die Wirtschaft rechtzeitig einstellen sollten. Das gilt auch für die Gewerkschaften, die mit einer bloßen Reduzierung der Arbeitszeit oder auch durch noch so drastische Lohnerhöhungen eines nicht bewirken können: Den Menschen glücklicher, seine Tätigkeit befriedigender zu machen. Weder mehr Geld, noch mehr Freizeit ist hier die Frage, sondern eine sinnvolle Relation und Integration von Arbeit und Leben. Eine neue Identität, bei der wir uns wieder mit unserem Beruf und dem, was wir tun ohne Einschränkung identifizieren können, ganz gleich, wie viele Wochenstunden gearbeitet wird. Die sich ändernde Beziehung zum materiellen Besitz und zur beruflichen Position ist in dieser Hinsicht, glaube ich, heute nicht mehr zu übersehen, und sie wird fortschreiten. Die daran teilhaben, werden weder dem "Peter-Prinzip" noch dem "Paul-Prinzip" mehr unterliegen, wonach man im Laufe der Karriere immer inkompetenter wird, bzw. durch die sich verändernde Umwelt, selbst in einer bis dahin sicheren Position nicht mehr kompetent bleibt.

Was bedeuten diese beiden Prinzipien? Sie führen im modernen Parkinson' schen Betrieb zur Frustration auf beiden Seiten, beim Betroffenen und beim Unternehmen. Interessanterweise gibt es, nicht zuletzt weil diese Dinge mittlerweile bekannt sind, viele junge Leute, die eine Position weit unter ihrem Niveau vorziehen, um "mehr vom Leben zu haben". Dieser Trend und die wachsenden Abgabelasten bei höheren Einkommen wird, glaube ich, die Tendenz zu Teilzeitjobs und Job-Sharing, aber auch zur Selbständigkeit weiter anwachsen lassen. Das heißt aber, daß von den jungen kreativen Leuten diejenigen Berufszweige und Unternehmen bevorzugt werden und somit die besseren Leute anziehen, die eine engere Beziehung mit den übrigen Aspekten des Lebens bieten: Unternehmen, die den Sinn des Berufs im Gesamtsystem unseres Daseins erkennen lassen. Automatisch sind es dann die, die auch in Zukunft den größeren wirtschaftlichen Erfolg haben werden.

Damit schließt sich der Kreis, und wir sind wieder bei dem neuen Verständnis der Wirklichkeit als komplexes System, beim kybernetischen Denken, das auch im Berufsbild den Menschen nicht in Fächer einteilt, ihm sozusagen rechts und links die Fühler beschneidet und damit auf isolierten Komponenten aufbaut, sondern das sich mit Konstellationen und mit den in ihnen wirkenden Kräften befaßt. Solange wir uns mit Einzeldingen beschäftigen, wie auf dieser Liste aus dem Vokabular der Regionalplanung (Abbildung 3) und Straßen, Siedlungen, Wälder, Arbeitsplätze, Fabriken immer nur als Straßen, Siedlungen, Wälder, Arbeitsplätze und Fabriken sehen, werden wir nie sinnvolle Entscheidungen treffen können. Auch nicht, wenn wir so die Bestandteile und Einzelposten eines Unternehmens sehen, für die dann jeweils einer da sitzt, der dafür kompetent ist und sich darin abschottet, denn richtige Entscheidungen ergeben sich erst aus der Rolle dieser Dinge im System (Abbildung 4), die nie aus ihnen selbst, sondern erst aus ihren Beziehungen zueinander zu erkennen ist, aus der sie verbindenden Dynamik, den Rückkoppelungen, Zeitverzögerungen, Irreversibilitäten, Umkippeffekten usw.

Kurz: Der Wert eines Einzeldinges ergibt sich aus dem Verhalten des Systems. Sein Wert ist hoch, wenn die Komponente die Lebensfähigkeit des Systems erhöht. Er ist gering, wenn sie es belastet. Eine ähnliche neue Wertung, ein ähnlicher Wertwandel, ist selbst im Naturschutz nötig. Was heute meist zählt ist entweder der Materialwert oder der ästetische Wert eines Baumes, eines Vogels. Aber was ist entscheidend? Entscheidend ist der Wert seiner ökologischen Leistung und der kann gewaltig sein. Genau wie umgekehrt eine landwirtschaftliche Monokultur trotz ihres beträchtlichen Materialwertes in ihrer ökologischen Leistung miserabel sein, ja die Systemstabilität sogar bedrohen kann. In diesem Sinne wird auch der

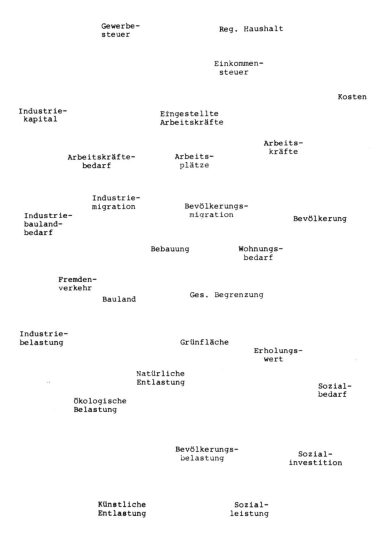

Abbildung 3: Vereinfachtes Wirkungsgefüge Kinzigtal (I)

Mensch mehr und mehr nach seiner ökologischen Leistung bewertet werden
müssen und ebenso seine Aktivitäten, seine künstlichen Systeme und Unternehmungen.

Ich kann daher nur hoffen, daß immer mehr Menschen mithelfen werden, uns
allen allmählich ein neues Verständnis der Wirklichkeit als lebendes System zu geben. Ein Verständnis, das uns hilft grundlegende Fehler der
Vergangenheit, die ja hauptsächlich aus Unkenntnis begangen wurden, zu

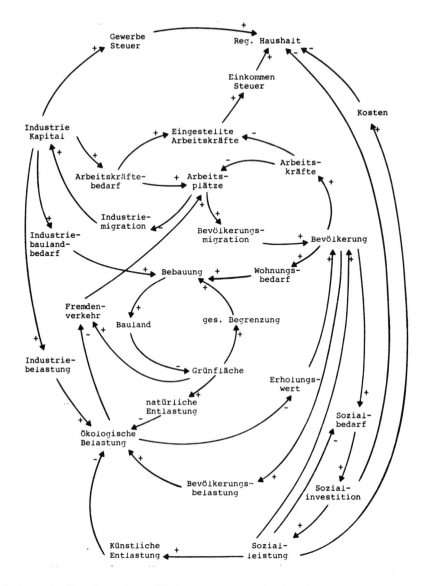

Abbildung 4: Vereinfachtes Wirkungsgefüge Kinzigtal (II)

vermeiden. Das bedeutet eine Art zweiter Aufklärung. Eine Aufklärung,
die in der Arbeitswelt ansetzt, bei Familie, Alter, Erholung, Erziehung
und Lernen, und deren Tendenzen nicht aus Ideologien oder aus anderen
abstrakten Geistesprodukten unserer Gesellschaft, sondern aus unseren ur-
eigensten biologischen Gegebenheiten stammen.

Eine solche Aufklärung kann uns helfen, uns selbst und unsere künstlichen

Systeme als untrennbare Glieder dieses großen Systems wiederzuerkennen: der Natur. Sie kann uns helfen, unsere Umwelt nicht mehr gegen, sondern mit ihren eigenen Gesetzmäßigkeiten zu gestalten. Und so hoffe ich auch, daß Ihnen diese Ausführungen, sozusagen als kleiner Baustein eines Denkens in Systemen, ein wenig helfen werden. Es ist durchaus möglich, daß sich dann eine ganz neue Art von Lösungen andeutet, auf die man vielleicht mit dem herkömmlichen Ansatz, bei dem man sich mehr auf die Einzeldinge als auf ihre Wechselwirkungen konzentriert, gar nicht gekommen wäre. Ich wünsche dabei viel Erfolg.

THESEN ZUR ORGANISATIONSENTWICKLUNG

VON DR. FRIEDRICH GLASL, ZEIST

1. Was ist eigentlich Organisationsentwicklung?

Seit etwa fünfzehn Jahren ist der Begriff "Organisationsentwicklung" oder
"OE" auch in der deutschen Managementsprache geläufig. Aber es ist nicht
immer klar, was sich hinter diesem Ausdruck verbirgt. Manche Führungskräfte meinen, daß es sich bei Organisationsentwicklung um eine neue Pa-
tent-Managementtechnik handle, so wie dies beim Aufkommen der vielen "Ma-
nagement-by"-Techniken der Fall war. Andere bezeichnen mit OE jedwede Veränderung in der Organisation, wobei man sich hauptsächlich um die Menschen kümmert. Dies wird dann als Gegensatz zu Eingriffen in die Organisation verstanden, die sich nur auf die technischen oder betriebswirtschaftlichen Anforderungen richten. Vielfach wird unter OE auch gruppendynami-
sche Schulung von Führungskräften verstanden.

Keine der genannten Vorstellungen ist jedoch wirklich richtig. Organisationsentwicklung ist nicht irgend eine neue Managementtechnik, die nach
Belieben in das Unternehmen oder in das Amt eingeführt werden kann. Es
ist auch nicht eine Schulungsstrategie oder der Versuch zu einer humanen
Gestaltung der Organisation. Was ist Organisationsentwicklung dann eigentlich?

Das Grundanliegen der Organisationsentwicklung ist es, eine Organisation
und die in ihr tätigen Menschen zu befähigen, sich selbst den neuen internen oder externen Anforderungen entsprechend neu zu gestalten. Das
heißt: aktiv anzupassen, nicht bloß irgendwelchen Zwängen willenlos und
gedankenlos nachzugeben, sondern kritisch zu prüfen, was neu gefordert
wird. Und es heißt, gewissenhaft darüber nachzudenken, ob und wie die
Organisation diesen Anforderungen entsprechen will und kann.

Organisationsentwicklung ist also ein Konzept, ein Weg, eine Strategie,
um unter größtmöglicher aktiver Beteiligung der Mitarbeiter einer Organisation diese ihre Organisation kritisch zu durchleuchten und umzugestal-

ten. OE ist also ein Prozeß des gezielten und gelenkten Selbsterneuerns der Organisation.

Wie kam es dazu? Organisationsentwicklung ist eigentlich aus den enttäuschenden Erfahrungen mit konventionellen Methoden des Reorganisierens heraus entstanden. Beim klassischen Reorganisieren wird ja versucht, in kürzester Zeit die Organisation von internen oder externen Fachleuten untersuchen zu lassen. Experten erstellen einen Untersuchungsbericht und sprechen Empfehlungen zur Verbesserung der Führung und Organisation aus. Und dann zeigt sich, daß ...selbst die besten Vorschläge abgelehnt werden. An allen Orten erhebt sich Widerstand gegen die Untersuchungsergebnisse und gegen die Empfehlungen,
- weil sie nach dem Urteil der Betroffenen an den eigentlichen Problemen vorbeigehen,
- weil die Experten die Organisation ungenügend praktisch kennen,
- weil die Voraussetzungen zu Änderungen nicht ausreichend gegeben seien usw.
Nachdem bereits viel Geld aufgewendet worden ist ... bleibt doch oft alles beim Alten. Oder es wird jetzt mit viel Druck eine Änderung erzwungen, die sich jedoch bei den Mitarbeitern nicht wirklich durchsetzt.

Dem Konzept der Organisationsentwicklung liegt der folgende Kerngedanke zugrunde: Änderungen in Organisationen und in der Führung sind eigentlich keine Ausnahmeerscheinung; Wandel der Organisation ist wegen der ständigen Veränderungen im Markt, in der Technik, im kulturellen oder politischen Leben immer geboten. Darum ändern sich Organisationen auch ständig, in kleinen Schritten. Organisationen sollten aber die Konzeptionen und Methoden gezielten aktiven Änderns der Organisation kennen und weitgehend beherrschen. Wenn sich nun eine Organisation entsprechend den Strategien und Methoden der Organisationsentwicklung - unter Beratung und Begleitung eines erfahrenen Organisationsentwicklungs-Fachmannes - systematisch selbst neu gestaltet hat, dann hat sie durch die systematische Vorgehensweise gleichzeitig lernen können, sich in Zukunft ähnlich neu zu gestalten. Die Mitarbeiter haben also gelernt, wie sie dies weitgehend selbständig tun können. Sie sind dabei weniger von externen Experten abhängig als dies bei der klassischen Reorganisationsberatung der Fall ist.

Konzepte der Organisationsentwicklung sind nicht utopische, weltfremde Vorstellungen, sondern sie werden bereits viele Jahre in der Wirklichkeit praktiziert (siehe u.a. F. Glasl/L. de la Houssaye 1975; K. Trebesch 1980; H. Rieckmann 1982).

Mit den nun folgenden Thesen wollen wir die wichtigsten Wert- und Ideengrundlagen der Organisationsentwicklung darlegen, so wie wir sie selbst am NPI - Institut für Organisationsentwicklung (Zeist, Niederlande) in Theorie und Praxis vertreten. Andere OE-Richtungen würden manche der Thesen durchaus abschwächen oder anders akzentuieren wollen, weil sie teilweise von anderen Ideen und Werten ausgehen.

2. Von welchem Menschenbild geht Organisationsentwicklung aus?

These 1: Organisationsentwicklung geht von einem "personalistischen Menschenbild" aus.

Was ist mit "personalistisch" gemeint? Biologie, Psychologie, Medizin, Pädagogik und andere Menschwissenschaften (siehe B. Lievegoed, 1979) können von der Grundauffassung ausgehen, daß der Mensch auch in seinem Seelenleben im großen und ganzen von seiner Erblichkeit bestimmt und geprägt wird. Auch das, was Menschen denken, fühlen und wollen wird nach diesem "nativistischen" Menschenbild rein von den physisch-genetischen Faktoren bestimmt. Andere gehen von einem maßgeblichen Einfluß des Milieus auf den Menschen aus: Wir werden von der Umgebung mehr geformt als wir uns eigentlich bewußt sind. Dies ist das Menschenbild der "Außensteuerung" des Menschen, wonach keinem Menschen zugetraut wird, daß er wirklich eigene Gedanken, Gefühle und Willensrichtungen entwickeln kann.

Als drittes geht das "personalistische" Menschenbild davon aus, daß jeder Mensch grundsätzlich für sein eigenes Denken, Fühlen und Wollen und Handeln verantwortlich sein kann. Jeder Mensch hat zwar geerbte Fähigkeiten, welche von der Umwelt gefördert, gehemmt oder verändert werden können, aber im Grunde hat jeder Mensch die Möglichkeit, sich selber weiter zu entwickeln. Und er hat auch das Recht, sich weitgehend nach eigenen Vorstellungen und Werten entwickeln zu dürfen. Der Mensch kann also seine

Außenwelt im Prinzip aktiv gestalten, auch seine Arbeitswelt!

Organisationsentwicklung geht von diesem Bild aus und strebt danach, den Entfaltungsmöglichkeiten des Menschen im Prozeß des Organisationswandels selbst mehr Raum zu geben. Deshalb setzt Organisationsentwicklung voraus, daß Menschen sich im Prinzip selbst entwickeln können - abgesehen von wesentlich krankhaften Menschen! - und daß sie im Prinzip an der Gestaltung der eigenen sozialen Umwelt aktiv mitwirken können.

Wenn Unternehmer; Führungskräfte oder Organisationsberater im Grunde nicht von einem personalistischen Menschenbild ausgehen - und dieses kann verschiedene religiöse oder weltanschauliche Ausprägungen annehmen -, dann ist es für uns zutiefst fragwürdig, ob sie dann von Organisationsentwicklung sprechen dürfen. Oder ob sie vielleicht doch nur eine modern verbrämte, im Wesen aber klassische Reorganisationsstrategie betreiben wollen, die sie nur unter einer anderen Etikette anpreisen wollen, das wäre Etikettenschwindel!

These 2: Organisationsentwicklung geht von einem "mehrdimensionalen (personalistischen) Menschenbild" aus.

Die Anhänger des "nativistischen" Menschenbildes sagen im Grunde: "Der Mensch ist, was er ißt!" Ihr Menschenbild kennt nur wesentlich eine Dimension: die physisch-leibliche, materielle Seite des Menschen. In Unternehmungen drückt sich dieses Menschenbild darin aus, daß man sich nur um die physischen Arbeitsbedingungen kümmert und Arbeit nur als Mittel der physischen Existenzerhaltung sieht - und dementsprechend organisiert. Dies ist ein materialistisches Bild vom Menschen. Die klassische Fließbandorganisation ist konsequenter Ausdruck davon!

Daneben gibt es ein zweidimensionales Menschenbild. Es spricht von einem Zusammenwirken von Leib und Seele. Man weiß dann, daß die physische Leistungsfähigkeit auch stark von physischen Wohlbefinden abhängt. Also muß für ein relativ angenehmes Betriebsklima gesorgt werden.

Darüber hinaus gibt es drei- oder mehrdimensionale Menschenbilder. Sie gehen vom Zusammenwirken von Leib - Seele - Geist aus, wie dies immer eine Erkenntnis des Christentums gewesen ist. Der Psychiater Viktor Frankl (1969), Robert Assagioli (1971) als Vater der Psychosynthese und Rudolf Steiner (1932) als Begründer der anthroposophischen Medizin, Psychologie und Pädagogik usw., haben die wichtigsten Grundlagen für ein mehrdimensionales Verständnis des Menschen geschaffen. Dieses mehrdimensionale Menschenbild hat weitreichende Konsequenzen für das Organisieren, Führen und Reorganisieren. Denn in einem Organisationsentwicklungs-Prozeß werden die Menschen in allen drei Dimensionen konkret angesprochen. Sie sollen sich in ihren geistigen Qualitäten entfalten können, es soll ihren psychosozialen Belangen Rechnung getragen werden und auch die physisch-materiellen Gegebenheiten der Menschen und der Organisation sollen in einem sorgfältig konzipierten und abgestimmten Veränderungsprozeß neu gestaltet werden. Menschen sind für die Organisationsentwicklung also nicht bloß "passive Objekte", die man nach Belieben in der Organisation hin und her schieben kann. Bei allem steht immer die prinzipielle Würde aller Mitarbeiter - wie auch der Kunden und Gebraucher der Produkte oder Dienstleistungen! - als ernst zu nehmender Faktor da. Organisationsentwicklung weist deshalb im Grunde Zwangsmaßnahmen ab, mit denen bedenkenlos das Selbstwertgefühl der Mitarbeiter vernichtet werden könnte.

Organisationsentwicklung verträgt sich auch nicht mit Manipulation, weil diese Bewußtseinsbildung und Emanzipation unmöglich macht.

These 3: Organisationsentwicklung hat ein emanzipatorisches Anliegen.

Wenn die Arbeiter, Meister, Abteilungsleiter und andere Führungskräfte an einem Veränderungsprozeß ihrer Organisation so mitwirken, daß sie selber über ihre Arbeit und Organisation nachdenken und eigene Ideen und Vorschläge zur Neugestaltung beitragen, dann hebt dies die Eigenverantwortlichkeit und Selbständigkeit dieser Menschen. Sie nehmen eigene Initiativen. Sie werden sich ihrer Funktion für das Ganze bewußt, dann verhalten sie sich weniger als unmündig gesteuerte oder gegängelte Mitarbeiter.

Die Führung einer Unternehmung kann einen derartigen Prozeß nicht mit halbem Herzen einleiten. Sie muß sich positiv zu den hier aufgezeigten Fol-

gen stellen. Dann erst will sie wirklich Organisationsentwicklung und
nicht bloß eine kleine "kosmetische Operation", mit der äußerlich die Organisation zwar humaner aussehen soll, während in Wahrheit doch der alte
Geist des Anschaffens und des gedankenlosen Gehorchens bestehen bleiben
soll. An solchen Halbherzigkeiten ist schon mancher Organisationsentwick-
lungsprozeß gescheitert (siehe F. Glasl 1980 B).

Beim kritischen Überdenken dieser drei Thesen zum Menschenbild kann man
sich sagen: "Das wäre ja ganz schön, wenn die Menschen wirklich so wären,
aber in Wirklichkeit sind sie in unserem Betrieb doch anders. Sie scheuen
Verantwortung. Sie kümmern sich nicht um ihre Aufgaben - geschweige denn
um Probleme ihrer Abteilung oder des Unternehmens. Das ist reines Wunsch-
denken!" (siehe dazu G. Scholz 1982).

Vertreter der Organisationsentwicklung sind durchaus nicht so naiv zu meinen, daß die Menschen in der Arbeitswelt heute zu 90 % oder 100 % diesem
Bild entsprechen - bzw. entsprechen können, weil ihnen die Organisation
dazu keinen Raum bietet.

Aber es ist oft merkwürdig in der sozialen Wirklichkeit: Wenn wir von einem bestimmten Bild unserer Mitmenschen ausgehen, dann schaffen wir durch
unsere Erwartungen und Haltungen unbewußt eine Wirklichkeit, die diesem
Bild entspricht. Zwei Schweizer Uhrenfabrikanten hatten einmal eine hit-
zige Diskussion über ein Prinzip Lenins, "Vertrauen ist gut, Kontrolle
ist besser!" Der eine Fabrikant war davon überzeugt, daß er seine Mitarbeiter streng kontrollieren müßte, damit sie nicht Gold oder Uhren aus der
Fabrik mit nach Hause nehmen. Er führte intensivere Kontrollen ein. Die
Folge war, daß mehr gestohlen wurde als je zuvor, weil die Mitarbeiter
auch das Kontrollsystem hereinlegen wollten. - Der andere Fabrikant schaff-
te die Fremdkontrollen ab und ersetzte sie durch Gruppen-Selbstkontrollen.
Er ging davon aus, daß die Mitarbeiter durchaus ehrenhaft sein wollen.
Dort wurde jetzt viel weniger gestohlen als vorher. Beide Unternehmer hatten recht bekommen - nur hatte jeder übersehen, daß er sich entsprechend
seinem Menschenbild verhalten hat und daß seine Mitarbeiter das Mißtrau-
en mit Mißtrauen bzw. das Vertrauen mit Vertrauen beantwortet haben. Auch
für das Menschenbild gilt also: "Wie man in den Wald hineinruft, so tönt
es heraus!". Darum ist die Kernfrage: Von welchem Menschenbild will ich

ausgehen? Welchem Menschenbild will ich zur Geltung verhelfen?

3. Was spielt sich bei der Organisationsentwicklung ab?

These 4: Bei Organisationsentwicklung ist es notwendig, vier unterschiedliche Subprozesse zu erkennen, zu impulsieren und als zusammenhängenden,
verflochtenen Gesamtprozeß zu lenken.

Diese vier Subprozesse sind (F. Glasl/L. de la Houssaye 1975):

● Analyse- und Bewußtwerdungsprozesse: Die betroffenen Mitarbeiter sind
  damit beschäftigt, die eigenen Probleme und die der Gesamtorganisation
  zu untersuchen, um sie zu durchschauen und ihre Wirkungen und Zusammenhänge verstehen zu können.

● Willensbildungs- und Selbstentwurfsprozesse: Die Mitarbeiter entwickeln
  Leitgedanken, Prinzipien, Ziele, Sollkonzeptionen, Aktionspläne usw.,
  bezogen auf den Menschen, auf Funktionen, Führung, die Organisation und
  ihre Aufgabe in Wirtschaft und Gesellschaft.

● Psycho-soziale Veränderungsprozesse: Die Mitarbeiter arbeiten aktiv an
  mehr oder weniger tiefgreifenden Änderungen in Erwartungen und Einstellungen, Motivationen und Verhaltensweisen, in gegenseitigen Beziehungen, im Betriebsklima, Führungs- und Zusammenarbeitsstil usw.

● Lernprozesse: Die Mitarbeiter entwickeln neue Kenntnisse und Fähigkeiten, um neue Techniken, Prozeduren, Methoden usw. sinngemäß anwenden
  zu können.

Diese vier Subprozesse hören sich vorerst noch abstrakt an. Aber wir wollen sie etwas näher betrachten und praktisch illustrieren.

These 5: (zu den Analyse- und Bewußtwerdungsprozessen) Der externe/inter-
ne Begleiter/Berater soll die Mitglieder der betreffenden Organisation dazu befähigen, möglichst selbständig Selbstdiagnosen durchzuführen.

In der Regel wird ein erfahrener OE-Berater/Begleiter herangezogen, um den Prozeß einzuleiten und mit den Betroffenen zu planen und zu lenken. Der Berater wird die Mitarbeiter einer Organisation nicht mit ganz komplizierten und undurchschaubaren Instrumenten überfallen, sondern er wird mit ihnen gemeinsam entscheiden

- welche Analysen sollen durchgeführt werden?
- welcher Nutzen soll sich daraus für die Menschen ergeben, welcher für die Organisation?
- welche Methoden sollen dabei angewendet werden?
- wie sollen die Ergebnisse verarbeitet und veröffentlicht werden?

Die eingesetzten Methoden und Instrumente sollen in erster Linie verständlich, durchschaubar und nicht technokratisch oder angsterregend sein. Je besser die Menschen verstehen, was sie untersuchen, warum und wozu, desto besser können sie sich mit den Untersuchungsergebnissen identifizieren. Diese sind dann auch viel weniger unverbindlich. Denn immer wenn Experten - beinahe überfallartig - eine Analyse durchführen, kommt viel Angst und Widerstand auf: Was will die Untersuchung? Erzählt man uns die Wahrheit? Auf welche raffinierte Weise will man uns vielleicht aushorchen? Was geschieht, wenn bei mir Probleme entdeckt werden?

Bei einem industriellen Unternehmen begann diese Selbstdiagnose so, daß verschiedene Führungskräfte der obersten Ebenen inventarisierten, wo sie selbst wichtige Problemstellen im Betrieb sahen. Danach wurden die Führungskräfte der mittleren Ebene eingeladen, Probleme aus ihrer Sicht aufzulisten und dann ihre eigenen Mitarbeiter zu einem ähnlichen Vorgehen aufzufordern. Diese Problemlisten wurden nun gegenseitig ausgetauscht. Daraus ergaben sich schon viele Überraschungen: Eine Reihe von Problemen brannte den Vorarbeitern auf den Nägeln und wurden von ihren Meistern und Abteilungsleitern gar nicht gesehen. Auch umgekehrt war dies der Fall: Die Abteilungsleiter wunderten sich über die Fragen, mit denen sich Bereichsleiter und Direktoren so herumschlugen. Aus dem gegenseitigen Austauschen der Problemlisten entstand aber ein gemeinsames Bild möglicher Schwachstellen. Daraufhin wurde entschieden, daß man sich die drei gewichtigsten Probleme jeder Führungsebene näher ansehen wollte. Es folgten dazu Untersuchungen mit den Verfahren der Selbstaufschreibung, der Selbstbeobachtung.

Dann wurden noch Gruppengespräch durchgeführt und dergleichen, in denen die verschiedenen Hintergründe der Probleme eingehend diskutiert wurden. Daraus schälten sich einige Hauptprobleme heraus und man war sich darüber einig: "Da muß etwas geschehen! Es darf aber nicht bloß an den Symptomen herumgepfuscht werden, sondern es sollte eine Grundsatzlösung gefunden werden" (siehe F. Glasl 1982 A).

Die Untersuchungsergebnisse werden so die eigenen Erkenntnisse der Betroffenen. Sie sind ja nicht nur Untersuchungsobjekte, sondern Untersucher und Untersuchte zugleich! In der Organisation nimmt auf diese Weise die kritische und vor allem selbstkritische Haltung zu. Denn es wird deutlich: Man muß selbst auch verändern, wenn sich die Gesamtsituation verändern soll.

These 6: (zu den Willensbildungsprozessen) Mit Organisationsentwicklung werden keine geschlossenen, von vornherein festgelegten Modelle eingeführt. Organisationsentwicklungs-Strategien setzen im Prinzip offene Zielvorstellungen zu Beginn voraus. An die Menschen wird dann appelliert, um aktiv an den neuen Zielvorstellungen, an Soll-Konzeptionen der neuen Organisation, an Leitsätzen für Führung und Zusammenarbeit sowie an deren Konkretisierung mitzuarbeiten.

Bei Reorganisation wird zumeist ein großer Fehler gemacht: Die Führungsspitze befaßt sich ausführlich mit einer neuen Zielkonzeption und mit Sollvorstellungen und meint danach, jetzt könne diese Konzeption sofort auch den übrigen Mitarbeitern auferlegt werden. Überdies gibt man zumeist ziemlich detaillierte Zielvorgaben an die Mitarbeiter.

Organisationsentwicklung strebt hingegen einen großen Gestaltungsraum für die Mitarbeiter an. Das schließt nicht aus, daß z.B. durch Gesetz, durch Statuten oder durch die Spitzenführung ein Rahmenkonzept vorgegeben wird. Die Spitze kann ganz gut die Entwicklungsrichtung, in die sich das Unternehmen begeben soll, verdeutlichen. Aber die weiteren Führungsebenen können dann selbst mitdenken, wie sie dies für den eigenen Bereich konkretisieren könnten. Wenn die mittleren und unteren Ebenen entdecken, daß das Grob- oder Rahmenkonzept der obersten Führung gar nicht sinnvoll oder wünschenswert ist, dann werden sie dies der Spitze auch verständlich machen müssen. So wird im Dialog das Rahmenkonzept weiter verdichtet aber auch wiederholt korrigiert!

In einigen Krankenhäusern haben wir (siehe F. Glasl 1982 B) in der Hauptsache von unten nach oben gearbeitet. Von den Schwestern kamen Anregungen für die Arbeit und die Organisation sowie für die Neufassung der Policy und der Ziele. Diese wurden danach von den leitenden Schwestern weiter bearbeitet und verdichtet und der Direktion vorgelegt. Diese prüfte dann die empfohlenen Grundsätze und traf dazu eine Reihe von wichtigen Grundsatzentscheidungen. Diese wurden wieder nach unten weitergegeben und näher konkretisiert. Dabei ergaben sich immer wieder intensive Gespräche zwischen allen Führungsebenen, die viel zur Klärung bisher vorhandener Probleme beitragen konnten.

These 7: (zur Verknüpfung der Selbstdiagnose mit den Willensbildungsprozessen) Prozesse der Selbstdiagnose und der Willensbildung sollen wesentlich vertieft und unterstützt werden, indem Konzeptionen (über Organisation, Führung usw.) angeboten und in die genannten Prozesse integriert werden (siehe A. Bos 1975).

Konzeptionen, namentlich Entwicklungskonzeptionen, dienen gleichsam als "Brille", um die eigene Situation gezielt analysieren und verstehen zu können. Sie geben Erklärungen für die tieferen Hintergründe mancher Probleme im Haus. Und sie erlauben es, die Zukunftsvorstellungen zu artikulieren und miteinander systematisch zu diskutieren. Ohne solche Konzeptionen werden Zieldiskussionen oder Diagnosegespräche zumeist sehr chaotisch. Es wird wegen der vielen Bäume der Wald nicht mehr gesehen. Begriffe werden unterschiedlich verstanden und es scheint, daß der Turm zu Babylon aufs neue gebaut wird. Durch eingebrachte Konzeptionen kann also viel schärfer herausgearbeitet werden, wo wirkliche Gemeinsamkeiten und Gegensätze bestehen (siehe B. Lievegoed 1974).

These 8: (zu den psycho-sozialen Prozessen) Selbstdiagnosen und Selbstentwurf können unter den Mitarbeitern zu Zerreißproben führen. Darum ist eine

<u>bewußte Arbeit an den psycho-sozialen Prozessen notwendig.</u>

Wenn die Diskussionen über Probleme und Lösungen beginnen, kann sehr schnell
eine Spaltung in "progressive" und "konservative" Gruppen auftreten. In
diesen Gesprächen kommen vielleicht Spannungen aus der Vergangenheit auf,
die niemals gut geklärt worden sind und jetzt zur Polarisation beitragen.
Oder es wehren sich manche Mitarbeiter dagegen, daß die alten Kontakte verloren werden und in Zukunft mit Kollegen zusammengearbeitet werden muß,
mit denen sie bisher vielleicht Spannungen gehabt haben.

Während der Arbeit an den Selbstdiagnosen und den Sollvorstellungen können
viele belastende Dinge an die Oberfläche kommen. Diese kann man nicht übersehen oder dem Zufall überlassen. Darum werden die Diagnosegruppen oder
die Konferenzen über die Sollvorstellungen so organisiert, daß man sich
Zeit nimmt für die Klärung der gegenseitigen Beziehungen, Spannungen und
Konflikte. Je gründlicher dies geschieht, desto größer sind auch die Chancen, daß die Neuerungen wirklich akzeptiert werden. Nur dann werden sie
später gelebt werden.

Viele Menschen haben jedoch Angst vor solchen Prozessen. Sie befürchten
direkt oder indirekt psychisch ausgekleidet zu werden. Andere könnten ihre
intimsten seelischen Probleme sehen und eventuell mißbrauchen: "Ich mache
nicht mit! Wir sind ja hier keine Therapiegruppe!" wird oft gesagt. Man
hat Angst, daß Konflikte provoziert werden, wo erst keine waren. Die Reaktion darauf ist dann zumeist, alles mit einer Quasi-Harmonie-Tünche schön-
färben zu wollen: "Bei uns ist alles in Ordnung. Wir lassen uns keine Konflikte einreden!"

Organisationsentwicklung soll keine Konflikte schaffen, wo keine sind. Aber
wenn voll Respekt von den verwundbaren Seiten eines jeden Menschen, voll
Achtung vor der individuellen Verantwortung und vor den Grenzen des Be-
sprechbaren an solchen Problemen gearbeitet wird, dann ist dies sehr
fruchtbar (siehe F. Glasl 1980 A). Es ist ja für einen externen Berater
gar nicht ratsam, tiefer in der Organisation oder in der Seele der Mitarbeiter herumgraben zu wollen als die Menschen in der Organisation selbst
bewältigen können (R. Harrison 1970).

Für Organisationsentwicklung ist die Arbeit an den gegenseitigen Beziehungen darum niemals Selbstzweck, sondern sie steht im Dienste der Zusammenarbeit zur Leistungserbringung. Sie wird sich deshalb ganz realistische Grenzen stecken müssen.

These 9: (zu den Lernprozessen) Die unterstützenden Lernprozesse im Zuge der Organisationsentwicklung sollen möglichst autonom sein; d.h. die Verantwortung für die Festlegung von Zielen für unterstützende Weiterbildung im Rahmen der Organisationsentwicklung, vor allem die Auswertung der Lern- und Veränderungsresultate soll von den Betroffenen selbst getragen werden.

Beim Lernen und Weiterbilden soll jeder erkennen können, welchen Nutzen es ihm selbst und der Organisation bringt. Es ist gar nicht ratsam, um ungezielt mit umfangreichen Schulungsmaßnahmen zu beginnen, nur in der Hoffnung, "daß dann wenigstens irgend etwas in Bewegung kommt!" Lernen bringt nur dann wirkliche Ergebnisse, wenn es deutlich zu irgend etwas dient und Sinn hat. Andernfalls kann es belasten und frustrieren.

Bei der Organisationsentwicklung spielt sich das begleitende Lernen zumeist gar nicht in Form von Kursen oder Trainingsveranstaltungen ab. Es ist vielmehr mit den Selbstdiagnosen und dem Selbstentwurf sowie den psycho-sozialen Prozessen verknüpft (siehe F. Glasl 1982 A). Dies heißt dann "on-the-job"-Training. Die Werkstatt wird zur "Lernstatt" (H. Samson/ R. Setualla 1980).

Wir haben hier die vier Subprozesse getrennt beschrieben. In der Wirklichkeit sind sie aber fortwährend miteinander verknüpft. Sie werden wie bei einem 'Musikstück für vier Stimmen' zu einer ganzen Komposition verflochten: Für einige Zeit stehen die Analyseprozesse im Mittelpunkt, dann die Willensbildungsprozesse, unterstützt von Lernprozessen oder psycho-sozialen Prozessen, so wie in der Musik etwa einmal die erste Geige das tragende Motiv spielt, dann die zweite Geige, die Bratsche und das Cello. Erst dann ist Organisationsentwicklung ein organischer, ganzheitlicher Prozeß. Wenn man als externer Organisationsentwicklungs-Berater einen derartigen Prozeß begleitet, dann ist man nicht ein "sozialer Ingenieur", der am Reißbrett denkt und entwirft und später vom Schaltbrett aus steuert,

sondern wahrhaftig ein "sozialer Künstler", der mit den Menschen in der
Organisation gemeinsam die Partitur macht, die Stimmen einstudiert und
als Musikstück aufführt. So kann er helfen, im Sozialen einen komplexen
Selbsterneuerungsprozeß gut zu gestalten und zu lenken.

4. Von welchem Organisationsbild geht Organisationsentwicklung aus?

These 10: Organisationsentwicklung sieht die Organisation als offenes, dynamisches, organistisches soziales Gebilde.

Eine Organisation wird von vielen wie eine Maschine gesehen. Man kann sie
entwerfen und konstruieren und der sozialen Wirklichkeit überstülpen. Funktionen, Abläufe, Menschen und Gruppen werden dabei wie Rädchen in einem
komplizierten Mechanismus behandelt. Wenn man Organisationen auf diese Art
"mechanistisch" sieht, dann kann man nicht eine Organisation "entwickeln".
Eine Maschine kann man bauen, umbauen, reparieren oder zerlegen, aber nicht
im eigentlichen Sinne entwickeln; wenn man von Produktentwicklung spricht,
dann meint man hier, daß Ingenieure neue Ideen für den Bau einer Maschine
erarbeiten, nicht aber daß das Ding "Maschine" selbst sich entwickeln
kann.

Nur wenn man Organisationen als Entitäten auffaßt, die wachsen können,
die eine Identität haben, welche über die der Summe der einzelnen Mitarbeiter hinausgeht; wenn man sich dessen bewußt ist, daß viele Geschehnisse
in der Organisation nicht bloß techno-logischen, sondern auch psycho-lo-
gischen und sozio-logischen Gesetzmäßigkeiten entsprechen und daß viele
davon eigentlich nicht einmal "logisch" zu sein brauchen, erst dann hat
man ein Organisationsverständnis, das einen davor behütet, Organisationen
wie einen Apparat konstruieren zu wollen. Dann kann man Organisationen
als soziale Organismen sehen, die sich nach sozial-ökologischen Gesichts-
punkten in Evolution befinden (B. Lievegoed 1974). Und diese Evolution
kann bewußt unterstützt und gestaltet werden. Das tut Organisationsentwicklung.

These 11: Organisationsentwicklung unterstellt bei einer Organisation nicht eine "natürliche Harmonie" der Ziele. OE ist vielmehr ein Weg, um bei gegebenen Zieldivergenzen oder - gegensätzen zu Zielabsprachen zu kommen, die den Interessen der Gesamtorganisation sowie denen der einzelnen Individuen oder Gruppen mehr dienlich sind, als wenn es diese Absprachen nicht gäbe.

Organisationsentwicklung geht nicht von einer a priori gegebenen Harmonie der Ziele und Interessen und Werte der Menschen in einer Organisation aus, wie dies manchmal zu unrecht von Kritikern (z.B. W. Staehle 1978) unterstellt wird. Denn die Mitarbeiter haben immer auf Grund unterschiedlicher Vorbildung und Funktionsinhalte divergierende Auffassungen, Ziele und Prioritäten. Arbeitgeber und Werknehmer haben hinsichtlich der Verteilung des erwirtschafteten Ertrages gegensätzliche Interessen. Darum bietet Organisationsentwicklung Mittel und Wege, um zu einer bewußten Abstimmung zu kommen, so daß sich die Zielunterschiede oder Gegensätze nicht destruktiv - für alle Betroffenen - auswirken können. Es werden also gemeinsame Zielvorstellungen sichtbar und gegenseitig ausgehandelt (siehe F. Glasl/ H. von Sassen 1982 C), die eine hinreichende Basis für die Neugestaltung der Organisation bieten. In den Thesen 5, 6 und 7 haben wir kurz skizziert, wie dies möglicherweise geschehen kann.

5. Wie und wann kann Organisationsentwicklung am besten eingeleitet werden?

These 12: Für das Einleiten von Organisationsentwicklungs-Prozessen ist es wichtig, den unterschiedlichen Zeithorizont der Menschen gut einzuschätzen.

Die Pläne und Vorhaben eines OE-Prozesses sollen nicht auf einen Zeitraum gerichtet sein, der um vieles größer ist als der tatsächliche Zeithorizont der Betroffenen in ihrer Arbeit momentan ist. Andernfalls plant man "ins Blaue hinein". Die Vorhaben werden unverbindlich, weil sie - nach dem Gefühl der Mitarbeiter - doch erst am "Sankt Nimmerleinstag" verwirklicht werden.

Bei einer Organisationsentwicklung in einer Fabrik hatten die Arbeiter damit gerechnet, daß die von ihnen aufgezeigten Probleme innerhalb eines Monats behoben worden sind. Die Meister hatten sich auf ein Vierteljahr eingestellt. Beide waren enttäuscht, als sich nach einigen Monaten noch keine für sie merkbaren Veränderungen zeigten. Einmal enttäuscht wollten sie nicht mehr so überzeugt am weiteren Prozess mitmachen.

Man kann also durchaus mit kleinen Vorhaben beginnen, die innerhalb des gewohnten Zeithorizontes realisierbar sind. Wenn sich dann Erfolg zeigt, kann der anfänglich eng begrenzte Zeithorizont mehr und mehr ausgedehnt werden. Man gewöhnt sich daran, daß Rom nicht in drei Tagen gebaut worden ist. Die gegenseitige Abstimmung der Zeithorizonte ist für den Anfänger ein notwendiger und oft schmerzhafter Prozess. Aber er schafft eine wichtige Grundlage für Gemeinsamkeit.

These 13: Beim Einleiten eines Organisationsentwicklungs-Prozesses ist es wichtig, den Problem- bzw. Komplexitätshorizont der betroffenen Mitarbeiter richtig einzuschätzen.

Dies ist ähnlich wie mit dem Zeithorizont. Wenn die Mitarbeiter verschiedener Ebenen unterschiedlich fähig sind, umfassende komplexe Probleme zu überdenken, dann wird es notwendig sein, sehr differenziert vorzugehen. Wenn die Probleme z.B. aus der Sicht der Meister zu breit und vielschichtig sind, dann werden sie schnell das Gefühl bekommen, daß sie die Wirklichkeit nicht in den Griff bekommen. Vielleicht vermuten sie sogar Manipulation, weil sie die Zusammenhänge nicht überblicken. Es hängt von der tatsächlichen Fähigkeit der Komplexitätsbewältigung ab, ob ein Organisationsentwicklungsprozess vorerst mit einigen wenigen, überschaubaren Veränderungsprojekten beginnt, oder ob erst lang und breit untersucht wird und auf Grund davon ein Gesamtkonzept entwickelt werden kann. Wenn nur nicht über die Köpfe der Menschen hinweg gedacht wird.

Im Laufe der Organisationsentwicklung wird mit Hilfe des Erfahrungslernens der Zeit- und Komplexitätshorizont ausgedehnt werden können.

These 14: Beim Einleiten von Organisations-Entwicklungsmaßnahmen soll auf ein Gleichgewicht geachtet werden zwischen Problembewußtsein und Veränderungsbereitschaft.

Wir haben wiederholt mitgemacht, daß viele Mitarbeiter sehr kritisch über die Organisation denken - und daß doch keine einzige Veränderung zustande kommt. Auch Gesellschaftskritik führt noch lange nicht zu gesellschaftlichen Veränderungen. Es kann mitunter sogar eine Haltung der Hoffnungslosigkeit und Aussichtslosigkeit auftreten und verstärkt werden. Dies ist die Enttäuschung vieler Lehrer, daß oft ihre kritischsten Schüler schließlich zu tatenlosen Zynikern geworden sind.

Wenn aber die Veränderungsbereitschaft größer ist als das vorhandene soziale Problembewußtsein, dann führt dies in der Regel zu unrealistischen Änderungswünschen. Andere Menschen werden dann überfordert. Es kommt zu utopischen oder fanatischen Maßnahmen. Fanatiker werden zu Zwangsbeglückern.

Es kommt also auf die richtige Spannung zwischen dem Bewußtsein und dem Willen an. Diese Spannung muß für die Menschen im Gefühl noch auszuhalten und zu überbrücken sein. Darum soll ein Bewußtsein geweckt werden, daß die Betroffenen auch in ihrer eigenen direkten Umgebung selber aktiv werden können und die Verantwortung für Veränderungen nicht einfach nach oben oder auf andere abschieben dürfen.

These 15: Organisationsentwicklung ist gegenüber anderen Veränderungsstrategien immer dann vorzuziehen, wenn die angestrebten Veränderungen nur mit eingreifenden Veränderungen von Einstellungen und Haltungen der Mitarbeiter möglich sind.

Dies ist der Fall, wenn mit den Veränderungen ein höherer Grad an Selbständigkeit der Mitarbeiter, mehr persönlicher Einsatz und stärkere persönliche Verantwortung erhofft wird. Organisationsentwicklung ist eigentlich immer bei wesentlichen Veränderungen in sogenannten "professionellen Organisationen" (F. Glasl 1980 A) geboten, wie z.B. in Schulen, Krankenhäusern und hochqualifizierten Dienstleistungsorganisationen. Mit rein äußerlichen Reorganisationen wird dort wenig erreicht. Aber auch in der Industrie wird Organisationsentwicklung in der Regel bessere Wirkungen bringen als klassische Reorganisation.

These 16: Organisationsentwicklung ist vor allem in solchen Organisationen effektiv, in denen hohe Anforderungen gestellt werden an Flexibilität, an die Qualität der organisatorischen Suchprozesse bei internen oder externen Such- und Problemlösungsprozessen.

Organisationsentwicklung strebt ja danach, die Mitarbeiter besser für die Bewältigung von Veränderungsprozessen zu befähigen. Je mehr in diese Befähigung investiert wird, desto höher sind die Lebenschancen solcher Organisationen.

6. Schlußbemerkungen

Organisatorische Veränderungen gemäß den Konzeptionen und Methoden der Organisationsentwicklung durchführen heißt also nicht, bloß irgend einen Koffer mit Techniken zu öffnen und beliebig anzuwenden. Die von uns skizzierten Prozesse erfordern mehr als blosses Wissen und geübte Fertigkeiten. Denn nur, wenn dem Prozeß auch das Menschen- und Organisationsbild zugrunde liegt, wie wir es in unseren Thesen dargelegt haben, wird OE ein stimmiges Ganzes sein. Deshalb eignet sich Organisationsentwicklung nicht zur Einführung irgendwelcher beliebiger Modellvorstellungen von Organisationen. Nur solche Modellvorstellungen können über den Weg der Organisationsentwicklung gut verwirklicht werden, die selbst mit den Grundwerten des beschriebenen Menschen- und Organisationsbildes in Übereinstimmung sind.

Der Berater bzw. Begleiter wird diese Philosophie beruflich und privat leben müssen, um glaubwürdig zu sein. Er ist selbst das wichtigste Instrument bei dieser Art von Beratung.

LITERATURHINWEISE

ASSAGIOLI, R.:
    Psychosynthesis. New York 1971

BOS, A.:
    Verbreitung von Konzeptionen. In: F. Glasl/L. de la Houssaye (Hrsg.),
    Organisationsentwicklung. Bern/Stuttgart 1975, pp. 95 ff.

FRANKL, V.E.:
    Der Wille zum Sinn und seine Frustration durch die moderne Industrie-
    gesellschaft. In: Gottlieb Duttweiler-Institut (Hrsg.), Hemmende
    Strukturen in der heutigen Industriegesellschaft. Zürich 1969

GLASL, F./De LA HOUSSAYE (Hrsg.):
    Organisationsentwicklung. Bern/Stuttgart 1975

GLASL, F.:
    Konfliktmanagement, Bern/Stuttgart 1980 A

GLASL, F.:
    Das homo-mensura-Prinzip bei der Gestaltung von Organisationen. In:
    B. Sievers/W. Slesina (Hrsg.), Organisationsentwicklung in der Dis-
    kussion: Offene Systemplanung und partizipative Organisationsfor-
    schung. Arbeitspapiere des Fachbereichs Wirtschaftswissenschaft der
    Universität Wuppertal. Wuppertal 1980, Heft Nr. 44, pp. 99 - 133,
    1980 B.

GLASL, F:
    Organisationsentwicklung in einer elektrotechnischen Fabrik. In:
    H. Schuler/W. Stehle (Hrsg.), Psycholgie in Wirtschaft und Verwal-
    tung. Stuttgart 1982. 1982 A

GLASL, F.:
    Die Bedeutung der Organisationsentwicklung für das Entwickeln verhal-
    tenswirksamer Führungsleitsätze. In: R. Wunderer (Hrsg.), Führungs-
    grundsätze in Wirtschaft und Verwaltung. Stuttgart 1982, 1982 B.

GLASL, F./H.W. VON SASSEN:
    Reformationsstrategien und Organisationsentwicklung. In: F. Glasl
    (Hrsg.), Verwaltungsreform durch Organisationsentwicklung, Bern/Stutt-
    gart 1982. 1982 C

HARRISON, R.:
    Choosing the depth of organizational intervention. In: Journal of
    Applied Behavioral Science, vol. 6, 1970, pp. 181 - 202

LIEVEGOED, B.C.J.:
    Organisationen im Wandel. Bern 1974

LIEVEGOED, B.C.J.:
    Lebenskrisen - Lebenschancen. München 1979

RIECKMANN, H.:
    Auf der grünen Wiese ... Organisationsentwicklung einer Werksneu-
    gründung. Bern/Stuttgart 1982

SAMSON, H./R. SETULLA:
  Lernstatt HOECHST - Ein Weg zur Organisationsentwicklung im Betrieb.
  In: K. Trebesch (Hrsg.), Organisationsentwicklung in Europa. Bern/
  Stuttgart 1980, pp. 729 - 748.

SCHOLZ, G.:
  Voraussetzungen für Organisationsentwicklung am Beispiel der Verwal-
  tung in der Bundesrepublik Deutschland. In: F. Glasl (Hrsg.), Verwal-
  tungsreform durch Organisationsentwicklung. Bern/Stuttgart 1982

STAEHLE, W.H.:
  Interessenkonflikte in Organisationsentwicklungsprozessen. In:
  R. Wunderer (Hrsg.), Humane Personal- und Organisationsentwicklung.
  Berlin 1978

STEINER, R.:
  Allgemeine Menschenkunde als Grundlage der Pädagogik. Dornach 1932

TREBESCH, K. (Hrsg.):
  Organisationsentwicklung in Europa. Bern/Stuttgart 1980

KARRIERE UND FAMILIE

JOB-SHARING: EIN ARBEITSZEITMODELL FÜR DIE ZUKUNFT?

VON DR. BERNHARD TERIET, DORMITZ

Nach jüngsten Feststellungen des Institutes für Demoskopie in Allensbach würde fast jeder dritte Mann lieber zu Hause bleiben und Hausmann
sein, als in die Fabrik oder ins Büro zu gehen [1]. Demgegenüber ist der
Wunsch und die Absicht vieler ungezählter Frauen mit und ohne Familie
ungebrochen, sich eine Chance der Teilnahme am Erwerbsleben zu sichern.
Von daher kommt es nicht von ungefähr, wenn festgestellt wird:

> "Die große Herausforderung der achtziger Jahre ist
> die Entwicklung eines Konzepts, das Frauen wie Män-
> nern die gleichen Arbeits- und Lebensbedingungen er-
> möglicht, aber ihnen auch de facto die Wahl läßt,
> Kinder zu haben [2]."

Hinter dieser Herausforderung, die auf den ersten Blick für nicht wenige
einem Desertieren der Frauen aus der Familie und einem Desertieren der
Männer aus der Erwerbsarbeit gleichzukommen scheint, steht ein massiver
Wertwandel, der weit über den Wertwandel der Arbeit [3] hinausgeht und der
die Suche nach neuen Antworten und Konsensen zu zentralen Grundsatzfragen
für die zukünftige Daseinsbewältigung auf der Ebene des Individuum, der
Familie, der Erwerbsarbeit und der Gesellschaft einschließt. Zu denken
ist dabei an Fragen wie etwa:

---

1) Vgl. AZ vom 21.9.81

2) Zitiert nach FAZ vom 26.04.80

3) Vgl. Teriet, B., Wertwandel der Arbeit - eine Herausforderung konventioneller Personalwirtschaft, in: Personalführung 9/81, S. 177 - 180

- Wieviel Erwerbsarbeit braucht der Mensch zum Leben? [4]

- Wieviel Erwerbsarbeit braucht unsere Gesellschaft zum Überleben? [5]

- Wieviel Familie und Familienarbeit braucht der Mensch zum Leben?

- Wieviel Familie und Familienarbeit braucht unsere Gesellschaft zum Überleben?

- Wieviel Betreuung und Bevormundung durch die Gesellschaft braucht der Mensch und die Familie?

- Wieviel Selbstbestimmung, Eigenverantwortung und Freiraum braucht der Mensch und die Familie?

- Wieviel Menschlichkeit braucht die Gesellschaft als Fluchtpunkt ihrer Entwicklung?

Diese Fragen, die sowohl quantitative als auch qualitative Dimensionen einschließen, können hier nur gestellt werden. Ihre Beantwortung muß offen bleiben, wenngleich man um sie kaum herumkommen wird, insbesondere immer dann, wenn man den vorherrschenden Entwicklungstrend im Beziehungsverhältnis 'Individuum, Familie, Erwerbsarbeitssystem, Gesellschaft' verändern oder korregieren will. Dazu bedarf es vor allem eines grundlegenden Bewußtseinswandels und einer massiven Rückbesinnung auf den Menschen als das Maß und Ziel unserer Ökonomie und Ökologie unter sich erheblich verändernden Rahmenbedingungen.

---

4) Vgl. Teriet, B., Wieviel Arbeit braucht der Mensch?
   In: Arbeit und Sozialpolitik 8/1981, S. 242 - 245
5) Vgl. Teriet, B., Wieviel Arbeit braucht unsere Gesellschaft zum Überleben? Unveröffentliches Manuskript, Dormitz 1981

Obgleich dieser Bewußtseinswandel eine notwendige Bedingung für die schöpferische Zerstörung tradierter und überholter Denkschablonen und Trampelpfade darstellt, ist er nicht hinreichend ohne Konkretisierungen und/oder neue Lebensplanungs- und -gestaltungsmöglichkeiten in Richtung auf eine neue Balance und eine bessere Vereinbarkeit zwischen den genannten Lebensbezügen. Dabei kommt der Problematik, wieder Zeit für den Menschen zu schaffen [6] und seiner Schubladisierung entschieden entgegenzuwirken, erhebliches Gewicht zu, denn in den vorherrschenden Zeitzwängen manifestieren sich letztlich die verschiedensten und vielfältigsten Systemzwänge und ihre Übermacht.

In diesem Bemühen um einen Abbau der Zeitzwänge ist es äußerst wichtig, wenngleich nicht immer hinreichend, den Menschen wieder mehr Kompetenz über ihre Zeit oder mehr Zeitsouveränität [7] zurückzugeben, auf daß sie wieder in den Stand versetzt werden, besser ihren Wünschen und Erfordernissen gemäß mit der kostbaren Ressource Zeit umgehen und haushalten zu können, sowie bezogen auf den hier im Vordergrund stehenden Blickwinkel, die Chance zu öffnen, anders zu arbeiten und anders zu leben, indem man flexibler arbeitet und flexibler lebt.

Zu den urwüchsigen Kräften, die in diese Richtung drängen und die starren, uniformierten, fremdbestimmten, tabuisierten Vorgaben unseres Erwerbssystems als dem zentralen Gravitationspunkt individueller Lebensplanung und sozialer Kontrolle aufzuweichen oder aufzubrechen versuchen, zählt auch das Job-Sharing-Konzept als ein Einstieg in flexible Arbeits-

---

6) Vgl. Teriet, B., Zeitsouveränität für eine flexible Lebensplanung, in: Huber, J. (Hrsg.), Anders arbeiten - anders wirtschaften, Frankfurt 1979, S. 150 - 157

7) Vgl. Teriet, B., Flexible Arbeitszeitgestaltung - Zeitsouveränität und Zeitökonomie, in: Heymann, H. H., Seiwert, L. J. (Hrsg.), Job-Sharing: flexible Arbeitszeit durch Arbeitsplatzteilung, Grafenau/Württ. 1981, S. 28 - 37

zeiten und eine neue Art der Arbeit im Bereich der abhängigen Beschäftigung. Beim Job-Sharing im engeren Sinne teilen sich zwei oder mehrere
Mitarbeiter oder Mitarbeiterinnen gemeinsam und solidarisch die Aufga-
benerledigung eines bestimmten (Vollzeit-) Arbeitsplatzes und treten
ihrem Arbeitgeber gegenüber als ein Team auf, das sein Innenverhältnis
weitgehend intern bestimmen und ausgestalten kann. [8] Job-Sharing ist
solchermaßen ein kooperatives Engagement gegenüber einem starren Arbeits-
zeitsystem mit äußerst engen Wahlmöglichkeiten auf der Basis eines gewissen Null-Summen-Spiels zwischen den Spielpartnern, denn die erzielbare
Flexibilität steht in einem reziproken Verhältnis zur wechselseitigen
Tauschbereitschaft der in einem Job-Sharing-Team kooperierenden Partner
auf der einen Seite und einem für das Vorhaben und Anliegen aufgeschlos-
senen Arbeitgeber auf der anderen Seite. Job-Sharing ist damit eine Not-
lösung in einer standardisierten Arbeitswelt, die dem einzelnen Arbeitnehmer bislang nur restriktive Optionen im Hinblick auf seine Präferen-
zen gegenüber Arbeitszeit, Einkommen, Nicht-Arbeitszeit, Freizeit und
Muße bietet, nicht zuletzt wohl auch aus der Furcht heraus, daß ein stär-
kerer Abbau der installierten Zeitzwänge zu einer Destabilisierung des
'Gleichgewichts' zwischen den im Vordergrund stehenden Lebensbezügen und
-bereichen führen könne. Daher heißt die Devise: möglichst keine schla-
fenden Hunde wecken, selbst auf die Gefahr hin, daß das Ganze in einer
Art "planning de caserne" [9] festgeschrieben wird.
"Wo kommen wir hin, wenn der Betrieb sich den individuellen Wünschen oder
Bedürfnissen seiner Arbeitnehmer anpaßt und damit unweigerlich ins Chaos
getrieben wird, zumal die Leute außerdem weitgehend nicht sinnvoll mit
ihrer vielen Freizeit umzugehen in der Lage sind." [10]

---

8) Vgl. Teriet, B., Das Job-Sharing - eine noch unentdeckte Arbeitsform
   in der Bundesrepublik Deutschland, in: Rundschau Personalinformation,
   1/1981, S. 1

9) Vgl. Aznar, G., Tous à mi-temps, ou le scênario bleu, in Futuribles,
   Octobre 1981, S. 39

10) Vgl. Teriet, B., Arbeit - Wir nehmen Maß an der Familie, Beitrag zur
    19. Bundestagung der CDA Sozialausschüsse vom 9. - 11. Oktober 1981
    in Mannheim, S. 2

Überraschend ist bei einer solchen Grundhaltung mit der Betonung des 'status quo' als dem universellen Problemlösungsmuster dann jedoch die Überraschung angesichts bestimmter Reaktionen, die ihren Niederschlag finden in Statements wie "Karriere? Nein danke!" [11]

Die Frage nach den auslösenden Faktoren und Begründungen für derartige Reaktionsmuster werden noch vielfach verdrängt oder nur recht oberflächlich angegangen. Vielleicht u. a. auch, weil man mehr oder weniger intuitiv oder unterschwellig ahnt, daß bei einer vorurteilsfreien Auseinandersetzung mit den multidimensionalen Gründen dieses Umbruchs der Nostalgiestandpunkt 'status quo' kaum durchzuhalten ist und daß damit dann die defensive Position schnell ins Wanken kommen kann. Der Rückzug auf prinzipielle Gründe ist zwar vielleicht noch ein Ruhekissen für eine begrenzte Zeit - mittel- und langfristig jedoch der sichere Weg ins Abseits, denn nicht von ungefähr meinte kürzlich der Vorstandsvorsitzende der Metallgesellschaft AG:

> "Wer die Menschen nicht für sich gewinnt, kann ein
> Unternehmen in den 80er und 90er Jahren nicht mehr
> führen." [12]

Und das schließt eben den Menschen in allen seinen Lebensbezügen ein! Von daher kann man auch nicht von den familiären Bezügen und Imperativen der Arbeitnehmer abstrahieren, weil sie einem vielleicht nicht "in den Kram passen" oder weil sie 'business as usual' schwieriger machen!

Job-Sharing als ein Weg unter vielen zu einer neuen Balance zwischen Familie und Erwerbstätigkeit in beiden Bereichen für beide Geschlechter ist

---

11) Vgl. NN, Karriere? Nein Danke! - Eine Fallstudie zur Karrieremüdigkeit von Nachwuchskräften, in: Personal - Mensch und Arbeit, 2/1981, S. 74

12) Zitiert nach Derschka, P./Gottschall, D., Personalpolitik in den 80er Jahren - Mehr reden statt regeln, in: manager magazin 11/1980, S. 57

deshalb ein wichtiges Signal und ein Einstieg in eine wesentlich weit-
reichendere Thematik, die von der Frage der Gleichberechtigung bis hin
zur Frage der familienfreundlicheren Arbeitszeitgestaltungsmöglichkei-
ten reicht. Von daher genügt eine Evaluation des Job-Sharing-Konzeptes
auch nicht auf der Basis der zur Zeit in der Bundesrepublik Deutschland
gehandelten Musterverträge und der damit freigesetzten Emotionen und Vor-
urteile. Job-Sharing unter den gegenwärtigen Konstellationen ist zwei-
felsohne nur ein begehbarer Weg für einen begrenzten Personenkreis, der
weniger am finanziellen Kalkül, nämlich ob man sich Job-Sharing leisten
könne, sondern an der notwendigen Kooperationsfähigkeit potentialmäßig
bestimmt werden kann. Nichtsdestoweniger läßt es eine zentrale Zukunfts-
gestaltungsaufgabe sichtbar werden, nämlich die intensive Flexibilisie-
rung der maßgeblichen Zeitordnungen unserer Gesellschaft, die dem einzelnen Mitbestimmung, Selbstbestimmung, Mitverantwortung, Gestaltungsspiel-
räume und Wahlmöglichkeiten für die Lebensplanung und -gestaltung durch
die verschiedenen Phasen seiner Biographie eröffnen. Job-Sharing kann
deshalb auch ein Einstieg in die grundsätzliche Diskussion um die Verteilung von Erwerbsarbeit, Nicht-Erwerbsarbeit, Freizeit und Muße, sowie
das Verhältnis zwischen dem Individuum und seiner Umwelt und seinem Be-
treuungsstaat bieten, denn es ist ein manifestes Zeugnis dafür, daß sich
Arbeit, Einkommen und Leben anders schneiden lassen, als wir es in der
kurzen Geschichte der Industrialisierung institutionalisiert und konser-
viert haben. So gesehen ist Job-Sharing ein wichtiger Aspekt der Schum-
peter'schen schöpferischen Zerstörung und Weiterentwicklung unserer In-
dustriekultur. Dabei umfaßt es zwei äußerst wichtige Elemente für die Zukunftsbewältigung, nämlich erstens das Teilenkönnen und -wollen und zweitens den neuen Konsens und die Kooperation für ein gemeinsames Ziel verschiedener Individuen, die sich selbst zu helfen versuchen. Daß das im
Arbeitsalltag umsetzbar ist, belegen entsprechende Erfahrungen im Ausland
und im Inland mit dem Job-Sharing. Auch sie sind ein eindrucksvoller Ge-
genbeweis gegen das Dogma: 8 Stunden Arbeit pro Tag, 5 Tage pro Woche,
ca. 45 Wochen pro Jahr und das ganze etwa 45 Jahre lang seien ein natürliches Bedürfnis! Es gibt viele Wege nach Rom - warum soll es eigentlich
nur einen einzigen für das komplexe Wechselverhältnis von Individuum, Familie, Erwerbsarbeit und Gesellschaft geben dürfen?

LITERATURHINWEISE

AZNAR, G.:
   Tous à mi-temps, ou le scénario bleu, in Futuribles, Oktobre 1981,
   S. 39

DERSCHKA, P./GOTTSCHALL, D.:
   Personalpolitik in den 80er Jahren - Mehr reden statt regeln, in:
   manager magazin, 11/1980, S. 57

TERIET, B.:
   Wertwandel der Arbeit - eine Herausforderung konventioneller Personalwirtschaft, in: Personalführung 9/81, S. 177 - 180

TERIET, B.:
   Wieviel Arbeit braucht der Mensch?
   In: Arbeit und Sozialpolitik 8/1981, S. 242 - 245

TERIET, B.:
   Wieviel Arbeit braucht unsere Gesellschaft zum Überleben?
   Unveröffentlichtes Manuskript, Dormitz 1981

TERIET, B.:
   Zeitsouveränität für eine flexible Lebensplanung, in: Huber, J.
   (Hrsg.), Anders arbeiten - anders wirtschaften, Frankfurt 1979,
   S. 150 - 157

TERIET, B.:
   Flexible Arbeitszeitgestaltung - Zeitsouveränität und Zeitökonomie,
   in: Heymann, H. H., Seiwert, L. J. (Hrsg.), Job-Sharing: flexible
   Arbeitszeit durch Arbeitsplatzteilung, Grafenau/Württ. 1981,
   S. 28 - 37

TERIET, B.:
   Das Job-Sharing - eine noch unentdeckte Arbeitsform in der Bundes-
   republik Deutschland, in: Rundschau Personalinformation, 1/1981,
   S. 1

TERIET, B.:
   Arbeit - Wir nehmen Maß an der Familie, Beitrag zur 19. Bundesta-
   gung der CDA Sozialausschüsse vom 9. - 11. Oktober 1981 in Mann-
   heim, S. 2

o. V.:
   Karriere? Nein danke! - Eine Fallstudie zur Karrieremüdigkeit von
   Nachwuchskräften, in: Personal - Mensch und Arbeit, 2/1981, S. 74

2. Teil

Neue Formen
der Arbeitsorganisation und
der Personalentwicklung

INNERES WACHSTUM – ÄUSSERES WACHSTUM

VON DR. HEIJO RIECKMANN, REMSCHEID

Oder: Kann mehr Arbeitsqualität (im Sinne größerer innerer, sprich seelisch-geistiger Wachstums- und Befriedigungsmöglichkeiten während
der Arbeit) stagnierendes Einkommen kompensieren, also äußeres
"Null-Wachstum im Portemonnaie" ausgleichen und ersetzen oder sogar "Geld", Wohlstand und Konsum als weniger wichtig und zentral
erscheinen lassen und dadurch dazu beitragen, daß die zunehmend be-
drohlichere Ausbeutung von Erde, Mensch und Natur abgebremst werden
kann?

Diese Fragestellung ist vor folgendem Gedankenhintergrund zu sehen:

● Nicht wenige Unternehmen sitzen heute in einem bedrohlichen Dilemma:
Auf der einen Seite haben sie auf kaum noch wachsenden oder sogar
schrumpfenden Märkten ums Überleben zu kämpfen und auf der anderen
Seite müssen sie mit steigenden Rohstoffpreisen, Personalkosten, Lohn-
forderungen und Sozialansprüchen fertig werden.

Rationalisierung auf der einen und Arbeitsplatzabbau mit Entlassungen
auf der anderen Seite sind die uns bekannten Konsequenzen dieser
"Grenzen des Wachstums" samt all den gesellschaftlichen Kosten und
seelisch-körperlichen Leiden, die mit Arbeitslosigkeit verbunden sind.

● Immer mehr Unternehmen erleben, daß sie aufgrund steigender Abhängigkeiten und Vernetzungen innerhalb der Weltwirtschaft eigentlich mehr
und mehr so etwas wie eine Art "Abteilung" innerhalb des Globalsystems
"Erde" geworden sind. Sie werden dadurch abermals mit der Tatsache von

Grenzen konfrontiert, nämlich mit der materiellen Begrenztheit der Erde überhaupt und daß, wenn wir so weitermachen wie bisher, wir durch unser permanentes Außenwachstum, sprich Industrialisierung, Rohstoffverbrauch, Umweltbelastung, Bevölkerungsexplosion etc. zugrunde zu gehen drohen.

So jedenfalls die Ergebnisse vielfacher Analysen des Club of Rome wie auch der von der amerikanischen Regierung veranlaßten Untersuchung "Global 2000".

Beide Situationen zwingen zum Umdenken, zum Umkehren. Es wird zunehmend deutlicher, daß wir von geliehener Zeit leben. Die Umkehr der Menschen - wozu nicht nur die "Anderen", sondern auch ich selber gehöre, einschließlich des Unternehmens, in dem ich arbeite und Verantwortung trage - diese Umkehr jedenfalls muß sofort geschehen, vergleichbar einem Riesentanker, der seinen Kurs auch beizeiten und nicht mehr erst 100 Meter vor einem Eisberg noch rechtzeitig zu korrigieren vermag.

Es wird deutlich, daß sowohl diese allgemeine Herausforderung der Menschheit im Großen als auch die Herausforderung der Einzelunternehmen bei stagnierenden Märkten und steigenden Kosten im Kleinen zu einer Wertneuorientierung zwingt und unter anderem eine Umkehr bzw. eine "Umsattlung" vornehmlich in Richtung stärker immaterieller, d. h. seelisch-geistiger Wachstums- und Entwicklungsziele dringendst erforderlich erscheinen läßt. Was wir dazu notwendig brauchen - so zahlreiche Futorologen - sind psychosoziale, soziale und organisatorische Innovationen, sowie alternative gesellschaftliche Strukturen und Prozesse, die uns dabei helfen können (nicht jedoch es uns abnehmen), daß ein jeder von uns anfängt, sich stärker in Richtung von "Seins-" denn "Haben"-orientierten Wünschen, Zielen und Werten hinzuentwickeln, d. h. in Richtung auf Werte, die mit Lebensinhalten und Arbeitsformen verbunden sind, die eben diese materielle und ökologische Begrenztheit unseres Planeten in Planung, Entscheidung und Gestaltung mit einbeziehen.
Oder mit anderen Worten: Mehr seelisch-geistiges Wachstum verbraucht weniger Erdöl, Plastik, Chrom, Wasser, Luft usw., hält also unsere Erde länger intakt und verschmutzt unser Raumschiff in weit geringerem Maße als bisher. Auch sind die Grenzen für geistig-seelisches Wachstum un-

gleich weiter gesteckt als für materielles Wachstum.

So weit - so schlecht, werden hier möglicherweise einige sagen, denn Null- oder immaterielles Wachstum sei keine wirkliche Lösung und daher kein Ziel (Wert) und Wachstum sei außerdem auch kein Schimpfwort.

Dennoch ist folgendes nicht vom Tisch zu wischen:

Die Prognose scheint plausibel zu sein, daß Unternehmen, die der Zukunft und ihren Großkrisen gewachsen sein wollen, HEUTE bereits anfangen müssen, Strukturen zu verändern und Lernprozesse proaktiv in Gang zu setzen, innerhalb derer wir alle unsere bisherigen Außenwachstumsbedürfnisse "umlernen" und althergebrachte Denk- und Verhaltensweisen "verlernen" können. Statt immer mehr Geld, Prestige, Macht und Konsum haben zu wollen, ist umzuschalten auf rohstoffsparende und naturschonende immaterielle Wege der Lebenserfüllung, Leistungsstimulierung und Erfolgsvergütung. Dies scheint zum einen ganz schlicht geboten zu sein, wenn das finanzielle Überleben zahlreicher Unternehmen und Arbeitsplätze gewährleistet werden soll und wir nicht den "Ast, auf dem wir alle sitzen", durch immer höhere Konsum- und Einkommensforderungen langsam aber sicher absägen wollen. Zum anderen bedeutet weiteres materielles Außenwachstum steigende Verwüstung unserer Erde und führt ebenfalls zum Tod von Unternehmungen und Vernichtung von Arbeitsplätzen. [1)]

---

1) Um Mißverständnissen vorzubeugen: Ich plädiere nicht für ein naives oder "vergeistigtes" Zurück-zur-Natur, jedoch für eine neue Prioritätensetzung.
Um dabei die Befriedigung unserer materiellen Basisbedürfnisse - die ja nicht aufhören werden - sicherzustellen, schließe ich mich weitgehend einem Wirtschafts- und Produktionsprinzip an, das u. a. Steinbuch (Die Welt, Nr. 281, 03.12.81, S. 7) mit "maximaler Wertschöpfung bei minimalem Ressourcenverbrauch" (und hohem Recyclinggrad) umschreibt. Er führt dazu im Hinblick auf unsere hochspezialisierte, ressourcen- und exportabhängige Wirtschaftsgesellschaft folgendes aus:

"Dieses Organisationsprinzip zielt etwa auf das, was auch schon als "qualitatives Wachstum" - und "Entkopplung von Energieverbrauch und Wachstum" bezeichnet wurde. Alle Realisierungen dieses Organisationsprinzips führen auf komplexe, intelligente Produktionen oder Dienstleistungen, zu denen der Beitrag von Materie und Energie gering, der Beitrag der Information jedoch groß ist.

Um es in einem Bild zu sagen:

Was wir brauchen, ist eine Art Währungsreform: Die Werte der heutigen Motivations- und Belohnungswährung bestehen aus "GPM's", nämlich aus Geld, Prestige, Macht. Was wir jedoch dringend benötigten, wäre eine alternative Wert-Währung, die vornehmlich auf Leistungsbeiträgen in Formen ganzheitlichen Helfens, Entwickelns, Integrierens und Verantwortens beruhten, wobei Motivation und Belohnung sich eher in Formen von Anerkennung und vertrauensvoller Nachfrage aktualisierten, einschließlich der Freude, die entstehen kann, wenn gemeinsame Probleme in einer menschenförderlichen und ökologisch verantwortlichen Art kooperativ und erfolgreich gelöst zu werden vermochten. Also Bezahlung durch "ANF's" statt durch "GPM's".
Abbildung 1 versucht diesen Gedankengang vor dem Hintergrund der bisherigen Argumentation zu illustrieren und zusammenzufassen.

Fortsetzung 1)

> ...Hier ist Umweltpolitik dann keine nachträgliche Korrektur an einer ursprünglich umweltunfreundlichen Wirtschaftpolitik, sondern sie bestimmt diese schon im Ansatz... Typisch hierfür ist die moderne Informationstechnik: Zur Herstellung ihrer winzigen Chips oder haardünnen Glasfasern braucht man nicht viel Material und Energie, aber viel Sachverstand. Ähnliches gilt auch für hochwertige Produkte z. B. der Chemie, der Pharmazie, der Optik, des Apparatebaus oder des Maschinenbaus.
> In solchen intelligenten Techniken liegen unsere Zukunftschancen, nicht jedoch in material- oder energie-intensiven Produktionen, die die knappen Ressourcen verbrauchen und unsere Umwelt belasten."

Meines Erachtens muß dieses technisch-ökonomische Organisationsprinzip jedoch durch das Prinzip arbeitsintegrierter Innenwachstumsmöglichkeiten erweitert werden, da der Mensch nicht nur vom Brot alleine lebt und auch trotz dieses techno-ökonomischen Organisationsprinzips wir aller Voraussicht nach auch nicht mehr reicher werden - also materielles Außenwachstum allein keine sinnmachende Entwicklungsperspektive in Zukunft mehr abzugeben vermag.

Vgl. dazu auch die hochinteressanten und sehr überzeugenden Ausführungen von Buchholz, 1981, der ebenfalls in diesem Sinne die Herausforderungen der Rohstoff- und Energiekrise zu beantworten versucht und seinem Buch dabei den bezeichnenden Titel gibt: "Der Mensch lebt nicht vom Öl allein...".

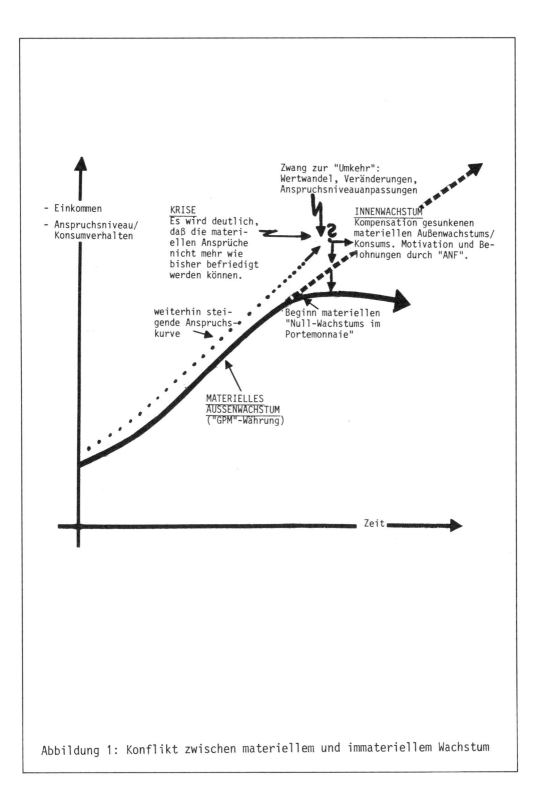

Abbildung 1: Konflikt zwischen materiellem und immateriellem Wachstum

Eins ist freilich bei dieser Art "Währungsreform" von außen zu stärker "innenorientierten" Wachstums-, Motivations- und Belohnungsformen zu bedenken und vorauszusetzen, nämlich die Lösung der Verteilungsfrage.

Von einem Arbeiter mit z. B. DM 2.000,-- Monats-Nettoeinkommen kann ich nicht verlangen, daß er beispielsweise auf DM 1.000,-- verzichtet, nur weil er sich dafür seelisch-geistig weiterentwickeln durfte. (Lediglich im höheren Angestellten- und Managementbereich sieht die Einkommens-situation diesbezüglich günstiger aus.) Was ich damit sagen will, ist: Leistungsanreiz, Kompensation und "Erfüllung" durch vermehrtes Innen-wachstum wird nur dann funktionieren, wenn die Verteilungs- und Gerech-tigkeitsfragen einigermaßen zur Zufriedenheit aller Beteiligten und Be-troffenen gelöst werden können und somit als weitere kostspielige Gene-ratoren von Konflikten und Reibungsverlusten entfallen können. Ein biß-chen mehr Job Enrichment für ein bißchen weniger Geld kann hier eviden-terweise nicht die Parole sein.

Daß es in diesem Bereich bereits praktische Beispiele gibt, wird bei Un-ternehmen deutlich, die beispielsweise mit der "Arbeitsgemeinschaft... Partnerschaft in der Wirtschaft (AGP)" oder der "Aktion Dritter Weg" zu-sammenarbeiten (Mitarbeitermitbeteiligung, Kapitalneutralisierung, frei-willige Einkommensbeschränkungen etc.).

Vorausgesetzt also, daß die Verteilungsfragen zumindest unternehmensin-tern geregelt werden könnten - soll hier die Frage verfolgt werden, ob es möglich ist, eine Situation im Unternehmen zu erreichen, in der konkrete Mitarbeiter sagen würden, daß sie mit dem derzeitigen Einkommensstand zu-frieden seien, mit ihrem Geld auskämen und "Null-Wachstum im Portemonnaie" ab einer gewissen Höhe - in Abhängigkeit zur Familiengröße etc. - akzep-tieren könnten. Sie fänden Freude und Anreiz in der Arbeit selber und in der Art, wie sie organisiert sei. Inklusive der immateriellen Entlohnun-gen und der breiten Möglichkeiten für Innenwachstum, hätten sie das Ge-fühl, fair und angemessen entlohnt zu sein.

Ist dieser Gedankengang "idiotisch" - oder aber die einzige (gewissens-mäßig vertretbare) Chance, die nächsten 20 Jahre menschenwürdig zu über-leben?

Wenn dieser Gedankengang bedenkenswert ist - und ich gehe natürlich hier
davon aus - dann schließen sich Fragen folgender Art an:

- Wie können die mit den notwendigen materiellen Begrenzungen und den
  dringenden Wertveränderungen verbundenen Frustrationen, Aggressionen,
  Ängste, Desorientierungen, Demotivationen und Resignationen so gehand-
  habt werden (siehe Abbildung 1), daß sie in Richtung "Reifung" und "Einsicht in die Notwendigkeit" gehen und nicht in Richtung "Arbeit nach
  Vorschrift", Intrigen und Konkurrenzkampf, oder gar in Richtung "Bür-
  gerkrieg" abgleiten? [1]

- Welche strukturellen Umbauten müssen in den Unternehmungen und ihren
  Organisationen vorgenommen werden?

- Wie soll das ablaufen und gesteuert werden? Gibt es jetzt schon genügend verläßliches "Prozeß-Steuerungs-know-how" dafür?

- Können Modelle und praktische Erfahrungen der "Organisationsentwicklung", der Verbesserung von Arbeitsqualität, der Mitarbeiterbeteiligung etc. bei der Gestaltung dieser komplexen und schwierigen Lern-
  und systemumgreifenden Veränderungsprozesse mithelfen?

- Was muß ein Management tun, um persönliche Entwicklungsmöglichkeiten,
  Leistungsmotivation und kreative, flexible Intelligenz zu schaffen,
  ohne materielles Außenwachstum im Sinne der "alten" "GPM-Währung",
  d. h. ohne zusätzliches Geld, ohne mehr Prestige und Macht als Lock-
  und Bezahlungsmittel zur Verfügung zu haben? (Vgl. Personalentwicklung)

Um diese komplexe Problematik anzugehen und zumindest ansatzweise Hinweise zu praktischen Lösungen dieser Fragestellung zu finden, habe ich
fünf Betriebe untersucht, die bereits alternative Wege der Unternehmens-

---

1) Deutlich wird in diesem Zusammenhang auch die Frage, woher wir denn
   die geistig-seelische Energie herbekommen sollen, die uns hilft, die
   zukünftigen Veränderungen und Krisen in friedlicher Form aushalten
   und durchhalten zu können?
   Ausführlicher hierzu (einschließlich möglicher Antworten) siehe
   Buchholz, 1981.

und Organisationsentwicklung (OE) beschritten haben. Zwei davon - die "Herz AG" und die "Kreuz GmbH" - kenne ich aus eigener Anschauung, und zwar aus der Perspektive eines ehemaligen internen/externen OE-Beraters, wobei bei letzterer auch eigene Erfahrungen aus Linien- und Stabsfunktionen hinzukommen.

Die drei anderen in die Analyse einbezogenen Unternehmen kenne ich nur aus Literatur- bzw. aus Vortragsdarstellungen. Bertelsmann, CCS und Lucas Aerospace schienen mir jedoch so interessant und wegweisend zu sein, daß ich sie unbedingt auch erwähnen bzw. mit darstellen wollte.

Meine Analyse - um es gleich vorwegzunehmen - erbrachte im wesentlichen zwei Resultate:

● Es gibt Hoffnung und wir können etwas tun. Auch in der harten Welt von Kapital, Arbeit und Konkurrenz. Aber wir müssen anfangen.

● Eine Senkung (und Kompensation) unserer materiellen Wohlstandsansprüche durch vermehrtes Innenwachstum ist möglich. Dies allerdings nur, wenn...

- es bei uns zu unzweideutigen und verhaltenswirksamen Umkehrentscheidungen kommt bezüglich einiger zentraler Grundwertefragen, [1]

- wenn dementsprechend deutliche strukturelle Veränderungen im Bereich von "Macht und Entscheidung", "Organisation und Verhalten", "Geld und Arbeit", "Produkt, Markt und Umwelt" vorgenommen werden,

- und wenn bei uns begonnen wird, "Arbeitsqualität" (im Sinne von "Innenwachstum") umfassender und ganzheitlicher als bisher zu begreifen, (nämlich unter Einschluß struktureller, verhaltensbezogener und geistig-wertmäßiger Veränderungsdimensionen)

---

1) Buchholz, 1981, S. 241 f., spricht in diesem Zusammenhang sogar von einer "Wohlstandsentziehungskur", bei der es ähnliche Krisen zu durchstehen gilt wie bei einer Suchtentziehungskur.

und zwar deshalb, weil nur auf diese Weise die für die anstehenden Veränderungsentscheidungen dringend benötigten Willensenergien, Sinneinsichten und Handlungsunterstützungen überhaupt erst freigelegt und "nutzbar" gemacht werden können.

Wie das alles im einzelnen verstanden werden kann, soll im folgenden anhand jener fünf Unternehmensdarstellungen ansatzweise herausgearbeitet werden. Alle jene Unternehmen haben natürlich noch keine Lösungen gefunden, die die auf den vorhergehenden Seiten skizzierte Fragestellung in allen Aspekten zu beantworten vermochten. Jedoch sind immerhin schon wertvolle und vor allen Dingen praktizierte Ansätze zu erkennen, die vielleicht in ihrer Kombination einen weiteren Schritt in Richtung der Lösung unserer komplexen Fragestellung abgeben könnten.

Vorboten, Ansätze und Versuche stufenweiser Realisierung
"Null-Wachstums-gewappneter" Veränderungsmaßnahmen

Die Analyse der mir zugänglichen bzw. hier ausgewählten Unternehmen, die in diesem Sinne innovativ experimentiert haben, ließ deutlich werden, daß vor dem Hintergrund jener erwähnten allgemeinen Rahmenbedingungen jedoch noch eine Reihe weiterer, spezifischer Voraussetzungen erfüllt werden müssen, wenn Erfolge in dieser Richtung erreicht werden sollen.

Zehn Voraussetzungen kristallisieren sich heraus, in unterschiedlicher Stärke und Bedeutung zwar, jedoch deutlich genug, um als eine Art "Bedingungskatalog" angeführt werden zu können. Ich möchte diesen "Zehn-Punkte-Katalog" nachfolgend darstellen, jedoch vorerst in stark telegrammartiger Kürze, da er in den nachfolgenden Fallbeispielen noch weiter verdeutlicht werden wird und hier zunächst nur als Orientierungsüberblick dienen soll.

- Zum Gelingen innovativer Unternehmens-, Wert- und Organisationsveränderungen scheint es unbedingt notwendig zu sein, "klassisches Managementverhalten" zu vermeiden, d. h. Anpassung und Überleben des Unternehmens in erster Linie "nur" mit der "Generalkur" von "Rationalisierung - Dequalifizierung - Entlassung - Sozialplan" zu bewerkstelligen, ergänzt durch Verdichtung von Kontrolle, begleitet von Angst, kreativitätsfeindlichem Duckmäusertum und Konkurrenz der Mitarbeiter untereinander ("Sozialdarwinismus") und ohne verantwortlicherseits dabei den "gesellschaftlichen Rückschlag" zu bedenken, der durch Massenarbeitslosigkeit, höhere Steuern, soziale Unruhen etc. ebenfalls auf das Unternehmen in der einen oder anderen Form belastend zurückwirken kann. Die Vermeidung "klassischen Managements" dieser Couleur scheint notwendig zu sein, um intern Vertrauen und Zusammenhalt zu erreichen, Angstlähmungen zu vermeiden und produktive Kreativität für die Krisenbewältigung zu ermöglichen.

- Neustrukturierung von Arbeit, Organisation und Führung (Teamarbeit, kooperativer Führungsstil etc.).

- Schaffung von Identifikationsmöglichkeiten durch
  a) direktere Erlebnisrückkopplungen zwischen Arbeitsplatz - Produktionsaufgabe - Produkt/Markt - Umwelt - Sinn/Zukunft, und b) durch Schaffung von überschaubaren Arbeits- und Lebensräumen, die "menschliche Ausmaße" tragen (Dezentralisation).

- Reintegration von Arbeit und Lernen, von Leistung und Reifung. Ermöglichung arbeitsintegrierten Dauerlernens (ADL) durch flexible Arbeitsfelder, multifunktionale Ausbildungen, Teamarbeit, entwicklungsorientierte Bezahlungssysteme, direkte System-Umweltaustauschprozesse auf operativer Ebene.

- Rohstoffschonende, ökologisch und weltgesellschaftlich gesehen "vernünftige" und "nützliche" Produkte/Produktion (neue Produktethik!).

- Proaktives Handeln: die Fähigkeit, die Zukunft "antizipatorisch" vorwegzunehmen, statt nur noch zu reagieren, wenn es zu spät ist.

- Ganzheitliches Denken und Planen: die Fähigkeit, komplexe Zusammenhänge ganzheitlich, interdisziplinär und gleichzeitig zu erfassen, zu durchschauen und in "holistische" Pläne umzusetzen und kooperativ durchzuführen.

• Partizipation: die Fähigkeit, mehr Menschen an mehr zu beteiligen,
  ihre Betroffenheit in Kreativität und Verantwortung umzusetzen und dis-
  funktionale Machtprivilegien aufzulösen, wenn sie proaktives Handeln,
  ganzheitliches Planen und engagiertes, kooperatives Arbeiten verhindern
  oder stören. Ganzheitliches Planen und proaktives Handeln sind dabei
  ohne Partizipation und Kooperation nicht denkbar.

• Lösung interner Verteilungsfragen hinsichtlich Kapital, Gewinn, Macht,
  (Eigentum), Wissen, Arbeitsqualität usw.

• Offener ganzheitlicher Systementwicklungsansatz, d. h. Veränderungen
  sind als Entwicklungs- und Lernprozesse zu begreifen, die zu einem
  hohen Grade experimentell verlaufen, mit Versuch und Irrtum verbunden
  sind und insofern immer bis zu einem gewissen Grad riskant und "offen"
  bleiben. Und zwar "offen" sowohl in Bezug auf Einflüsse aus der Umwelt
  des Prozesses als auch hinsichtlich der Zukunft.
  Diese Entwicklungsprozesse sind darüber hinaus "ganzheitlich" zu verstehen, da in einer Organisation viele Dinge mit vielen anderen Dingen immer zusammenhängen und isolierte Teilmaßnahmen nicht selten
  durch übersehene Folgeprozesse in anderen Bereichen die anfänglichen
  Teilerfolge wieder zunichte machen können.

Vor dem Hintergrund dieser zehn Punkte sollen nun die fünf Unternehmens-
beispiele kurz dargestellt werden.

Bertelsmann AG

Daß es möglich ist, über Wert und Funktion von Eigentum, Unternehmen und
Mitarbeiterschaft ganz neu nachzudenken (siehe Zehn-Punkte-Katalog) zeigt
sich z. B. am internationalen Medienkonzern Bertelsmann.

Der Vorstandsvorsitzende R. Mohn drückte dieses Umdenken wie folgt aus:

"Eigentum im Sinne persönlicher Nutzung scheidet in der bei uns
gegebenen Größenordnung aus, daher auch die Stiftung. Eigentum betrifft vielmehr die mit dem Eigentum verbundene Verantwortung gegenüber dem Unternehmen, dem Mitarbeiter und der Gesellschaft. Man
kann heute nicht ein großes Unternehmen als privaten Besitz betrachten." [1]

Diese sich in diesen Leitgedanken ausdrückende Werteinstellung führte
auch zu entsprechenden Veränderungen auf Verhaltens- und Strukturebene
innerhalb der Organisation. Sie lassen sich kurz umreißen mit:

- Mehr Information und Kommunikation
- Mehr Mitwirkung am Arbeitsplatz und auf Unternehmensebene
- Leistungsgerechtere Entlohnung
- Gewinn- und Vermögensbeteiligung
- Revidiertes Selbstverständnis von Führung
  (dezentral geführt, pluralistisch verfaßt, gesellschaftspolitisch
  engagiert, kulturell ambitioniert)
- Explizit ausformulierte Unternehmensverfassung
- Sozialbilanz (Ansätze beginnender Umweltverantwortung)
- Stiftung (Ansätze eines gewandelten Eigentumsbegriffes) [2]

Natürlich stand in diesem Unternehmen nicht die spezifische Problematik
"stagnierendes Außenwachstum, erhöhtes Innenwachstum" im Mittelpunkt der
(Ver-) Änderungen. Thema war mehr die allgemeine zukünftige, ökonomische
Entwicklung des Konzerns. Deutlich wurde dabei jedoch die enge Verknüpfung von Arbeitsqualität, Kreativität und Zukunft gesehen, und daß
neben einer Umbewertung und Umfunktionierung des Eigentums vor allen
Dingen auch neue Binnenverhältnisse geschaffen werden mußten, die zu Or-

---

1) AGP Mitteilungen 233, 1981, S. 2. Bertelsmann wurde hier nur als Beispiel von vielen herausgegriffen. Insgesamt gesehen gibt es laut AGP
   mittlerweile an die 1.000 Unternehmen in der BRD, die hinsichtlich Ka-
   pital-, Vermögens- und Gewinnbeteiligung neue Wege beschritten haben.

2) zitiert nach AGP-Mitteilungen 223, 1981, S. 2.

ganisationsformen führten,

" ...die eine Identifikation des Menschen mit seiner Aufgabe und
seiner Umwelt ermöglichen, denn nur aus der Initiative einer zunehmenden Zahl von kreativen Mitarbeitern kann die Lösung der Probleme der Zukunft erwachsen, kann Einsatz in einem Maße kommen,
wie wir es benötigen." [1]

Der wirtschaftliche Erfolg dieses Konzerns scheint dabei offensichtlich
in einer positiven Korrelation zu dieser "Unternehmensphilosophie" zu
stehen.

Ich habe dieses Beispiel "Bertelsmann" deshalb herausgegriffen und an
den Anfang meiner Analyse gestellt, weil es gleichsam wie in einem
großen Grundakkord wesentliche Dimensionen des "Zehn-Punkte-Katalogs" im
Sinne ganzheitlicher Arbeitsqualität darzustellen scheint und Grundvoraus-
setzungen von Innenwachstum, Zufriedenheit und der Fähigkeit, auch mit
Null-Wachstums-Problemen möglicherweise fertig werden zu können, bereits
antizipativ durchscheinen und anklingen läßt:
Der gewünschte kreative Leistungseinsatz der Mitarbeiter wird weniger an
"äußere" Motivatoren wie "Geld" und "Karriere" geknüpft, sondern wird gekoppelt an Identifikationsmöglichkeiten der Menschen mit ihren Arbeits-
aufgaben, die selbst wiederum positive Wertschätzungen in ihrer Umwelt
(Markt, Gesellschaft) finden und rückkoppelnd Identifikation und Motivation erhöhen. Kooperativer Führungsstil und Gewinn- bzw. Vermögensvertei-
lung werden dabei als selbstverständliche Organisationsbausteine "proaktiv" mit einbezogen, ohne dabei jedoch als zentrale Anreizsysteme "ma-
terialistisch" (miß-)verstanden oder eingesetzt zu werden. [2]

---

1) Zitiert nach AGP-Mitteilungen 233, 1981, S. 2

2) Der kritische Leser mag hier vielleicht einwenden, daß ich den Bertels-
mann-Konzern und sein Geschäftsverhalten allzu blauäugig betrachte und
etwas mehr Skepsis geboten sei. Ich möchte dem nicht widersprechen,
dabei jedoch wiederholen, daß es mir hier weniger auf eine politisch-
ökonomische Kritik ankommt als vielmehr herauszustellen, daß sich hier
zumindest ansatzweise wertvolle Einzelaspekte bzgl. der Innen-/Außen-
wachstumsfrage abzeichnen und daß Wert- und Strukturwandlungsprozesse
auch innerhalb eines Großkonzerns dieser Art möglich zu sein scheinen,
d. h. nicht nur auf Klein- und Mittelbetriebe beschränkt sein müssen.

Herz AG

Auch in dem zweiten Unternehmen, der Herz AG, einem Armaturen herstellen-
den Mittelbetrieb aus Wien, wurde dieser "ganzheitliche Grundakkord" umfassender Änderungen durchgeführt. Wir finden hier wieder ähnliche Elemente vor.
Nach einem etwa 10-jährigen Diskussionsprozeß von "oben nach unten" wurde
1969 die Organisation umgestaltet: Natürlich zusammenhängende Arbeitsplätze wurden in Gruppen zusammengefaßt, die innerhalb gemeinsam abge-
sprochener Verhaltensbandbreiten ein teilautonomes Selbstmanagement entwickeln durften. Innerhalb dieser "Gruppenorganisation" wurden in "grup-
pendynamischer Offenheit" und "intellektueller Demokratie" alle Probleme der Arbeit besprochen. Dabei bildeten weder die Gewinne des Unternehmens noch der Führungsstil der Meister noch die Gehälter und Löhne der
Kollegen ein Tabu. Dadurch wurde die traditionelle Hierarchie - oder wie
sie auch bezeichnet wurde - die "Routineorganisation", einer permanenten
Kritik unterzogen.

Der Einzelne hatte damit die Chance, vormals unzugängliche Dinge mit beeinflussen zu können. Identifikation, Motivation, Termintreue, Produkt-
qualität stiegen, Abwesenheit und Fehlentscheidungen nahmen ab.

Die Entwicklung der Gruppen und der neuen Formen der Arbeitsorganisation
wurde dabei nur zum Teil vom Unternehmen finanziert. Der größere Teil der
Entwicklungsanstrengungen wurde von den Mitarbeitern und den Führungskräften nach Feierabend "kostenlos" übernommen.

Analog zu Bertelsmann wurde auch hier nicht die Eigentumsfrage ausgeschlossen. Allerdings wurde sie in der Herz AG radikaler angegangen. Sie
bildete erst den Schlußstein eines 5-stufigen Entwicklungsprozesses, dessen einzelne Phasen folgende betriebspädagogischen, kollektiven Lernschrit-
te sukzessiv beinhalten:

Vorphase [1. Schritt: <u>Mitdenken lernen</u>: Durch Öffnung der Informationszu-
gänge mithören, mitwissen können;

Einführung der Gruppenorganisation

2. Schritt: <u>Mitreden lernen</u>: Durch Beteiligung in Diskussionen (Artikulationsverbesserung);

3. Schritt: <u>Mitentscheiden lernen</u>: In überschaubaren Arbeitsbereichen erleben, daß Mitentscheiden auch Konsequenzen hat. Beginnende Einübung von Verantwortungsübernahmen;

Gewinn-beteiligung

4. Schritt: <u>Mitverantworten</u>: Durch Einrichtung der Gewinnbeteiligung erleben, daß man auch für die Gesamtwirtschaftlichkeit des Unternehmens mitverantwortlich ist;

Kapital-beteiligung

5. Schritt: <u>Mitbesitzen</u>: Durch Umwandlung des Unternehmens in eine Aktiengesellschaft konnten ab 1973 die Mitarbeiter Aktien erwerben (vermittels Gewinnbeteiligung) und über eine Sperrminorität im Aufsichtsrat auch Einfluß auf die Unternehmenssteuerung gewinnen.

Im Zusammenhang mit unserem Thema, ob vermehrtes Innenwachstum im Sinne ganzheitlicher Arbeitsqualität zur Bewältigung von Konsumeinschränkungen und zur Einstellungsänderung gegenüber "Geld" beitragen kann, läßt sich aus der Entwicklung der Herz AG anhand meiner eigenen Beobachtungen folgendes Fazit ziehen:

Die Neuorganisation von Arbeit, Entscheidung, Macht und Eigentum und die damit verbundenen zwischenmenschlichen und systembezogenen Lernprozesse führten in der Tat zu geistig-seelischen Veränderungs- und Reifungsprozessen bei nicht wenigen Menschen innerhalb wie außerhalb dieser Firma. Diese Reifungsprozesse - die mit der täglichen Arbeit verbunden waren - zeigten deutlich eine Verschiebung der Interessen, Einstellungen und Werte nicht weniger Personen (natürlich nicht aller!) in Richtung immaterieller Ziele und Wünsche. Das Engagement, Leistung zu erbringen, nachzudenken, Verbesserungen anzuregen, gewerkschaftlich und politisch innovativ zu wirken usw. nahm deutlich zu, ohne daß jedesmal nach mehr Geld gefragt wurde.

Ferner zeigte sich, daß zuvor erst einige Bedingungen des "Zehn-Punkte-Katalogs" erfüllt werden mußten, wie beispielsweise eben jene Umstrukturierung von Arbeit, Organisation, Macht, Entscheidung und Führung, um die gewünschten Effekte zu erzielen. Die internen Verteilungsfragen wurden ebenfalls angegangen. Der ganze Entwicklungsverlauf wurde als Prozeß gesehen und partizipativ gesteuert. Das heißt, die Veränderungen wurden nicht von "oben befohlen", sondern in gesamtbetriebliche Diskussions- und Lernprozesse eingebettet. Hierdurch konnte Mündigkeit und Verantwortungsfähigkeit wachsen. Die Führungsspitze hatte lediglich eine initiierende, "ermöglichende" ("facilitating") Funktion. [1]

CCS (Compact Computer Systems)

Noch radikaler in Bezug auf Fragen der Entscheidungsorganisation und der Funktion von Kapital und Einkommen ging ein kleines, ca. 30 Personen umfassendes Computerberatungsunternehmen vor.

Die Einkommen der Mitarbeiter werden dort gemeinsam diskutiert und beschlossen. Verteilungskriterien sind Familiengröße und spezifische Lebenssituationen. Ebenso wird die Verteilung der Gewinne gemeinsam entschieden und je nach Anforderungen in Projekte gesteckt, die u. U. gar nichts mit Computer-Problemen zu tun zu haben brauchen, wie z. B. in Ausbildungsinstitutionen. Das zentral verbindende Wertsystem dieser Firmenangehörigen liegt in dem Interesse, zur Lösung menschlicher Lebens- und Entwicklungsprobleme beizutragen, und sei dies durch Computereinsatz, Beratung oder Finanzierung direkt "innenwachstumsbezogener" Projekte. Geld

---

1) Leider muß hinzugefügt werden, daß unter Expansionszwang (ein zweites Werk wurde gerade gebaut, um sich gegen ITT behaupten zu können) und gleichzeitig hereinbrechendem Wirtschaftstief auf dem Baumarkt, über die Herz AG eine Krise hereinbrach, die zur Entlassung von 110 Mitarbeitern zwang. Die innere Kraft des Unternehmens und seiner Menschen reichte bei dieser Extremsituation nicht aus, "klassisches Management" zu vermeiden. Dennoch halte ich den bis 1973 abgelaufenen Prozeß für so exemplarisch (und nicht verantwortlich für die Entlassungsmaßnahme), daß ich die Herz AG dennoch als Fallbeispiel erwähnen wollte.

dient privat als Lebensunterhalt (und mehr nicht) und firmenbezogen als
Verantwortung und Herausforderung, "sozial Nützliches" zu fördern.

An diesem Unternehmen wird in extremer Schärfe deutlich, wie durch "ganzheitliche Arbeitsqualität" Außenwachstums-, Konsum- und Geldfragen einen
völlig anderen Wertcharakter bekommen können.

Allerdings handelt es sich um ein kleines Unternehmen, das sich aus Menschen rekrutiert, die dieses qualitative Wachstums- und Wertbewußtsein
bereits mitbringen und so die Realisierung von Innenwachstum erheblich
erleichtert wird.

Ich halte dieses Unternehmen jedoch für erwähnenswert, da es eine mögliche Zielrichtung von Wertumstellungen und alternativen Arbeits-, Ent-
scheidungs- und Verteilungsformen anzeigt und insofern den Horizont für
Experimentiermöglichkeiten deutlich erweitern kann.

Kreuz GmbH (Werk III)

Das Werk III der Kreuz GmbH ist eine vor neun Jahren auf der grünen Wiese
neu errichtete Produktionsstätte mit ca. 150 Mitarbeitern. Das Werk selber ist Teil eines internationalen amerikanischen Konzerns. Es wurde nach
neuesten Vorstellungen der Organisationsentwicklung geplant, gebaut und
weiterentwickelt. Alle Mitarbeiter wie Manager arbeiten in (teilautonomen) Teams, sind multifunktional ausgebildet, und können direkt mit wichtigen Umweltbereichen wie Zulieferer, Spediteure, Vertragsfirmen etc. zu-
sammenarbeiten (teilautonome System-Umwelt-Beziehungen auch auf Arbeiter-
ebene).

Basierend auf einem soziotechnischen, offenen und ganzheitlichen Systementwicklungsansatz mit weitreichender Partizipation auf Produktionsebene
entwickelte sich dieses Werk zu einer Organisation, in der proaktives
Handeln, ganzheitliches Denken und Integration von Arbeit und Lernen zur
Tagesordnung gehören.

Gemäß der Unternehmenspolitik des Gesamtkonzerns waren allerdings Veränderungen im Bereich interner Verteilungsfragen (Mitbestimmung, Gewinn- und Vermögensbeteiligung) absolute Tabuthemen.
Auch bot das Produkt (im Sinne der vorher erwähnten Produktethik) keine allzu großen Identifikationsmöglichkeiten für Mitarbeiter wie Manager. [1]

Es war das klare Ziel des Managements, ein gutes Kooperationsklima mit allen Mitarbeitern zu haben und vor allen Dingen in wirtschaftlich schwierigen Zeiten soweit wie irgendmöglich auf die vorher beschriebenen Formen "klassischen Krisenmanagements" zu verzichten.
Dadurch konnte ein tragfähiges und kreatives Vertrauensverhältnis zwischen Management und Mitarbeiterschaft entstehen.

Auf der Basis der skizzierten Arbeitsorganisation und -kultur zeigte sich auch hier, daß ein Wertwandel im Laufe der Zeit bei Mitarbeitern wie auch Managern bzgl. Geld und Karriere eintraten und die These zu stützen begannen, daß mehr ganzheitliche Arbeitsqualität das Interesse an qualitativem Innenwachstum verstärkt und "Geld" eher in den Bereich eines "Hygienefaktors" (Herzberg) verschiebt.

Um im Hinblick auf unser Thema den Hintergrund dieses Entwicklungsergebnisses deutlicher werden zu lassen, muß ich kurz zuvor einen Exkurs über das Trainings- und Bezahlungssystem dieses Werkes einblenden.

Dieses Ausbildungs- und Bezahlungssystem war in vier Ebenen A, B, C und D unterteilt.
Ebene A beinhaltete Qualifikationen, die der Mitarbeiter als Basisausbildung brauchte, um z. B. die Grundtätigkeiten eines Verpackungsmaschinenfahrers innerhalb seines Teams ausführen zu können.
Ebene B und C bestand aus weiterführenden Qualifikationen, die sich auf Wartung und Reparatur der Maschinen, auf administrative Bürotätigkeiten, auf Qualitätskontrollen usw. bezogen und sowohl der fachlichen Speziali-

---

1) Man möge sich hier beispielsweise die Produktion von Deodorants und Sprays vorstellen.

sierung als auch der multifunktionalen Breitenausbildung sowie der sozialen Kompetenzentwicklung des Mitarbeiters dienten. Diesen Entwicklungsweg von A nach B und C konnte der Mitarbeiter selbst freiwillig gemäß Be-
gabung und Interesse wählen, allerdings mitbeeinflußt vom Qualifikations-
bedarf des Arbeitsteams und dessen Aufgabenbereich sowie allgemeiner Res-
sourcenbedürfnisse des Werkes.

Drastisch wurde diese "offene Qualifikationsmöglichkeit" jedoch ab "Ebene D" eingeschränkt. Für Qualifikationen dieser Ebene, die in gewissem
Maße Meister- und leichte Managementtätigkeiten beinhalteten, wurden auf
Werksebene nur circa 10 % der Mitarbeiter benötigt. Diese Grenzziehung
erschien dem Management sowohl aus ökonomischen wie auch aus aufgabenbe-
zogenen Kriterien heraus notwendig bzw. nicht vermeidbar zu sein.

Da innerhalb des D-Bereichs das höchste Einkommen erreicht werden konnte,
war zu erwarten, daß hohe Konkurrenz und ein "run auf's Geld" stattfinden
würden, bzw. bestand umgekehrt innerhalb des Management die Furcht, daß
die restlichen 90 % der Mitarbeiter, die vom D-Bereich ausgeschlossen werden würden, sich demotiviert fühlen und sagen könnten, daß sie keine Lust
hätten, sich anzustrengen oder die "Mühen beruflicher Weiterentwicklung"
auf sich zu nehmen, wenn sie ja doch nicht mehr Geld dafür bekommen würden...

Dieser Effekt trat - bis auf individuell erklärbare Einzelfälle - jedoch
nicht auf.

Zwei Gründe schienen vorzuliegen:

Aufgrund der speziellen Form der Arbeitsorganisation hatten viele Mitarbeiter die Möglichkeit, Abwechslung, Erfolg (Ergebnisrückkopplung) und
Zufriedenheit im Rahmen ihrer Tätigkeiten, ihrer Kenntnisse und Kräfte
zu erlangen. Tiefenpsychologisch - so eine weitere Erklärungsmöglichkeit -
konnte dadurch die Entstehung eines Bedürfnisses nach "mehr Geld" im Sinne einer Kompensationsforderung oder eines "Racheaktes" gegenüber einem
frustrierenden und entfremdenden Arbeitssystem vermieden werden. Geld
in seiner Funktion als Verdrängungsprämie, Frustrationsausgleich oder

Schmerzensgeld trat somit nur selten in Kraft.

Mehr oder weniger hatte jeder seine "Entwicklungsnische" gefunden, leb-
te in menschlich überschaubaren Arbeitsbereichen und hatte einen seinem
Potential angemessenen Arbeitsumfang entdeckt.

Der zweite Grund, warum C-Mitarbeiter nicht in ihrer Lern- und Leistungs-
bereitschaft nachließen, lag in dem Umstand begründet, daß es einem Manager des Werkes - mit Unterstützung einiger Kollegen - gelang, das Kri-
terium, das ich mit "direkter Identifikationsmöglichkeit" und "direkter
System-Umwelt-Kopplung" umschrieb (Punkt 2 des Zehn-Punkte-Katalogs), auf-
zugreifen, ins Alltagsleben zu übertragen und dort wirksam werden zu lassen.

Die Wichtigkeit dieses Kriteriums und seines Zusammenhangs mit unserer
Eingangsfrage wurde dabei besonders dadurch deutlich, als mehrere für die
Existenz des Werkes bedrohliche Absatzkrisen aufkamen, wobei die dadurch
entstehenden Ängste um den Arbeitsplatz oder die Profitabilität des Werkes (auf Seiten des Managements) jedoch nicht zu Lähmungen, Hoffnungslo-
sigkeiten, Ohnmachtsgefühlen oder Formen "klassischen Managements" führten, sondern in kreativer Art bewältigt werden konnten.

Hinsichtlich unserer Eingangsfrage, ob sich der "negative Anteil" klassischen Managements (wie z. B. Entlassungen) durch alternative, im obigen
Sinne beschriebene Gestaltungsformen von Arbeit, Organisation, Management
und Motivation abbauen oder eliminieren lassen, schienen sich im Werk III
der "Kreuz GmbH" einige Bestätigungshinweise abzuzeichnen.

Um diesen Vorgang und seine Hintergründe allerdings besser verdeutlichen
zu können, muß ich abermals in einem Exkurs kurz auf das dem Managementverhalten zugrunde- bzw. dahinter liegende Organisations- und Führungs-
konzept zu sprechen kommen. Es ging von folgenden systemtheoretischen Ge-
dankengängen aus:

"Normalerweise" arbeiten Mitarbeiter im "System Fabrik" nur im Hinblick
auf sehr naheliegende und kurzfristige (Konsum-) Ziele. So jedenfalls lautet eine klassische Managementannahme. Was Mitarbeiter interessiert, ist
Geld, gute Sozialleistungen, sicherer Arbeitsplatz und pünktlicher Feier-

abend.

Aufgrund dieser Managementannahme erfüllt sich dann die "Prophetie" in der Regel wie von selbst: Arbeitsplätze, Kontrollsysteme und Management-stile werden folglich so eng ausgelegt, daß den darin programmierten Mit-arbeitern (welche Menschen sind) nichts anderes übrig bleibt, - bewußt oder unbewußt - sich so "kurzfristig" und "naheliegend" zu verhalten, wie es das Management ja eh schon wußte und vorausgeahnt hatte...

Diese Philosophie führt unter anderem dazu, daß Mitarbeiter sich wenig für die Ziele des Managements interessieren. Da sie außerdem kaum Kontakt haben zu den Kunden und zu dem, was bei Käufern und Märkten an Bedürfnis-sen und Nachfragen hinsichtlich des von ihnen produzierten Produktes be-steht - und insofern den eigentlichen Existenzgrund des Unternehmens kon-stituiert - bleibt den Mitarbeitern häufig gar nichts anderes übrig, als sich über Ziele zu motivieren, die in ihrem engsten persönlichen Arbeits-bereich liegen, deshalb eben oft wenig mit dem Existenzgrund der Firma zu tun haben und insofern manchmal auch recht wenig zum Überleben des Un-ternehmens beitragen können.

Um ein Beispiel zu nennen:

Ein Wartungsschlosser findet seine Zufriedenheit in der Reparatur von Ma-schinen. Er blüht auf, wenn die Produktion durch Maschinenausfall endlich einmal still steht. Da er darüber hinaus nicht nur von defekten Maschinen motiviert wird, sondern auch von Geld, hofft er insgeheim, die Reparatu-ren noch möglichst weit in den Überstundenbereich hinausziehen zu können. Dieses sein Verhalten korrespondiert dabei jedoch kaum mit den ökonomi-schen Zielen des Managements und trägt nur geringfügig zur optimalen Si-cherung des Existenzgrundes der Firma bei.

Oder ein anderes Beispiel:

Ein Abteilungsleiter wird an Kostenzielen, Effizienzerwartungen und an Produktionsmengenergebnissen gemessen. Sein Ziel ist es, mit möglichst wenig Aufwand eine möglichst hohe Ausbringungsmenge zu erreichen (Output-Ziel). Gleichzeitig - wie es das Schicksal will - sinken jedoch aufgrund abnehmender Nachfrage plötzlich die geplanten Produktionsmengen, was zu einem relativen Anstieg des Fixkostenanteils führt. Dressiert auf seine Kostenziele versucht er nun durch Erhöhung der Produktionsgeschwindigkeit oder anderer Binnenmaßnahmen (und "Tricks"), das alte Kostenverhältnis wiederherzustellen, d. h. zumindest im Rahmen und innerhalb der Spielregeln seines Kostenkontrollsystems, dem er unterliegt, alles wieder in Ordnung zu bringen (und für ihn möglichst ungefährlich erscheinen zu lassen). Die Managementziele scheinen dadurch erreicht.

Auch hier wiederum kann jedoch die Gefahr drohen, die eigentliche Kopplung zum realen Existenzgrund der Firma zu verlieren und nur interne Scheingewinne zu erzielen.

Diese beiden Beispiele mögen genügen. Was illustriert werden sollte, ist die Erfahrung, daß sich in jeder Organisation isolierte Individual- und Bereichs- (Schein-) ziele entwickeln können, die nur noch sehr wenig mit dem Existenzgrund des Unternehmens zu tun haben. Die Leistungsorientierung der Mitarbeiter kann sich dabei auf meßbare Outputziele (= Unterziele) reduzieren und/oder auf hochabstrakte Gewinn-, Überlebens- und Marktziele des Top-Managements generalisieren. Beide Zielarten aber bieten im Hinblick auf unsere Fragestellung nur wenig Identifikations- und Motivationsmöglichkeiten für die "Basis". Für die kreative Bewältigung von Krisen und die Ermöglichung qualitativen Innenwachstums scheinen diese Zielarten ebenfalls zu wenig Motivationspotential zu beherbergen.

In diesem Zusammenhang muß darüber hinaus auch noch auf eine weitere wichtige Systemoutput - Systemumweltbeziehung hingewiesen werden, nämlich auf den hinter dem Existenzgrund liegenden "Sinngrund".

Die Einbeziehung dieser vierten Zielkategorie scheint notwendig zu sein, da sie sich auf die Frage bezieht, ob langfristig die von einem Unternehmen produzierten Produkte und Dienstleistungen dazu beitragen können, das Überleben der Menschheit und die "Gesundheit" der Erde zu fördern oder nicht.

Daß dieses für die Sicherung des Existenzgrundes einer Firma notwendig ist, sei an folgendem Beispiel kurz dargestellt.

Ein riesiger Chemiekonzern "ist es gewohnt", Chemikalien in großen Mengen für landwirtschaftliche Zwecke (Düngung, Schädlingsbekämpfung) herzustellen. Es ist üblich, Fragen, die den Sinngrund eines Unternehmens betreffen, die also tiefergehende Wertproblematiken beinhalten und in der Regel psychologisch unangenehme Themen darstellen, möglichst unberührt zu lassen, um Interessenkonflikte, Schuldängste usw. zu vermeiden. Durch dieses Verhalten besteht die Gefahr, grundlegende Veränderungen z. B. im ökologischen Haushalt der Erde nicht zu sehen oder falsch einzuschätzen und daher in alter Frische Chemikalien weiterzuproduzieren, und Großanlagen für Kapazitätserweiterungen zu planen und kostspielige Marketingstrategien zu entwickeln.
Da aber ökologische Vergiftungsprozesse - u. a. eben durch landwirtschaftlich eingesetzte Massenchemikalien - mitunter einen exponentiellen Verlauf zeigen können, kann es geschehen, daß die große Nachfrage von gestern zu einem Umsatzeinsturz von morgen führt.

Eine proaktive Orientierung des Unternehmens nicht nur am Existenzgrund sondern auch am Sinngrund seiner Aktivitäten hätte dagegen - als noch Zeit war - zu einer schrittweisen Umstellung der Chemieproduktion auf biologische Verfahren alternativer Landwirtschaftstechnologien (mit Produktinnovationen) führen können und die Dramatik eines plötzlichen Umsatzsturzes mit all seinen sozialen Kosten, Krisen und psychischen Folgeleiden eventuell vermeiden bzw. lindern helfen können.

Nachfolgende Abbildung 2 versucht diese System-Umwelt-Konzeption nochmals graphisch zusammenzufassen:

Das System (Ellipse) verwandelt "input" mit Hilfe von internen "Transformationsprozessen" in "output", z. B. Chemikalien.

Zur Steuerung seiner internen (sozialen, technischen, ökonomischen) Prozesse sowie externen System-Umwelt-Zukunft-Beziehungen benötigt das System Informationsrückkopplung (und die Menschen außerdem noch Erfolgs- und Sinnerlebnisse). Diese Rückkopplungen werden in der Abbildung mit "Feedback" (FB) bezeichnet. (Der erste, systeminterne Feedbackprozeß -1/2 FB- soll dabei das oben anhand des Wartungsschlossers beschriebene Beispiel symbolisieren. Sein "Feedback" knüpfte daran an, ob die Maschine läuft,

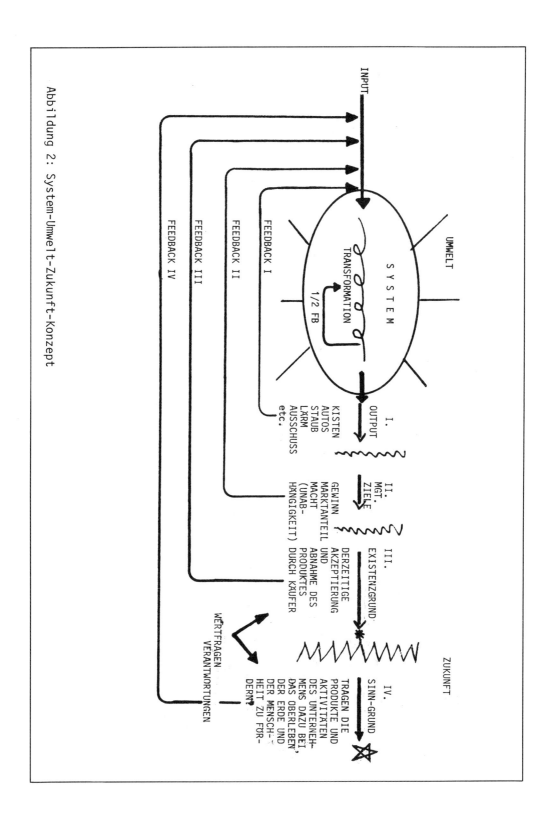

Abbildung 2: System-Umwelt-Zukunft-Konzept

94

oder im "entfremdeten Falle", ob er auf möglichst lange Reparaturzeiten kommen kann, um seine Beschäftigungsnotwendigkeit dem Managment gegenüber zu beweisen, seine Existenzangst zu reduzieren und/oder seine Überstundeneinnahmen eventuell zu erhöhen). Feedback I bezieht sich auf Systemrückkopplungen hinsichtlich quantitativer Basisgrößen, nämlich den direkten Systemoutput (-zielen). FB II bis FB IV beziehen sich auf Ergebnisse, Situationen und Entwicklungen, die mit Managementzielen (Gewinn, Marktanteile, Macht etc.) verbunden sind, sich auf Existenzgrundfragen beziehen (reale Akzeptierung und Nachfrage des Produktes durch Käufer, Symbol: ✹) und von Sinngrundfragen mitabhängig sind (Symbol: ✪).

Doch zurück zum Thema:

Im Werk III der Kreuz GmbH herrschte - wie erwähnt - "Null-Wachstum". Die Produktion stagnierte und begann bereits abzunehmen. Dem Management gelang es nun jedoch, die Mitarbeiter (und deren Angst um Arbeitsplätze) direkt an den Existenzgrund des Werkes "zurückzukoppeln".

Das heißt: Neben der individuellen Leistungsrückkopplung, des Gruppen- und Abteilungsoutputs (Kisten pro Mannschaft) und der Kontrolle der Managementziele (Produktivität, Effizienz, Kapazität, Flexibilität etc.) wurde allen Betroffenen klar, daß sie selbst Einfluß nehmen mußten auf die Suche nach realer Nachfrage inclusive der Fragestellung, was, wieviel und wie produziert werden sollte. Es galt wieder "Kontakt zum Existenzgrund" des Betriebes zu finden, und zwar nicht in erster Linie dem Topmanagement gegenüber, sondern dem Markt und seinen neu zu entdeckenden Nachfragepotentialen gegenüber.

Traditionellermaßen hätte diese Initialverantwortung im Aufgabengebiet von Marketing, Forschung und Entwicklung etc. gelegen.

Hier jedoch machte man sich vor allen Dingen auf Arbeiter- und Werksmanagementebene solche Gedanken. Man erinnerte sich einer alten Idee, nämlich die Verpackungsgröße zu ändern. Da dafür jedoch keine Verpackungsmaschinen zur Verfügung standen, waren die Mitarbeiter bereit, "per Hand" zu verpacken und freiwillig, ohne große Verhandlungen, eine solche minderqualifizierte Tätigkeit auszuüben.

Und in der Tat konnte der Umsatz wieder angehoben werden. Und obwohl sich die Lage wieder besserte, fragten die Mitarbeiter dennoch nicht nach mehr Geld, noch begannen sie diese Situation als Legitimationsgrund zu benutzen, nun endlich doch noch in den D-Bereich hineinkommen zu können.

Zentrales Erlebnis aller Betroffenen war hingegen das Empfinden, als Mensch wirklich ernst genommen zu werden, mit seinen Ideen und Vorschlägen gehört zu werden und dies alles nicht für irgendwelche entfremdeten Eigen- noch Managementziele tun zu müssen, sondern direkt mit der Sicherung des Existenzgrundes der Firma und des eigenen Arbeitsplatzes verbunden zu sein.

Daß dies alles so schnell und ohne große Umständlichkeiten möglich war, lag zum Teil auch an der spezifischen Form der Arbeitsorganisation, der Gewohnheit, ganzheitlich und proaktiv zu denken und der Fähigkeit, komplexe Probleme zu lösen - alles miteinander "fit" gehalten durch das arbeitsintegrierte Dauerlernen auf der Basis multifunktionaler Qualifikationsmuster und vielseitiger Tätigkeitsfelder.

Es lagen also (bereits) Elemente einer mehr ganzheitlich begriffenen Arbeitsqualität vor, die es dann enorm erleichterten, mit Problemen von Null- oder Minuswachstum in kreativer (und nicht "gelähmter" oder "klassischer") Form umzugehen. Ein doppeltes war den Mitgliedern der Organisation gelungen, nämlich sowohl die Veränderung des Existenzgrundes richtig und rechtzeitig wahrgenommen als auch mit entsprechenden innerorganisatorischen Umstellungen sozial und ökonomisch erfolgreich beantwortet zu haben. Die "moderne" Struktur und Kultur der Arbeitsorganisation ließ das relativ mühelos zu.

Unter Verwendung der Abbildung 2 läßt sich dieser Prozeß bildlich durch eine Drehung des Systems verdeutlichen (Abbildung 3). Die im Gefolge der Existenzgrundverschiebung (Pfeil 1) auftretende innerorganisatorische Veränderungsnotwendigkeit wird durch Pfeil 2 dargestellt. Es ist zu vermuten, daß interne Veränderungszwänge umso größer werden, je stärker die Existenzgrundverschiebung ist und dadurch eine immer größere organisatorische und menschliche Flexibilität erforderlich machen. Proaktivität wird somit zum Überlebenskriterium, materiell wie seelisch-geistig und sozial.

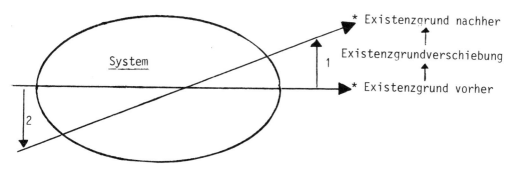

innerorganisatorischer
Veränderungsgrad

Abbildung 3: Existenzgrundverschiebung und Organisationsveränderung

Gerade deshalb scheinen Organisationen mit arbeitsintegrierten Möglichkeiten dauernden "Denk- u. Lerntrainings" (ADL) zunehmend notwendiger zu werden.

Lucas Aerospace

Auch bei Lucas Aerospace lag eine analoge Problematik vor.
Lucas Aerospace selbst ist Teil eines internationalen britischen Konzerns,
der Produkte hochwertiger Technologien herstellt für Bereiche wie Luft-
fahrt, Weltraumforschung, Rüstung, Medizin usw.

Lucas Aerospace selbst besteht derzeitig aus circa 12 Werken. Energiekrise, Profiteinbußen und Kürzungen von Rüstungsaufträgen hatten dabei
in den späten siebziger Jahren zu erheblichen Personalentlassungen geführt. Weitere Rationalisierungsprojekte waren geplant und weitere Entlassungen drohten.

Gewerkschaftler und Vertrauensleute mehrerer Werke des Lucas Aerospace
Bereiches (unter ihnen viele hochqualifizierte Ingenieure und Facharbeiter) versuchten hier jedoch proaktive Maßnahmen zu ergreifen, um zum
einen über Entwicklung neuer Produktideen und Produkte die wirtschaftliche Lage der Werke zu verbessern und zum anderen über dadurch entstehende neue Beschäftigungsmöglichkeiten Entlassungen zu verhindern.

Dazu gründeten Delegierte von Vertrauensleutegruppen der verschiedenen Werke ein "combined committee", das den Prozeß des Suchens und Findens neuer Produktideen steuerte und die Kommunikation zwischen den einzelnen Bereichen koordinierte.

Gleichzeitig fühlten sich die Beteiligten auch gebunden an Fragen hinsichtlich des Sinngrundes des Unternehmens. Dabei stießen sie auf zahlreiche erhebliche Widersprüche. So entdeckten sie z. B., daß ca. 3.000 Menschen pro Jahr in Großbritannien starben, nur weil nicht genügend "künstliche Nieren" zur Verfügung standen, andererseits jedoch genau das für die Anfertigung solcher Geräte benötigte Know how einschließlich Werkzeugen und Facharbeitern bei ihnen vorhanden war (und irrsinnigerweise nun bald brachzuliegen drohte). Es war schlechterdings nicht einzusehen, warum dieses absurde Nebeneinander von echtem Bedarf einerseits und vorhandenen Ressourcen andererseits weiterbestehen sollte, bzw. warum die für die Produktion von Dialyse-Apparaten vorhandenen Facharbeiter und Ingenieure stattdessen "auf die Straße geschickt" werden sollten (subventioniert von nicht-produktiven Steuergeldern!).

Doch dies waren nicht die einzigen Disparitäten, auf die man stieß. Auch in anderen Produktbereichen entdeckte man ähnlich versteckte latente Bedürfnisse, so daß insgesamt von Lucas Aerospace-Mitarbeitern an die 150 herstellungsfähige Produktideen "aufgespürt" und zum Teil (unentgeldlich und in der Freizeit) bis in das Reifestadium von Prototypen entwickelt werden konnten. Bei allen Produkten handelte es sich dabei um sozial nützliche Güter, die aufgrund von Bedarfsforschung ermittelt worden waren und nicht im traditionellen Sinne primär aus Kapitalverwertungsinteressen und Markterweiterungsabsichten entstanden und vor dem Hintergrund expansionistischer Marketingstrategien entwickelt worden waren.

Eine Analyse dieses Prozesses vor dem Hintergrund unseres Themas, nämlich des Verhältnisses von Arbeitsqualität - Innenwachstum - und Einkommen zeigte auch hier wieder, daß das tragende Motivationselement für die außerordentliche Kreativität und Aktivität der Organisationsmitglieder in der direkten Kopplung zwischen Arbeitsaufgabe und Existenzgrund bestand, daß proaktiv und partizipativ vorgegangen wurde und daß eine hohe Befriedigung bei einigen auch aus dem Erleben kam, für sozial nützliche, d. h.

sinnvolle Produkte zu arbeiten, die den langfristigen Existenzbedürfnis-
sen der Menschheit angemessen waren (Sinngrund). Es zeigte sich ferner-
hin, daß es Produkte gibt, deren Produktion beides sein kann: nützlich
und ökologisch, und gefragt und profitabel.

Tragisch war dann allerdings die Tatsache, daß sich das Topmanagement
nicht durchringen konnte, die Produktpolitik "von unten" zu akzeptieren,
obwohl - wie gesagt - ökonomische Kriterien durch die Produktion der neu-
en Güter hätten erfüllt werden können, zumal bereits Aufträge nicht ge-
ringen Ausmaßes vorlagen.

Es wurde ferner deutlich, daß die Umstrukturierung von Macht und Entscheidung und die Kooperation von "unten" und "oben" notwendig war, wenn
solche Versuche bleibenden Bestand haben sollten.

Trotz des enttäuschenden Endes dieses Versuches, Minus-Wachstum, Konsum-
verzicht und erhöhte Arbeitsqualität miteinander kreativ sowohl zum Woh-
le des Unternehmens, der Kunden wie auch des einzelnen Arbeitnehmers zu
verbinden, zeigt der Fall Lucas Aerospace jedoch eine hoffnungsmachende
Perspektive:
Statt mit quantitativem Minus-Wachstum und Arbeitslosigkeit sich abzufin-
den, konnte aus den Mitgliedern der Organisation selbst heraus ein neuer
Lösungsweg entstehen, der qualitatives Wachstum (im Sinne wirklicher be-
nötigter Bedarfsgüter) ermöglichte, ökologiefreundliche und energiespar-
same technologische Produkte zu produzieren erlaubte und statt für Rüstung
und "Concordes" zu arbeiten, Probleme auch für Dritte-Welt-Länder zu lösen half.   [1]

---

1) Mike Cooley, einer der leitenden Initiatoren dieses Prozesses, hat
   vor kurzem für seinen Einsatz einen mit 50.000 Dollar dotierten "alternativen Nobelpreis" erhalten, mit dem er nun nachträglich ein von
   der Lucas Konzernverwaltung seinerzeit abgelehntes Schiene-Straßen-
   fahrzeug weiterentwickeln kann, das besonders als Transporttechnolo-
   gie für ärmere Länder der 3. Welt interessant ist.

Schlußfolgerungen/Fazit

Anfangs stellten wir die Frage, ob Innenwachstum und vermehrte seelisch-geistige Entwicklung und Befriedigungsmöglichkeiten von Menschen innerhalb der Arbeit dazu führen könnte, Werteinstellungen gegenüber Geld, Außenwachstum, materiellen Wohlstandsansprüchen zu verändern und zwar in eine Richtung, die uns mit der Anpassungsproblematik an "ärmere" Zeiten (Null-Wachstum) konfliktfreier fertig werden läßt und darüber hinaus zu einer neuen Konsum-, Produkt- und Produktionsethik zu führen vermag, die unseren Raubbau an Erde und Menschen verlangsamt bzw. zum Stillstand bringt.

Es wurde vermutet, daß diese "neue Einstellung" sowohl die Überlebenssituationen von Unternehmen und somit Arbeitsplätzen kostenwirksam sichern kann als auch dazu beizutragen vermag, neue individuelle betriebsinterne Personalentwicklungsperspektiven zu eröffnen und Leistungsmotivationen zu ermöglichen, die nicht mehr primär durch Geld, Prestige, Macht und Konsumanreize stimuliert zu werden brauchen und insofern auch nicht mehr auf einem grenzenlosen quantitativen Außenwachstum von Unternehmen, Umsätzen, Gewinnen, Gehältern und Umweltschäden zu beruhen hätten.

Die Analyse der fünf Fälle unter diesem Gesichtspunkt ließ Ansätze deutlich werden, die <u>eine positive Lösung unserer Eingangsfrage und eine Bestätigung der Gangbarkeit alternativer Wege am Horizont erkennbar</u> werden ließ.

Ich drücke mich allerdings hier recht vorsichtig aus, weil in allen Fällen jeweils <u>nur einzelne</u> Aspekte in diese Richtung deuteten, aber ganzheitliche Ansätze und umfassende Erfolge nicht aufgewiesen werden konnten.

Dennoch scheint sich eine gewisse Entwicklungsrichtung abzuzeichnen, die die Innen- und Außenwachstumsproblematik besser zu lösen in der Lage ist als "klassische Formen" des Managens von Unternehmen. Sie wurde als ein Paket kombinierter Maßnahmen in Form von <u>"Zehn Punkten"</u> definiert und unter dem Begriff einer <u>"ganzheitlichen Arbeitsqualität"</u> zusammengefaßt:

- Vermeidung "klassischen Managements" soweit wie möglich (stattdessen: Vertrauen, Angstabbau, Kreativitätsförderung)

- Neustrukturierung von Arbeit, Organisation und Führung (interne Systemelastizität)

- Integration von Arbeit und Lernen (ADL)

- Schaffung von direkten Identifikationsmöglichkeiten (direkte System-Existenz und Sinngrundkopplungen; Dezentralisation)

- "Vernünftige", sozial nachgefragte und ökologisch verantwortliche Produkte (neue Produktethik: qualitatives Bedarfswachstum statt quantitatives Verschwendungswachstum)

- Proaktives Handeln

- Ganzheitliches Denken und Planen

- Partizipation

- Lösung interner Verteilungsfragen (Geld, Macht)

- Neues Organisationsverständnis im Sinne des Konzeptes eines offenen, ganzheitlichen Systementwicklungsprozesses

Alle zehn Punkte sind interdependent miteinander verwoben und müssen möglichst widerspruchsfrei miteinander gestaltet werden, wenn die für die kommenden Krisen dringend benötigte Problemlösefähigkeit, Kooperation, Motivation und Einstellungsänderungsbereitschaft erreicht werden und zwar erfolgreich erreicht werden soll.

Das Know-how der Organisationsentwicklung kann dabei wertvolle Prozeß- und Strukturierungshilfen geben.

Es wurde dabei auch deutlich, daß Veränderungen dieses Ausmaßes sehr komplex und psychisch sehr anstrengend sein können. Werden sie jedoch pro-

<u>aktiv in Angriff</u> genommen - wenn also noch Zeit zur Verfügung steht - können reaktionäre, faschistoide und aggressive Managementformen (und weitere Massenarbeitslosigkeiten) uns erspart bleiben.

Erfolgen diese Umstellungen jedoch erst morgen und unter akuter Lebensbedrohung der Systeme, so sind zwei Verhaltensweisen - bildlich gesprochen - erwartbar: erstens <u>Lähmung durch Schock</u>, und dann Ausbruch eines irrationalen <u>"Rette sich wer kann"</u>, wobei jeder sich selbst der Nächste und nach ihm die Sündflut sein wird.

Beides wird uns jedoch nicht helfen, die kommenden Jahre menschenwürdig und demokratisch zu überleben.
Zumindest jedoch habe ich Angst, daß es so eintreffen könnte. Darum habe ich mich mit diesem Thema auseinandergesetzt.

LITERATURHINWEISE

Wer an einem ausführlicherem Studium der hier benutzten Quellen interessiert ist, sei auf folgende Veröffentlichungen verwiesen:

Zu Fragen der zukünftigen menschlichen Weiterentwicklung

BARNEY, G. O. (Hrsg.):
Global 2000, der Bericht an den Präsidenten (der vereinigten Staaten), Frankfurt 1980

BUCHHOLZ, S.:
Der Mensch lebt nicht vom Öl allein..., Herausforderungen der Energiekrise, Asslar 1981

GASPARI, Ch./MILLENDORFER, H.:
Konturen einer Wende, Strategien für die Zukunft, Graz, Wien, Köln 1978

MEADOWS, D.:
Die Grenzen des Wachstums, Reinbek 1972

MESAROVIĈ, M./PESTEL, E.:
Menschheit am Wendepunkt, 2. Bericht an den Club of Rome zur Weltlage, Stuttgart 1974

PECCEI, A.(Hrsg.):
Das menschliche Dilemma, Zukunft und Lernen, Wien/München 1979

PECCEI, A.:
Die Zukunft in unserer Hand, Wien 1981

Literatur zu den einzelnen Fallbeschreibungen

Bertelsmann AG

AGP-Mitteilungen:
Verantwortung gegenüber Unternehmen, Mitarbeitern und Gesellschaft:
Reinhard Mohn, 60 Jahre alt.
Arbeitsgemeinschaft zur Förderung der Partnerschaft in der Wirtschaft e. V. (Hrsg.), Heft Nr. 233, Kassel 1981, S. 1 f.

o. V.:
Bertelsmann-Sozialbilanz 1976 - 1977, Bielefeld 1978

o. V.:
"Zuviel an Größe", "Grund zum Fürchten"?
Spiegel-Report über Bertelsmann aus: Der Spiegel, Nr. 7/81, S. 72 f.

CCS (Compact Computer Systems)

GOTTSCHALL, D.:
    Freiheit, Gleichheit, Brüderlichkeit,
    Manager-Magazin 12/81, S. 120
    (Weitere Angaben beruhen auf mündlichen Mitteilungen des Geschäfts-
    führers, 1981)

Herz AG

BARTÖLKE, K./FRICKE, W./RIECKMANN, H./WÄCHTER, H.:
    OD in the Federal Republic of Germany and Austria as a search
    for changing employer-employee-relationships,
    Arbeitspapier des Fachbereichs Wirtschaftswissenschaft der Gesamt-
    hochschule Wuppertal, Nr. 38, 1979, S. 10 f.

LEHRNER, R.:
    Funktionale Mitbestimmung bei "Herz Armaturen AG"
    in: Gruppendynamik, 7, 1976, S. 108 f.

RIECKMANN, H.:
    Das soziale System eines gruppendynamisch geführten Mittelbetrie-
    bes, unveröffentlichte Diplom-Arbeit, Mannheim, WS 1971/72

RIECKMANN, H./SIEVERS, B.:
    Lernende Organisation - Organisiertes Lernen,
    Systemveränderungen und Lernen in sozialen Organisationen
    in: Bartölke, K. u. a. (Hrsg.): Arbeitsqualität in Organisationen,
    Wiesbaden, 1978, S. 259 f.

Kreuz GmbH

RIECKMANN, H.:
    Auf der grünen Wiese...
    Organisationsentwicklung einer Werksneugründung, soziotechnisches
    Design und Offene-System-Planung, Bern/Stuttgart 1982

RIECKMANN, H.:
    Organisationsentwicklung einer neuen Fabrik
    in: Industrielle Organisation, 49. Jg., 1980, Bd. 1, S. 18 - 22

Lucas Aerospace

COOLEY, M.:
    Design, technology and production for social ends,
    an initiative by the Lucas Aerospace workers,
    New Universities Quarterly, 1977

LÖW-BEER, P.:
    Industrie und Glück, der Alternativplan von Lucas Aerospace,
    Berlin 1981

Zu Fragen der Organisationsentwicklung

GESELLSCHAFT FÜR ORGANISATIONSENTWICKLUNG e. V. (GOE):
    Leitbild und Grundsätze der Gesellschaft für Organisationsent-
    wicklung, 4018 Langenfeld, Postfach 4062

SIEVERS, B.:
    Organisationsentwicklung
    in: Potthoff, E. (Hrsg.): RKW-Handbuch, Führungstechnik und Or-
    ganisation, Berlin 1978, S. 1 - 31

Zu Fragen der Mitarbeiterbeteiligung etc.

ARBEITSGEMEINSCHAFT ZUR FÖRDERUNG DER PARTNERSCHAFT IN
DER WIRTSCHAFT e. V.
    3500 Kassel, Töpfenhofweg 26

GESTALTUNG DER ARBEITSTÄTIGKEIT UND FÜHRUNG VON MITARBEITERN

VON PROF. DR. EBERHARD ULICH, ZÜRICH

1. Warum Menschen arbeiten

Auf die Frage, warum Menschen eigentlich arbeiten, kann es durchaus verschiedene Antworten geben. Neben der naheliegenden Antwort "um Geld zu
verdienen", kommen etwa folgende weitere Begründungen in Betracht:

- um einen Beitrag für die Allgemeinheit zu leisten
- um eine gesellschaftliche Norm zu erfüllen
- um einer religiösen Verpflichtung nachzukommen

- um persönliche Ziele verwirklichen zu können
- um der Selbstachtung willen
- um körperlich und/oder geistig aktiv sein zu können
- um den Zeitablauf zu strukturieren
- um mit anderen kommunizieren zu können
- um belastenden Gefühlen und Gedanken zu entfliehen.

Schon vor einigen Jahren hat der amerikanische Psychologe Robert Schrank
festgestellt, daß wahrscheinlich immer mehr Menschen es vorziehen würden,
viel weniger oder überhaupt nicht mehr zu arbeiten, wenn sie nicht arbeiten müßten. Neuere Forschungen über die sogenannten zentralen Lebensinteressen deuten ebenfalls darauf hin, daß wir derzeit den Beginn eines
dramatischen Wertwandels erleben, in dessen Gefolge der Stellenwert der
Arbeit als zentrales Lebensinteresse bedeutsame Veränderungen erfährt.
Diese Veränderungen finden ihren Niederschlag in sieben Thesen, die Da-
niel Yankelovich aufgrund umfangreicher empirischer Untersuchungen formulierte:

● Eine neue Generation von Arbeitnehmern fordert bessere Arbeitsbedingungen.
● Die eigene Arbeit gibt heute weniger Menschen als früher Zufriedenheit
  und Sinn im Leben.

- Arbeit wird nicht mehr als sinnvoll empfunden. Für immer mehr Männer liegt der Sinn der Arbeit darin, eine angenehme Freizeit zu ermöglichen.
- Arbeit selbst wird nicht mehr als sinnvoll empfunden. Für immer mehr Frauen liegt der Sinn der Arbeit darin, finanzielle Unabhängigkeit zu erreichen.
- Es wird schwieriger, arbeitende Menschen zu Leistungen zu motivieren: Sie identifizieren sich nicht mehr mit ihrem Beruf, die Berufsrolle bestimmt nicht mehr das Verhalten.
- Es wird schwieriger, arbeitende Menschen zu Leistungen zu motivieren: Geld und Erfolg sind keine großen Anreize mehr.
- Die Weigerung von immer mehr Arbeitnehmern, in traditionellen Arbeitsverhältnissen mehr als das Notwendige zu tun, ist zugleich die Chance für eine Verbesserung dieser Verhältnisse.

Die empirischen Belege für diese Thesen mehren sich. Dies erklärt einerseits, warum Fragen der Arbeitsmotivation, der Arbeitszufriedenheit, der Qualifizierung und Führung von Mitarbeitern heute zu den vordringlichen Problemen von Wirtschaftsunternehmen gehören. Andererseits wird aber auch offensichtlich, daß neue Wege gefunden werden müssen, will man die Probleme der Zukunft lösen. Dies zeigt sich insbesondere bei der Diskussion über Menschenbilder und Leistungsmotivation.

2. Das Menschenbild und seine praktische Bedeutung

Eine bekannte schweizerische Zeitschrift publizierte kürzlich einen Artikel aus der Feder eines Topmanagers, der sich einleitend über den Zweck industrieller Unternehmungen äußert:

"Der Zweck einer industriellen Unternehmung ist, zu produzieren. Dabei sollen die hergestellten Produkte im weitesten Sinne verstanden werden, nämlich als Güter, aber auch als Anlagen oder Dienstleistungen. Da diese ja auch verkauft werden müssen, setzt jede Produktion einen geeigneten Markt voraus".

Zweifellos wird eine derartige Zweckbestimmung verbreitet Zustimmung finden; dennoch bedarf sie einer gewichtigen Ergänzung. Zu den Produkten einer Unternehmung gehört nämlich in einem weiteren Sinne - ob beabsichtigt oder nicht - immer auch der Mensch: Die Art der Organisation, die Art der Arbeitsgestaltung, die Art der Vorgesetzten-Mitarbeiter-Beziehungen haben offenbar eine erheblich größere Bedeutung für Wohlbefinden und Persönlichkeitsentwicklung der in einem Unternehmen tätigen Menschen als dies zumeist angenommen wird.

Der Führung und Organisation von Unternehmungen, der Gestaltung der Beziehungen zwischen Vorgesetzten und deren Mitarbeitern und nicht zuletzt den Versuchen, Vorgesetzte und Mitarbeiter zu motivieren, liegen letztlich immer Annahmen über den Menschen - ein Menschenbild also - zugrunde. Solche Annahmen über die Natur des Menschen werden zwar zumeist nicht ausdrücklich formuliert, kommen aber etwa dann zum Ausdruck, wenn der Delegierte des Verwaltungsrates einer großen schweizerischen Unternehmung schreibt: "Die Belegschaft ist vorwiegend konservativ" oder "Die Mobilität der Belegschaft ist sehr gering".

Der Management-Theoretiker und Unternehmensberater Douglas McGregor hat den Versuch unternommen, die der Führung von Unternehmungen und den Bemühungen zur Motivierung von Mitarbeitern zugrunde liegenden Annahmen zu verdeutlichen und die Auswirkungen eben dieser Annahmen auf Verhalten und Leistung der Mitarbeiter aufzuzeigen. Eine weithin vorfindbare Vorstellung von den Bedürfnissen und Motiven des "Durchschnittsmenschen" gibt McGregor in seiner Theorie "Theorie X" wieder, deren Aussagen etwa wie folgt zusammengefaßt werden können:

> "Der Durchschnittsmensch hat eine angeborene Abneigung gegen Arbeit und versucht, ihr aus dem Wege zu gehen, wo er kann." Deshalb "muß er zumeist gezwungen, gelenkt, geführt und mit Strafe bedroht werden", damit er das vom Unternehmen gesetzte Soll erreicht. Außerdem zieht er es vor "an die Hand genommen zu werden, möchte sich vor Verantwortung drücken, besitzt verhältnismäßig wenig Ehrgeiz und ist vor allem auf Sicherheit aus".

All diejenigen, welche in dieser Auffassung vom "Durchschnittsmenschen"

ihre eigene wiedererkennen, werden nicht eben erfreut sein zu erfahren,
daß es sich nach McGregors Meinung bei der "Theorie X" um nichts weiter
als ein "Bündel von Vorurteilen", ja um eigentliche "Irrlehren" handelt.
McGregor fürchtet allerdings, daß die in einem Großteil der Management-
Literatur empfohlenen Organisationsprinzipien allein auf "solchen Hirn-
gespinsten der Theorie X" beruhen könnten. Denn andere Sichtweisen der
menschlichen Natur müßten zwangsläufig zu ganz andersartigen Organisationsprinzipien geführt haben.

Die von McGregor selbst auf Grund umfangreicher eigener Erfahrungen als
Unternehmensberater vertretene "Theorie Y" ist denn auch durch ein anderes Menschenbild gekennzeichnet:

> "Dem Durchschnittsmenschen ist Arbeitsscheu nicht angeboren".
> Fremdkontrolle und Androhung von Sanktionen sind keineswegs
> "das einzige Mittel, jemanden zu bewegen, sich für die Ziele
> des Unternehmens einzusetzen. Zugunsten von Zielen, denen er
> sich verpflichtet fühlt, wird sich der Mensch der Selbstdiszi-
> plin und Selbstkontrolle unterwerfen". Im übrigen sind "Flucht
> vor Verantwortung, Mangel an Ehrgeiz und Drang nach Sicherheit
> ... im allgemeinen Folgen schlechter Erfahrungen, nicht ange-
> borene menschliche Eigenschaften". Und schließlich sind die Fä-
> higkeiten zur Lösung organisatorischer Probleme in der Bevölke-
> rung weit verbreitet, aber nur zum Teil genutzt.

Wie ist es nun aber zu erklären, daß mancher Praktiker auf eine - mehr
oder weniger große - Anzahl von Mitarbeitern wird verweisen können, deren
Verhalten tatsächlich dem Menschenbild der "Theorie X" entspricht?
McGregor ist überzeugt, daß die Theorie X eigentlich gar nicht die
menschliche Natur beschreibt, sondern lediglich die Folgen eben jenes
Führungsverhaltens, dem die Annahme der Theorie X über die Natur der
(jeweils anderen!) Menschen zugrunde liegt. Die Folgen eines derartigen
Führungsstils beschreibt McGregor so:

> "Leute, die von der Möglichkeit ausgeschlossen sind, bei ihrer
> Arbeit die Bedürfnisse zu befriedigen, die in ihnen wach sind,
> verhalten sich genau so, wie wir wohl voraussagen möchten: in

Trägheit, Passivität, Verantwortungsscheu; sie sträuben sich gegen Veränderungen, sind anfällig für Demagogen und stellen geradezu absurde Ansprüche nach ökonomischen Vorteilen."

Folgt man McGregor, so hat man also Grund zu der Annahme, daß das der Zukunftssicherung eines Unternehmens eher abträgliche, konservative Verhalten von Mitarbeitern in Wirklichkeit nichts anderes ist als das Produkt der konservativen Einstellung des Managements.

Es bedarf keiner besonders tiefgründigen Überlegungen, um sich bewußt zu machen, daß derartige Menschenbilder die theoretischen Konzepte ebenso wie die praktischen Bemühungen, Mitarbeiter zu motivieren, nachhaltig beeinflussen. Zwei theoretische Konzepte, die in praktisch allen industrialisierten Ländern - unabhängig vom jeweiligen Wirtschaftssystem - große Beachtung gefunden haben, verdienen in diesem Zusammenhang besonders hervorgehoben zu werden: Die Beiträge von Abraham Maslow und von Frederic Herzberg. Weniger bekannt aber ebenfalls von erheblicher praktischer Relevanz sind darüber hinaus die Modelle von L.B. Barnes und von S.J. Adams.

3. Motivationskonzepte

3.1. Das Konzept der Bedürfnishierarchie

Auf Grund experimentalpsychologischer Befunde sowie eigener klinisch-psychologischer Beobachtungen formulierte Maslow eine Theorie, welche Struktur und Dynamik der Motivation des gesunden Menschen erklären sollte. Hierzu unterschied er fünf verschiedene Gruppen von Bedürfnissen:

- Die physiologischen Bedürfnisse: Hierzu zählen alle jene elementaren Bedürfnisse - wie das Bedürfnis nach Nahrung, Schlaf usw. -, welche der Aufrechterhaltung des normalen Organismuskreislaufes dienen. Sie äußern sich als körperliche Mangelzustände und sind daher leicht zu erkennen.

- Die Sicherheitsbedürfnisse: Ausdruck dieser Bedürfnisse ist das Ver-

langen nach Sicherheit und Beständigkeit, nach Überblick und Einsicht
in Zusammenhänge, nach Schutz, Angstfreiheit usw. Unter den Lebensbedingungen der Industrienationen treten die Sicherheitsbedürfnisse in
ihrer ursprünglichen Form nur in Katastrophenfällen oder als Symptome
bestimmter psychischer Krankheiten in Erscheinung. In kulturspezifischer
Überformung sind sie jedoch auch hier allgegenwärtig: als Bedürfnis
nach einem sicheren Arbeitsplatz, nach einem Sparkonto und nach Versiche-
rungen aller Art, als Widerstand gegen Veränderung und als Neigung zur
Übernahme einer Orientierung ermöglichenden Weltanschauung.

- Die sozialen Bedürfnisse: Diese Gruppe umfaßt alle Bedürfnisse, welche
  mit dem Abgeben und Entgegennehmen von Sympathie in Zusammenhang stehen.

- Die Ich-Bedürfnisse: Hierher gehören nach Maslow einerseits der Wunsch
  nach Erfolg, Kompetenz und Unabhängigkeit und andererseits das Bedürfnis, das Vertrauen anderer Menschen zu verdienen und zu gewinnen sowie
  das Streben nach Prestige, Status, Ansehen und Einfluß.

- Die Bedürfnisse nach Selbstverwirklichung: Hierunter versteht Maslow
  ganz allgemein das Verlangen des Menschen, alle seine potentiell gegebenen Fähigkeiten und Möglichkeiten zur Entfaltung zu bringen.

Die vier erstgenannten Bedürfniskategorien werden auch als "Defizitmotive" bezeichnet (ihre Nichtbefriedigung verursacht einen Mangelzustand),
die Bedürfnisse nach Selbstverwirklichung hingegen als "Wachstumsmotive"
(ihre Befriedigung dient der Vervollkommnung der menschlichen Persönlichkeit).

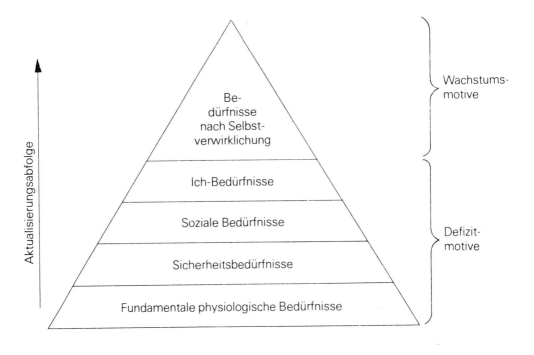

Abbildung 1: Die Hierarchie der Bedürfnisse (nach Maslow 1954)

Neben der inhaltlichen nimmt Maslow eine 'vertikale' Gliederung der menschlichen Bedürfnisse (vgl. Abb. 1) an, wobei seinem Postulat von der hierarchischen Aktualisierungsabfolge der einzelnen Bedürfnisebenen zentrale Bedeutung zukommt. Demnach können nicht alle Bedürfnisse jederzeit gleichermaßen wirksam sein, sondern erst die angemessene Befriedigung der jeweils niedrigeren Bedürfnisebene führt zur Aktivierung der Bedürfnisse der nächsthöheren Ebene. Das würde aber bedeuten, daß bei hinreichender Befriedigung der "Defizitmotive" - wie sie für unsere Industriegesellschaft als gegeben angenommen werden kann - höheres Engagement und Motivation zur Abgabe von Leistungen erst dann erwartet werden können, wenn die Arbeit selbst so beschaffen ist, daß sie Möglichkeiten zur Befriedigung der "Wachstumsmotive" bietet.

Maslow hat im übrigen einige Vorbedingungen genannt, die erst einmal erfüllt sein müssen, damit Bedürfnisse überhaupt geäußert und schließlich befriedigt werden können. Es sind dies insbesondere die Freiheit, sich ungehindert äußern zu können sowie die Freiheit des Handelns, soweit dies nicht anderen zum Nachteil gereicht. Je nach dem Grad der Einschränkung dieser Voraussetzungen könne es zu psychischen Fehlentwicklungen kommen.

Die Bedeutung der Theorie Maslows ist in erster Linie darin zu sehen, daß er den humanistischen Aspekt der Selbstverwirklichung des Menschen als Zielvorstellung formuliert und damit - auch in Wirtschaftsunternehmen - eine anhaltende Diskussion ausgelöst ist. Das Konzept der hierarchischen Aktualisierungsabfolge der menschlichen Bedürfnisse scheint darüber hinaus zu erklären, weshalb früher gut "funktionierende" Motivatoren heute ihre motivierende Funktion verloren haben. Die Schwäche des Ansatzes von Maslow liegt demgegenüber vor allem darin, daß der Begriff der Selbstverwirklichung eher verschwommen bleibt und eine Reihe durchaus unterschiedlicher Operationalisierungen zuläßt.

Der Grundgedanke Maslows wurde übrigens auch von McGregor aufgenommen; auch er geht von der Annahme aus, daß ein befriedigtes Bedürfnis kein Verhalten begründet. Nach McGregor ist die Praxis auf Grund ihrer Orientierung an dem der Theorie X zugrundeliegenden Menschenbild allerdings noch weitgehend auf die Befriedigung der materiellen und Sicherheitsbedürfnisse ausgerichtet. Aus der durch die Theorie Y gekennzeichneten Position lasse sich aber ableiten, daß alle von Maslow genannten Bedürfnisebenen bei der Organisation und Gestaltung betrieblicher Arbeit Berücksichtigung finden müßten - insbesondere auch das nach Persönlichkeitsentfaltung und Selbstverwirklichung.

Barnes hat demgegenüber eine Modifikation des Maslowschen Ansatzes versucht, indem er die Bedürfnisse nach Selbstverwirklichung beiseite ließ und lediglich ein Fundament, bestehend aus den physiologischen Bedürfnissen sowie eine einzige "höhere" Bedürfnisebene, bestehend aus den Bedürfnissen nach Selbstachtung, Achtung durch andere und Zugehörigkeit - sämtlich miteinander in Beziehung stehend - annahm. Die Schutzbedürfnisse nehmen bei Barnes eine Sonderstellung ein, indem sie alle anderen "höheren" Bedürfnisse überdecken: d.h. wann immer eines dieser Bedürfnisse bedroht ist, ist auch das Schutzbedürfnis bedroht. Besondere Bedeutung erhält Barnes' Modell aber dadurch, daß er die menschlichen Bedürfnisse zu organisationalen Dimensionen in Beziehung setzt. So werden nach Barnes die Bedürfnisse des Einzelnen nach Selbstachtung in dem Maße befriedig, in dem er Autonomie und Freiheit innerhalb seiner Tätigkeit besitzt. Das Bedürfnis nach Achtung durch andere steht in Beziehung zu der Art und Weise, in der die Einflußbeziehungen innerhalb einer Organisation strukturiert sind. Die Bedürfnisse nach Zugehörigkeit schließlich werden befriedigt bzw. frustriert, je nachdem ob Gelegenheit zum Zusammenwirken über die Notwendigkeiten der Tätigkeit hinaus besteht.

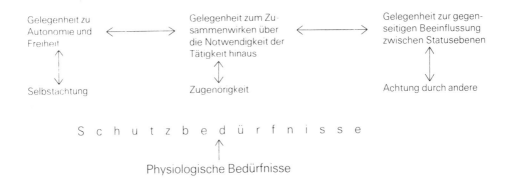

Abbildung 2: Versuch einer Darstellung der Beziehungen zwischen den Bedürfnissen des Einzelnen und den Dimensionen eines Organisationssystems (nach Barnes 1960)

Während Maslow gewisse Rahmenbedingungen als Voraussetzung für die Äußerung und Befriedigung von Bedürfnissen nur andeutet, ist es Barnes' Verdienst, derartige Bedingungen für die betriebliche Praxis in Form von identifizierbaren organisationalen Dimensionen definiert und mit den Bedürfnissen des Menschen in Beziehung gesetzt zu haben.

3.2. Herzbergs Zwei-Faktoren-Theorie

Einen anderen Zugang zum Problem der Arbeitsmotivation meint Herzberg mit seiner "Zwei-Faktoren-Theorie" gefunden zu haben, deren Gedankengut auch in der schweizerischen Wirtschaft immer wieder anzutreffen ist. Die Ergebnisse von empirischen Untersuchungen führten Herzberg zu der Auffassung, das Zufriedenheit und Unzufriedenheit von je unterschiedlichen Faktorengruppen beeinflußt werden. Unzufriedenheit entsteht demnach nicht

einfach durch Abwesenheit oder geringe Ausprägung von Faktoren, die andernfalls Zufriedenheit bewirken. Diejenigen Faktoren, welche Zufriedenheit bewirken, nennt Herzberg "Satisfiers". Dazu gehören vor allem

- die Tätigkeit selbst,
- die Möglichkeit, etwas zu lernen,
- die Möglichkeit, sich weiter zu entwickeln,
- Verantwortung bei der Arbeit,
- Aufstiegsmöglichkeiten und
- Anerkennung.

Da die genannten Faktoren unmittelbar mit dem Inhalt der Arbeit in Zusammenhang stehen, bezeichnet Herzberg sie auch als "Kontentfaktoren".
Da die positive Ausprägung dieser Faktoren zu Zufriedenheit führt und
infolgedessen zu Leistung motiviert, nennt Herzberg sie auch Motivatoren.

Die Unzufriedenheit erzeugenden "Dissatisfiers" hingegen sind eher der
Arbeitsumgebung zuzuordnen und werden daher auch als "Kontextfaktoren"
bezeichnet. Hierzu zählen nach Herzberg vor allem:

- die Gestaltung der äußeren Arbeitsbedingungen,
- die Beziehungen zu den Arbeitskollegen,
- die Beziehungen zu den Vorgesetzten,
- die Firmenpolitik und die Administration,
- die Entlöhnung einschließlich der Sozialleistungen und
- die Krisensicherheit des Arbeitsplatzes.

Da die positive Ausprägung dieser Faktoren in einem vorbeugenden Sinne
dem Bedürfnis der Mitarbeiter entgegenkommt, unangenehme Situationen zu
vermeiden, nennt Herzberg diese Faktorengruppe auch "Hygienefaktoren".

Die Bedeutung des Herzbergschen Ansatzes ist vor allem darin zu sehen,
daß er den Inhalt der Arbeitstätigkeit als für die Motivation entscheidenden Faktor in den Mittelpunkt des Interesses gerückt und in zahllo-
sen Betrieben entsprechende Veränderungsprozesse ausgelöst hat. Dennoch
weist die Theorie eine Reihe von Schwachstellen auf, die nicht unerwähnt
bleiben dürfen. So vermag sie etwa nicht zu erklären, weshalb auch in

partialisierten Aufgaben und mit einförmigen Tätigkeiten Beschäftigte vergleichsweise häufig angeben, mit ihrer Arbeit durchaus zufrieden zu sein. Andere Konzepte und Untersuchungen legen die Annahme nahe, daß dies nur erklärt werden kann, wenn man davon ausgeht, daß es nicht nur eine einzige, sondern verschiedene Formen von Zufriedenheit gibt oder wenn man annimmt, daß bei "inhaltsleerer" Arbeit Kontextfaktoren motivierende Funktion übernehmen. So zeigt sich denn auch, daß bei solcherlei Arbeiten den Kollegen- und Vorgesetztenbeziehungen wesentlich größere Bedeutung beigemessen wird als bei Tätigkeiten mit komplexeren, den Einsatz persönlicher Potentiale herausfordernden Anforderungen.

Besonders fragwürdig wird Herzbergs Konzept, wo es der Kooperation in Arbeitsgruppen nur marginale Bedeutung zugesteht. Tatsächlich kommt aber der Arbeit in Gruppen - insbesondere wenn diese über Möglichkeiten der Selbstregulation verfügen - erhebliche Bedeutung zu. Diese liegt zum einen in der Möglichkeit zu Erwerb und Übung von sozialer Kompetenz. Zum anderen verdeutlichen zahlreiche neuere Erfahrungen in eindrücklicher Weise, wie gerade die Arbeit in teilautonomen Gruppen oft stimulierende und motivierende Wirkungen zeitigt.

3.3. Die Theorie der "Gerechtigkeit"

Interessant ist im vorliegenden Zusammenhang schließlich noch das Konzept von Adams, das als "Equity"- bzw. "Inequity"-Theorie bekannt geworden ist und sinngemäß das subjektive Erleben der Arbeitssituation unter dem Aspekt von "Gerechtigkeit" bzw. "Ungerechtigkeit" zum Gegenstand hat. Adams geht davon aus, daß die Arbeitssituation im weitesten Sinne als Tauschverhältnis erlebt wird: Dafür, daß der Arbeitnehmer seine Arbeitskraft zur Verfügung stellt, erhält er vom Arbeitgeber eine Gegenleistung in Form von materiellen oder immateriellen Belohnungen. Sofern das Verhältnis von Leistung und Gegenleistung als "gerecht" beurteilt wird, wird dies als Zustand psychischen Gleichgewichts erlebt, der Zufriedenheit bewirkt. Ob indes das Verhältnis von Aufwand und Ertrag subjektiv als "gerecht" oder "ungerecht" beurteilt wird, hängt entscheidend davon ab, wie die entsprechende Tauschbeziehung bei anderen - seien dies Bezugsgruppen oder einzelne Bezugspersonen - wahrgenommen wird. Zufrieden-

heit bzw. Unzufriedenheit sind demnach also auch das Ergebnis von Vergleichsprozessen, in deren Verlauf Vor- und Nachteile sowohl auf der Auf-
wands- als auch auf der Ertragsseite gegeneinander abgewogen werden. Ein
Beispiel mag dies verdeutlichen:

Ein wissenschaftlicher Mitarbeiter einer Universität vergleicht seine Arbeitssituation mit der seines Studienkollegen, der in einem
Industrieunternehmen tätig ist und am Monatsende ein Salär nach Hause trägt, das doppelt so hoch ist wie sein eigenes. Würde allein
der materielle Aspekt die Beurteilung der Situation als "gerecht"
bzw. "ungerecht" bestimmen, so wäre das Ergebnis klar. Tatsächlich
mag aber der wissenschaftliche Mitarbeiter eine Reihe von Vorteilen
- wie z.B. größere Selbständigkeit, interessantere Arbeit, großzügi-
gere Zeiteinteilung usw. - auf der eigenen Ertragsseite "verbuchen",
gegen das höhere Salär seines Studienkollegen "aufrechnen" und im
Endergebnis schließlich gleichwohl eine "gerechte" Tauschbeziehung
feststellen.

Nach Adams gibt es für derartige Vergleiche typische Kombinationen, wie
sie in Tabelle 1 dargestellt sind.

Nach der Theorie von Adams führt erlebte Ungerechtigkeit ganz allgemein
zu einem Spannungszustand, der nach Auflösung drängt. Dabei entsteht das
Gefühl von Ungerechtigkeit bei einer Person nicht etwa nur, wenn diese
sich "unterbewertet" fühlt, sondern durchaus auch dann, wenn sie sich
"überbewertet" glaubt. Bei geringer Diskrepanz - in der Tabelle durch den
Zahlenwert 1 markiert - wird durch mehr oder weniger bewußte gedankliche
Manipulation versucht, die jeweiligen Vor- und Nachteile nochmals gegeneinander abzuwägen und so nach Möglichkeit die erlebte Diskrepanz zu mi-
nimieren. Ist dies aber nicht möglich oder ist die erlebte Diskrepanz zu
groß (Zahlenwert 2 in der Tabelle), so muß nach einer "aktiven" Lösung
gesucht werden, die entweder durch tatsächliche Änderung der Situation
oder durch psychologische Umstellung der betroffenen Person selbst erfolgen kann.

Von den insgesamt acht von Adams genannten Lösungsmöglichkeiten seien
hier nur vier erwähnt:

Aufwand-Ertrag der urteilenden Person	Aufwand-Ertrag der Bezugsperson			
	niedrig-hoch	hoch-niedrig	niedrig-niedrig	hoch-hoch
niedrig-hoch	0	2	1	1
hoch-niedrig	2	0	1	1
niedrig-niedrig	1	1	0	0
hoch-hoch	1	1	0	0

Differenz 0:
Als gerecht wahrgenommenes Tauschverhältnis bedeutet Gleichgewicht und Zufriedenheit

Differenz 2:
Als sehr ungerecht wahrgenommenes Tauschverhältnis bedeutet Ungleichgewicht und erhebliche Unzufriedenheit

Tabelle 1: Wahrnehmung von Gerechtigkeit bzw. Ungerechtigkeit als Ergebnis unterschiedlicher Differenzen zwischen Aufwand und Ertrag bei der urteilenden Person und der Bezugsperson (nach: Adams 1963)

- Erhöhung des eigenen Einsatzes - z.B. wenn jemand glaubt, er werde sehr großzügig behandelt
- Verminderung des eigenen Einsatzes (Leistungszurückhaltung) - z.B. wenn jemand das Gefühl hat, im Vergleich zu anderen für seinen Aufwand zu wenig Lohn zu erhalten
- "Flucht aus dem Feld" durch Absenz oder Kündigung - z.B. wenn jemand keine Möglichkeit sieht, die von ihm als "ungerecht" empfundene Situation ändern zu können
- Änderung der Bezugsgruppe - z.B. wenn jemand zum Schluß kommt, weder die Situation ändern noch kündigen zu können.

Die Besonderheit des Konzepts von Adams liegt einerseits darin, daß er sich ökonomischer Modellvorstellungen bedient und die Arbeitssituation in diesem Sinne als Tauschsituation begreift sowie andererseits in der Tatsache, daß er die Bedeutung von Bezugsgruppen und damit des unmittelbaren sozialen Vergleichs für Wahrnehmung und Beurteilung einer Situation als "gerecht" bzw. "ungerecht" hervorhebt. Damit wird nämlich zum Beispiel verständlich, weshalb "relative" Lohnhöhe für die Motivation oftmals wichtiger zu sein scheint als "absolute" Lohnhöhe.

3.4. Zusammenfassender Vergleich

Fassen wir die wichtigsten Aussagen der besprochenen Motivationskonzepte noch einmal vergleichend zusammen:

- Das Konzept von Maslow verdeutlicht allgemein die Existenz, Struktur und Dynamik vielfältiger Bedürfnisse und macht insbesondere auf das Vorhandensein von Bedürfnissen nach Selbstverwirklichung aufmerksam.

- Das Konzept von Barnes zeigt den Zusammenhang zwischen organisationalen Dimensionen und den Möglichkeiten der Befriedigung verschiedenartiger Bedürfnisse auf.

- Das Konzept von Herzberg hebt die Bedeutung des Arbeitsinhalts für Motivation und Zufriedenheit hervor.

- Das Konzept von Adams betont die Bedeutung der subjektiven Einschätzung von Aufwand-Ertrags-Relationen und von sozialen Vergleichsprozessen für das Entstehen von Zufriedenheit bzw. Unzufriedenheit.

Jeder der genannten Autoren kann sich auf empirische Untersuchungen unterschiedlichen Umfanges berufen, deren Ergebnisse seine Theorie bestätigen. Es wird aber auch deutlich, daß jedes der vorgestellten Konzepte lediglich einen bestimmten Ausschnitt aus der für die Motivation von Mitarbeitern relevanten betrieblichen Realität erklärt. Je nach konkreter Fragestellung wird der Praktiker also aus dem einen oder anderen Modell größeren Nutzen ziehen können - sofern er immer auch dessen Schwächen bedenkt und die jeweils anderen Modelle zuvor auf ihre Relevanz und Tauglichkeit geprüft hat.

Ein generelles Problem der bisher bekannten Motivationstheorien besteht

allerdings darin, daß sie den zentralen Begriff der Zufriedenheit zu un-
differenziert, nämlich ausschließlich in einem quantitativen Sinne, benutzen.

4. Formen der Arbeitszufriedenheit

Anläßlich von Repräsentativerhebungen in deutschsprachigen Ländern be-
zeichneten sich im Verlauf der letzten Jahre regelmäßig 75 bis 85 Prozent
der Befragten als mit ihrer Arbeit zufrieden. Ähnliches gilt auch für andere Industriestaaten, so z.B. für die USA. Die Alltagserfahrung zeigt
aber, daß die Aussage, jemand sei mit seiner Arbeit zufrieden, auf ganz
unterschiedliche Weise zustandekommen und infolgedessen ganz verschiedene Bedeutung haben kann. Wir müssen daher annehmen, daß die bisher ge-
bräuchlichen globalen Konzepte von Arbeitszufriedenheit nur wenig trenn-
scharf sind und der Realität kaum gerecht werden dürften. Insbesondere
macht sich das Fehlen einer qualitativen Differenzierung des Zufrieden-
heitsbegriffes in der Mehrzahl der bisherigen Untersuchungen nachteilig
bemerkbar.

Ein Modell, das dieser Forderung Rechnung trägt, wurde von Agnes Bruggemann entwickelt (Abbildung 3).

Bruggemann unterscheidet sechs verschiedene Formen von Arbeitszufriedenheit. Welche dieser Zufriedenheitsformen jeweils in Erscheinung tritt,
ist zunächst abhängig von einem individuellen Vergleich zwischen den eigenen Bedürfnissen und Erwartungen einerseits (= Soll) und den Möglichkeiten ihrer Realisierung in der gegebenen Arbeitssituation andererseits
(= Ist). Je nach festgestellter Soll-Ist-Situation folgt dann ein ganz
unterschiedliches Verhalten des Anspruchsniveaus.

Fällt beispielsweise der Soll-Ist-Vergleich positiv aus und das Anspruchs-
niveau der betreffenden Person bleibt erhalten, so ergibt sich daraus
eine Form der Arbeitszufriedenheit, die Bruggemann "stabilisierte Arbeitszufriedenheit" nennt. Folgt dem positiven Ergebnis des Soll-Ist-Verglei-
ches indes eine Erhöhung des Anspruchsniveaus, so schlägt sich diese in

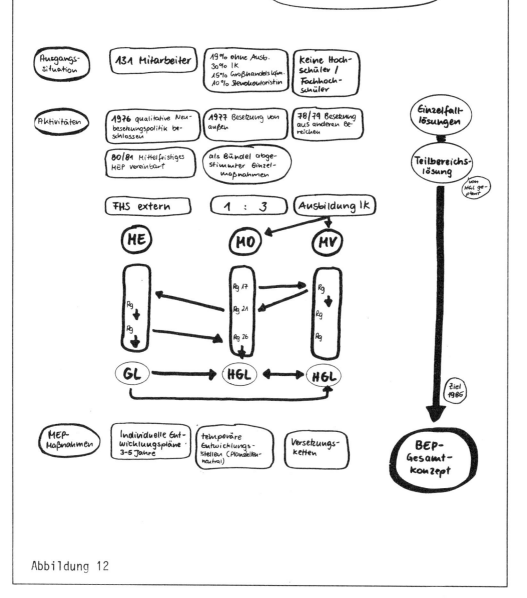

EP für Angestellte

Beispiel: Materialwirtschaft-fachlicher Nachwuchs

Ausgangs-situation

131 Mitarbeiter

19% ohne Ausb.
30% IK
15% Großhandelskfm.
10% Stenokontoristin

Keine Hoch-schüler / Fachhoch-schüler

Aktivitäten

1976 qualitative Neu-besetzungspolitik be-schlossen

1977 Besetzung von außen

78/79 Besetzung aus anderen Be-reichen

80/81 Mittelfristiges MEP vereinbart

als Bündel abge-stimmter Einzel-maßnahmen

FHS extern

1 : 3

Ausbildung IK

ME   MO   MV

Rg 17   Rg
Rg 21
Rg 26   Rg
       Rg

GL → HGL ↔ HGL

Einzelfall-lösungen

Teilbereichs-lösung
von HGL ge-plant

Ziel 1985

MEP-Maßnahmen

Individuelle Ent-wicklungspläne 3-5 Jahre

temporäre Entwicklungs-stellen (Planstellen-neutral)

Versetzungs-ketten

BEP-Gesamt-konzept

Abbildung 12

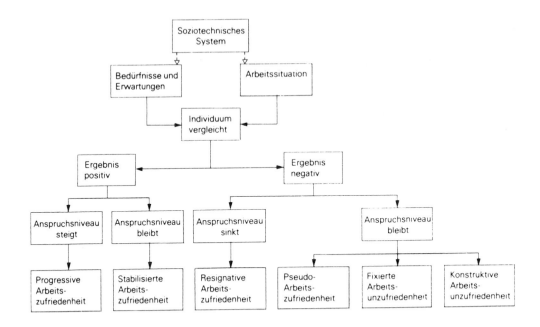

Abbildung 3: Verschiedene Formen der Arbeitszufriedenheit (vereinfachte
Darstellung nach dem Modell von Bruggemann 1974)

einer "progressiven Arbeitszufriedenheit" nieder, die durch Zielerwei-
terung gekennzeichnet ist.

Fällt der Soll-Ist-Vergleich aber negativ aus, so kann daraus eine Senkung des Anspruchsniveaus im Sinne einer Sollwert-Reduktion resultieren,
derer Ergebnis als "resignative Arbeitszufriedenheit" bezeichnet wird.
Bleibt trotz negativen Ergebnisses des Soll-Ist-Vergleichs das Anspruchs-

niveau aber aufrechterhalten, so besteht einerseits die Möglichkeit einer Verfälschung der Situationswahrnehmung - d.h. es werden subjektiv mehr Freiheitsgrade wahrgenommen, als objektiv in der Arbeitssituation vorhanden sind -, was zur "Pseudoarbeitszufriedenheit" führt. Andererseits besteht aber auch die Möglichkeit, in der adäquat wahrgenommenen Situation zu verharren, was zur "fixierten Arbeitsunzufriedenheit" führt. Als dritte Möglichkeit kann schließlich die Aufrechterhaltung des Anspruchsniveaus nach negativem Ergebnis des Soll-Ist-Vergleichs zu aktiven Bemühungen um eine Überwindung der unbefriedigenden Situation führen, woraus nach Bruggemann eine "konstruktive Arbeitsunzufriedenheit" resultiert.

Die Vermutung liegt nahe, daß ein Teil der auch von in partialisierten und monotonen Tätigkeiten Beschäftigten vielfach bezeugten Zufriedenheitsäußerungen auf die aus einer Reduzierung des Anspruchsniveaus resultierende "resignative Arbeitszufriedenheit" entfällt. Eine Reihe von Beobachtungen läßt die Annahme als gerechtfertigt erscheinen, daß ein weiterer Teil von Zufriedenheitsäußerungen als "Pseudozufriedenheit" verstanden werden kann, die durch eine Wahrnehmungsverfälschung im oben beschriebenen Sinne zustande kommt.

Für den betrieblichen Vorgesetzten bzw. für das Management eines Unternehmens bedeutet dies, daß globale Äußerungen über Arbeitszufriedenheit im allgemeinen keine Schlüsse auf Art und Zustandekommen der tatsächlichen Befindlichkeit eines Mitarbeiters hinsichtlich seiner Arbeitssituation zulassen. Für die Feststellung von Art und Grad der Arbeitszufriedenheit sind infolgedessen zukünftig differenziertere Methoden zu verwenden. Dies gilt es insbesondere dann zu berücksichtigen, wenn Arbeitszufriedenheit als Bewertungskriterium für arbeitsgestalterische Maßnahmen herangezogen werden soll.

5. Formen der Arbeitsgestaltung

5.1. Symptome eines Wertwandels

Bei der Diskussion der eingangs gestellten Frage, warum Menschen arbeiten, wurde darauf hingewiesen, daß anscheinend immer mehr Menschen immer

weniger daran interessiert sind, "in traditionellen Arbeitsverhältnissen
mehr als das Notwendige zu tun". Dieser in zahlreichen Ländern zu beobachtende Sachverhalt wurde von Yankelovich ausdrücklich als "Chance für eine
Verbesserung dieser Verhältnisse" bezeichnet.

Zunächst stellt sich die Frage nach den Gründen für den sich hier offensichtlich anbahnenden Wertwandel. Wahrscheinlich haben wir es dabei mit
einem ganzen Bündel von Ursachen zu tun, zu denen gewisse Wohlstandsent-
wicklungen ebenso gehören können wie die, z.B. in der Technologie- und
Umweltdiskussion, immer deutlicher sich artikulierende Frage nach dem Sinn
und der Qualität des Lebens. Zu den entscheidenen Ursachen für die sich
verändernde Einstellung gegenüber der Arbeit dürfte allerdings die Veränderung der Bildungsvoraussetzungen gehören. So wird in der im Jahre
1973 erschienenen Studie über "Work in America" ausdrücklich darauf hingewiesen, daß nach tayloristischen Prinzipien gestaltete Arbeitstätigkeiten mehr und mehr abgelehnt werden, weil die seit der Einführung des
Taylorismus im ersten Viertel dieses Jahrhunderts entscheidend veränderten Bildungs- und Ausbildungsbedingungen bedeutsame Veränderungen von
Werten und Ansprüchen nach sich gezogen hätten.

In einer von der niederländischen Regierung im Jahre 1975 publizierten
"Erklärung über die Arbeitsmöglichkeiten" wird ebenfalls auf die ständig
zunehmende Divergenz zwischen Schul- und Berufsausbildung einerseits und
dem qualifikatorischen Niveau der meisten Arbeitstätigkeiten andererseits
hingewiesen. Eine im Jahre 1978 mitgeteilte Übersicht über die Verhältnisse in der schwedischen Industrie zeigt in eindrucksvoller Weise, welche Veränderungen dort die schulische Ausbildung der Sechzehn- bis Vier-
undzwanzigjährigen im Vergleich zur Gesamtpopulation der in der Industrie
Beschäftigten erfahren hat. Vergleichbare Daten liegen für schweizerische Verhältnisse noch nicht vor. Ähnliche Erfahrungen aus anderen Industrieländern bestätigen aber, daß der "Gap" zwischen dem Niveau der
Schul- und Berufsausbildung und der Möglichkeit, die dort erworbenen
Fähigkeiten und Fertigkeiten im Arbeitspozess einzusetzen sich offenbar
ständig vergrößert. Dies scheint sogar gleichermaßen für Staaten mit
verschiedener Wirtschaftsordnung zu gelten.

Aus zahlreichen Berichten wird erkennbar, daß die Verwendung des Menschen als "Einzweckwerkzeugmaschine" einerseits als Verschwendung betriebs- und volkswirtschaftlicher Ressourcen angesehen werden kann. Andererseits finden wir darin auch eine der möglichen Erklärungen für das - etwa in Absenzen, Fluktuationsziffern, Qualitätsmängeln oder mangelnder Aufstiegsbereitschaft zum Ausdruck kommende - Rückzugsverhalten.

5.2. Arbeitstätigkeit und Persönlichkeitsentwicklung

Aus den Konzepten von Maslow, McGregor, Barnes, Herzberg und zahlreichen Einzeluntersuchungen läßt sich ableiten, daß der Frage des Arbeitsinhalts für Motivation und Wohlbefinden eine erhebliche Bedeutung zukommt. Neuere Ergebnisse arbeitspsychologischer Forschung zeigen darüber hinaus, daß die Art der Arbeit auch für die geistige und soziale Entwicklung der Menschen von entscheidener Bedeutung sein kann. Zusammenhänge solcher Art wurden bereits vor etwa zweihundert Jahren von Adam Smith beschrieben:

> "Jemand, der tagtäglich nur wenige einfache Handgriffe ausführt, die zudem immer das gleiche oder ein ähnliches Ergebnis haben, hat keinerlei Gelegenheit, sich im Denken zu üben. Denn da Hindernisse nicht auftreten, braucht er sich auch über deren Beseitigung keine Gedanken zu machen. So ist es ganz natürlich, daß er verlernt, seinen Verstand zu gebrauchen, und so stumpfsinnig und einfältig wird, wie es ein menschliches Wesen nur eben werden kann. Solch geistige Trägheit macht ihn nicht nur unfähig, Gefallen an einer vernünftigen Unterhaltung zu finden oder sich daran zu beteiligen, sie stumpft ihn auch gegenüber differenzierten Empfindungen ab, so daß er auch seine gesunde Urteilsfähigkeit vielen Dingen gegenüber, selbst jenen des täglichen Lebens, verliert."

Tatsächlich können wir annehmen, daß die Persönlichkeitsentwicklung des erwachsenen Menschen weitgehend in der Auseinandersetzung mit der Arbeitstätigkeit geschieht. In diesem Zusammenhang können wir vier voneinander abhebbare, für die Persönlichkeitsentwicklung bedeutsame Aspekte der Arbeitstätigkeit unterscheiden: (1) der Inhalt der Arbeitstätigkeit; damit unmittelbar verbunden (2) die Anforderungen, die die Arbeitstätigkeit stellt; davon abgeleitet (3) die zur Erfüllung der Anforderungen erforderliche Qualifikation der Ausbildung; dadurch vermittelt (4) die soziale Bewertung der Arbeitstätigkeit.

5.3. Alternative-Arbeitsformen

Offenbar sind es insbesondere die intellektuellen und sozialen Anforderungen langfristig ausgeübter Arbeitstätigkeiten, die geeignet sind, Persönlichkeitsentwicklung zu fördern oder zu beeinträchtigen. Persönlichkeitsförderliche Arbeitsgestaltung ist demzufolge weitgehend verbunden mit einer Erweiterung des Handlungsspielraumes, wie er in Abbildung 4 schematisch dargestellt ist.

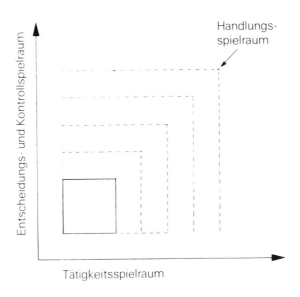

Abbildung 4: Der Handlungsspielraum als Resultante von Tätigkeitsspielraum sowie Entscheidungs- und Kontrollspielraum

Die Maßnahme der Aufgabenvergrößerung (Job Enlargement) betrifft die horizontale Dimension des Tätigkeitsspielraums (Variabilität) und besteht darin, mehrere strukturell gleichartige oder ähnliche Tätigkeitselemente aneinanderzureihen und dadurch lediglich den Umfang der Arbeitsaufgabe zu vergrößern. Die Maßnahme der Aufgabenbereicherung (Job Enrichment) be-

126

trifft die vertikale Dimension des Entscheidungs- und Kontrollspielraumes (Autonomie) und besteht darin, strukturell verschiedenartige Tätigkeitselemente - z.B. Planungs-, Ausführungs- und Kontrolltätigkeiten - in eine umfassendere Handlungseinheit zu integrieren, die in jedem Fall auch kognitive Elemente im Sinne von Denkleistungen mit antizipatorischen Anforderungen einschließt.

Damit wird deutlich, daß der Job-Enlargement-Ansatz (horizontale Aufgabenerweiterung) in erster Linie die Ablauforganisation berührt, während der Job-Enrichment-Ansatz (vertikale Aufgabenerweiterung) darüber hinaus auch die Aufbauorganisation betrifft. Beide Formen der Aufgabenerweiterung finden sich in der Praxis häufig verbunden mit unterschiedlichen Formen des Tätigkeitswechsels (job rotation), die je nach Ausgestaltung eher der horizontalen oder eher der vertikalen Aufgabenerweiterung zuzuordnen sind. Erst die Realisierung von Konzepten vertikaler Aufgabenerweiterung kann aber zum Abbau des tayloristischen Prinzips der "Trennung von Denken und Tun" und damit zur persönlichkeitsförderlichen Arbeitsgestaltung beitragen.

Eine in den letzten Jahren vielfach diskutierte und mancherorts erfolgreich eingeführte Form der Aufgabenerweiterung betrifft die Arbeit in teilautonomen Gruppen. Dabei handelt es sich um eine Erweiterung des kollektiven Handlungsspielraums, die durchaus zu einer formellen Mitbestimmung am Arbeitsplatz ausgebaut werden kann. In diesem Rahmen können einer Arbeitsgruppe sehr unterschiedliche Funktionen bzw. Aufgaben zur Erledigung in eigener Verantwortung übertragen werden, wie z.B. die Verteilung der einzelnen Aufgaben auf die Gruppenmitglieder, Festlegung allfälliger Rotationsmodalitäten, interne Rollenverteilung, Wahl von Gruppenmitgliedern, gemeinsame Planung und Disposition usw.

Entgegen den Annahmen von Herzberg zeigen vielfältige Erfahrungen, daß derartige Möglichkeiten einer Selbstregulation in Arbeitsgruppen durchaus als Motivatoren wirksam werden. Sie haben darüber hinaus noch eine besondere, bislang viel zu wenig beachtete Wirkung. Funktionierende Selbstregulation in teilautonomen Gruppen bedeutet nämlich gleichzeitig soziale Unterstützung der einzelnen Gruppenmitglieder bei der Bewältigung ihrer Aufgaben, aber auch ihrer Probleme und Schwierigkeiten. Aus einer Reihe neuerer Untersuchungen läßt sich nun ableiten, daß das Ausmaß an sozialer Unterstützung deutliche Zusammenhänge mit der Wirksamkeit potentieller Stressoren aufweist (vgl. Abbildung 5).

In diesem Zusammenhang ist der Hinweis wichtig, daß nicht jeder potentielle Stressor bei jeder davon betroffenen Person tatsächlich Streß auslöst. Ob Streß entsteht, hängt vielmehr entscheidend davon ab, ob die Person das Gefühl hat bzw. in der Lage ist, den potentiellen Stessor - z.B. Zeitdruck oder Unberechenbarkeit eines Vorgesetzten - bewältigen zu können. Die Möglichkeiten der Bewältigung hängen wiederum entscheidend von Faktoren wie der verfügbaren Qualifikation und der sozialen Kompetenz ab. Wir können also davon ausgehen, daß das Ausmaß an gemeinsamer Kontrolle über die Arbeitsbedingungen in Gruppen mit erweitertem Handlungsspielraum nicht nur die Handlungskompetenz fördert, sondern durch "soziale Unterstützung" gleichzeitig die Auswirkungen potentieller Stressoren reduziert.

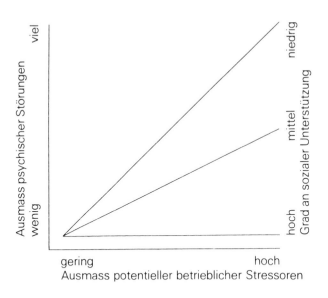

Abbildung 5: Moderierende Effekte von sozialer Unterstützung auf die Beziehungen zwischen potentiellen betrieblichen Stressoren und tatsächlichen Streßwirkungen (nach: House & Wells 1977)

Alle bisherigen Ausführungen über Fragen, warum Menschen arbeiten, über

Motivationskonzepte und Formen der Zufriedenheit, über Wertwandelprobleme
und Bildungs- wie Persönlichkeitsentwicklung lassen erkennen, daß Maßnahmen der inhaltlichen Gestaltung von Arbeitstätigkeiten eine vielfältige
und besondere Bedeutung zukommt. Im vorliegenden Zusammenhang ist aber
vor allem entscheidend, daß sie ein geeignetes Mittel darstellen, um die
Qualifikation der Mitarbeiter zu fördern. Daß derartige Maßnahmen zumeist
auch Minderungen von Absenzen und Fluktuationen sowie Qualitätsverbesserun-
gen zur Folge haben, macht sie zugleich wirtschaftlich interessant.

Die immer wieder geäußerte Vermutung, persönlichkeitsförderliche Arbeitsgestaltung durch Aufgabenerweiterung würde zur Erhöhung der Arbeitszufriedenheit führen, muß allerdings mit Skepsis aufgenommen werden. Aufgrund der Ausführungen im Abschnitt über Formen der Zufriedenheit ist
auch gar nicht zu erwarten, daß in derartigen Fällen eine einfache quantitative Zunahme eintritt. Vielmehr ist damit zu rechnen - und betriebliche
Erfahrungen bestätigen dies - daß eher eine qualitative Veränderung bemerkbar wird. So läßt sich in Zusammenhang mit Maßnahmen der Aufgabenerweiterung häufig beobachten, daß eine - auf Reduktion des Anspruchsniveaus beruhende - eher resignative Arbeitszufriedenheit abgelöst wird
etwa durch eine - mit Erhöhung des Anspruchsniveaus verbundene - progressive Zufriedenheit.

5.4. Differentielle Arbeitsgestaltung

Die Diskussion über Fragen der Arbeitsgestaltung darf allerdings ein Problem nicht übersehen, das gerne vernachlässigt oder vorschnell und einseitig beantwortet wird: Das Problem der Berücksichtigung allfälliger
Unterschiede zwischen verschiedenen Personen. Ein einfaches Person-Um-
welt-Modell kann verdeutlichen, wie schwierig es ist, verallgemeinernde
Aussagen über "optimale" Arbeitsinhalte zu machen.

Person	Arbeitsumwelt	Auswirkung
Personale Kapazitäten und/oder Interessen	> Anforderungen der Arbeit →	qualitative Unterforderung
Personale Kapazitäten und/oder Interessen	< Anforderungen der Arbeit →	qualitative Überforderung
Personale Kapazitäten und/oder Interessen	= Anforderungen der Arbeit →	Adäquate Beanspruchung

Abbildung 6: Vereinfachte Darstellung der Auswirkungen von unterschiedlichen Zusammenhängen zwischen personalen Kapazitäten und Arbeitsumwelt

Wenngleich angenommen werden kann, daß die Verarbeitung auch komplexerer Informationen lernbar ist, so gehen wir doch davon aus, daß persönlichkeitsförderliche Arbeitsgestaltung Unterschiede hinsichtlich personaler Kapazitäten und zentraler Lebensinteressen zu berücksichtigen hat. Wir haben versucht, dem durch das Prinzip der differentiellen Arbeitsgestaltung gerecht zu werden.

Dieses Prinzip meint das gleichzeitige Angebot verschiedener Arbeitssysteme -z.B. unterschiedlicher Komplexitäts- und Schwierigkeitsgrade -, zwischen denen von den Arbeitenden gewählt werden kann. Es soll dazu beitragen, eine optimale Entwicklung der Persönlichkeit in der Auseinandersetzung mit der Arbeitstätigkeit auf dem Hintergrund interindividueller Differenzen zu ermöglichen. Damit dies tatsächlich geschehen und Prozessen der Persönlichkeitsentwicklung Rechnung getragen werden kann, bedarf das Prinzip der differentiellen Arbeitsgestaltung unabdingbar der Ergänzung durch das Prinzip der dynamischen Arbeitsgestaltung. Damit ist die Möglichkeit der Veränderung bestehender oder der Schaffung neuer Arbeitssysteme gemeint sowie die Möglichkeit des Wechsels zwischen verschiedenen Arbeitssystemen. Die Realisierung dieses Prinzips der dynamischen Arbeitsgestaltung soll vor allem Prozessen der Entwicklung kognitiver und sozialer Kompetenzen Rechnung tragen und Qualifizierungsfortschritte ermöglichen. Daß derartige inhaltliche Veränderungen neue Anforderungen an

Rollenverständnis und Führungsverhalten von Vorgesetzten mit sich bringen, liegt auf der Hand.

6. Führungskonzepte

6.1. Das Problem der sogenannten "Führungseigenschaften"

Zum Verständnis von Führungsphänomenen und Führungsproblemen wurde lange Zeit fast ausschließlich danach geforscht, durch welche besonderen Persönlichkeitseigenschaften sich Vorgesetzte von den durch sie geführten Mitarbeitern unterscheiden. Hintergrund dieser Fragestellung war die sogenannte "Eigenschaftstheorie" der Führung: Man nahm an, es gäbe bestimmte Eigenschaften oder Kombinationen von Eigenschaften, die in besonderer Weise zur Übernahme von Führungsaufgaben befähigen. Eine Vielzahl von Untersuchungen, die vor allem im wirtschaftlichen und militärischen Bereich unternommen wurden, führte jedoch zu unerwarteten Ergebnissen: Es wurden mehr als fünfhundert Eigenschaften gefunden, die in Einzelfällen zwischen Vorgesetzten und Geführten unterschieden. Keine dieser Eigenschaften wurde übereinstimmend in allen oder auch nur in einem überwiegenden Teil der verglichenen Untersuchungen gefunden. Manche der gefundenen Eigenschaften waren sogar krass gegensätzlicher Natur, obwohl es sich im einzelnen durchaus um erfolgreiche Vorgesetzte handelte.

Damit läßt sich feststellen, daß die Suche nach generalisierbaren Führungseigenschaften offensichtlich erfolglos geblieben ist und alle Behauptungen, daß es solche verallgemeinerbaren Führungseigenschaften gäbe, der Überprüfung bisher nicht standhielten.

Daß den Persönlichkeitsmerkmalen eines Vorgesetzten dennoch eine Bedeutung zukommt, ergibt sich aus der "Interaktionstheorie" der Führung, die der betrieblichen Wirklichkeit zweifellos eher gerecht wird als die Eigenschaftstheorie. Nach dieser Theorie ist Führen immer ein Prozeß sozialer Interaktion, d.h. ein Prozess, an dem Führer und Geführte beteiligt sind. Damit wird auch verständlich, daß die Persönlichkeitsmerkmale des Vorgesetzten nicht für sich allein, sondern in Relation zu den Persönlichkeitsmerkmalen der Mitarbeiter bedeutsam sind. Im Führungsprozess

spielen aber neben den Persönlichkeitseigenschaften der Mitarbeiter auch
deren bisherige Erfahrungen und daraus abgeleitete Erwartungen sowie
schließlich die Gruppenstruktur und das Gruppenziel eine wesentliche Rolle (Abbildung 7).

Die Darstellung in Abbildung 7 zeigt, daß der Führungsprozeß von einer
Vielzahl von Einflußgrößen bestimmt wird und daß die adäquate Wahrnehmung
der Vorgesetztenrolle zu einem erheblichen Teil durch die Persönlichkei-
ten der Geführten und deren Erwartungen bestimmt wird.

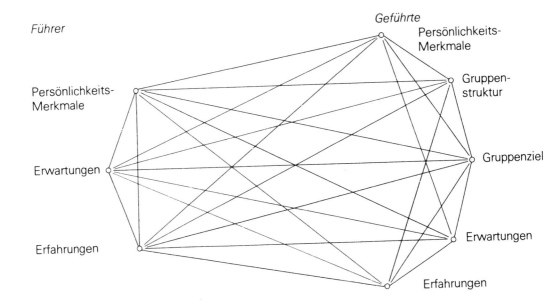

Abbildung 7: Die Interdependenz der "Führereigenschaften"   (modifiziert
              nach Hofstätter 1966)

6.2. Funktionen der Führung

Wenn man eine größere Anzahl von Managern in Wirtschaftsunternehmungen
nach Funktionen der Führung befragt, wird man Übereinstimmung lediglich
dahingehend finden, daß Führung etwas mit "Weisung" und "Kontrolle" zu
tun habe. Analysiert man aber Führungsvorgänge in der betrieblichen Praxis etwas gründlicher, so stößt man auf zwei Gruppen von Funktionen, mit

denen der Begriff "Führung" verbunden ist. Diese Funktionen werden als Lokomotions- bzw. Kohäsionsfunktionen bezeichnet. Lokomotionsfunktionen sind solche Funktionen, die der Formulierung und Lösung von Sachaufgaben, d.h. der Bewegung von Personen in Richtung auf ein vorgegebenes oder gemeinsam entwickeltes Ziel dienen. Kohäsionsfunktionen hingegen sind solche Funktionen, die dem Zusammenhalt von Gruppen sowie der Aufrechterhaltung und Förderung der gruppeninternen Beziehungen dienen.

Damit wird erneut deutlich, daß am Führungsprozeß keineswegs nur die jeweiligen Vorgesetzten beteiligt sind, sondern in unterschiedlichem Ausmaß auch die jeweiligen Mitarbeiter. Dies wird ohne Schwierigkeit nachvollziehbar, wenn man darüber nachdenkt, wer innerhalb einer Arbeitsgruppe oder Abteilung am meisten zu deren Kohäsion beiträgt. Die Beantwortung einer derartigen Frage führt nicht selten zur Aufdeckung eines sogenannten "Führungsduals". Dies meint, daß der etablierte Vorgesetzte sich häufig ausschließlich oder doch überwiegend der Zielerreichung widmet, während einer oder mehrere seiner Mitarbeiter die Kohäsion besorgen. Auf diese Weise - und das heißt zugleich, weil der betriebliche Vorgesetzte nur einen Teil der Führungsfunktion wahrnimmt - entsteht nicht selten ein "informeller" Führer, der unter Umständen die etablierte Führungsposition durchaus konkurrenzieren kann. Ob dieser Fall tatsächlich eintritt, hängt allerdings weitgehend von der Art des praktizierten Führungsstils ab.

6.3. Führungsstile

Die Führungsstile werden - dem angloamerikanischen Sprachgebrauch folgend - zumeist als "autoritär" versus "demokratisch" bezeichnet. Diese Bezeichnungen sind aber problematisch. Einerseits zeigt sich nämlich, daß "nicht-autoritäres" Führungsverhalten - sofern es im Sinne der Zielerreichung erfolgreich ist - sogar einer besonderen Form von "Autorität" bedarf. Andererseits legt der Begriff "demokratisch" die Vorstellung nahe, daß eine solcherart gekennzeichnete Führung auf Mehrheitsabstimmungen beruhe, was tatsächlich kaum der Fall ist. Aus diesen Gründen wird hier ein anderes Begriffspaar bevorzugt, das, mehr beschreibend, "imperatives" und "kooperatives" Führungsverhalten unterscheidet.

Mit imperativen Führungsstilen sind Verhaltensweisen des Vorgesetzten gemeint, die im wesentlichen auf dem Erteilen von Weisungen und der Kontrolle der Erfüllung dieser Weisungen beruhen. Das kann z.B. bedeuten, daß
der Vorgesetzte einer Arbeitsgruppe die Verteilung der Funktionen und der
Aufgaben auf die einzelnen Mitglieder seiner Gruppe sowie die Arbeitsan-
weisungen bis in Einzelheiten selbst bestimmt und überwacht. Derartiges
Führungsverhalten beruht zumeist auf einem Menschenbild entsprechend
McGregors "Theorie X" und sieht dementsprechend Möglichkeiten zur Lei-
stungsmotivierung vorwiegend in finanziellen Anreizsystemen.

Mit kooperativen Führungsstilen sind demgegenüber Verhaltensweisen des
Vorgesetzten gemeint, die den Prozeß der Zielerreichung als gemeinsame
Aufgabe betrachten, die Mitarbeiter demzufolge an der Planung der Arbeit
beteiligen, ihnen Spielraum hinsichtlich der Arbeitsausführung gewähren,
sich nicht fortwährend um "Kleinigkeiten" kümmern und auf dauernde Überwachung verzichten. Derartiges Führungsverhalten beruht zumeist auf einem
Menschenbild entsprechend McGregors "Theorie Y" und sieht Möglichkeiten
zur Motivierung von Mitarbeitern vor allem in der Übertragung von Verantwortung im Sinne erweiterter Arbeitsinhalte und zunehmender Selbstregulation.

Kooperatives Verhalten von Vorgesetzten darf keinesfalls verwechselt werden mit "laisser-faire"-Verhalten. Laisser-faire bedeutet per definitio-
nem den Verzicht auf die Wahrnehmung der Lokomotions- und Kohäsionsfunktionen und ist damit eigentlich als "Nicht-Führungsstil" einzuordnen!

Die beiden genannten Führungsstile sind in Abbildung 8 grob schematisch
gegenübergestellt.

Aus der Darstellung in Abbildung 8 geht hervor, daß es durchaus verschiedene Grade imperativen und kooperativen Führungsverhaltens geben kann. Es
kann auch der Fall eintreten und gerechtfertigt sein, daß ein üblicherwei-
se kooperativ führender Vorgesetzter sich, situativ bedingt - etwa in einer Ausnahmesituation, z.B. bei akuter Gefahr - zu imperativem Verhalten
veranlaßt sieht.

Die Frage nach den Auswirkungen unterschiedlicher Formen des Führungsver-

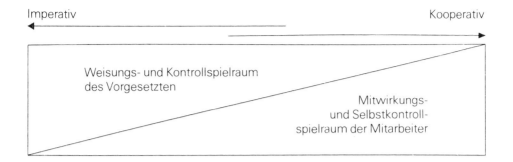

Abbildung 8: Schematische Darstellung verschiedener Formen des Führungsverhaltens.

haltens läßt sich nicht unabhängig vom jeweiligen Stand der allgemeinen
gesellschaftlichen Entwicklung und vom individuellen gesellschaftlichen
Bewußtsein der jeweils Betroffenen beantworten. Wissenschaftliche Untersuchungen und Berichte aus der betrieblichen Praxis zeigen indes, daß in
einer modernen Arbeitswelt imperatives Führungsverhalten eher als kooperatives Führungsverhalten zu Widerstand und Leistungszurückhaltung heraus-
fordert. Dieser Sachverhalt soll anhand eines Beispiels erläutert werden.

Bei diesem Beispiel handelt es sich um ein Feldexperiment in einem Betrieb
der textilverarbeitenden Industrie. Gefragt wurde nach dem Zusammenhang
von Produktivität und Grad der Beteiligung von Gruppen an ihre eigene Arbeit betreffende Entscheidungen. Untersucht wurde die Fragestellung am
Beispiel der Einführung einer neuen Arbeitsmethode, die in vier Gruppen
zum gleichen Zeitpunkt, aber mit unterschiedlichem Führungsverhalten vorgenommen wurde. In der Gruppe 1 wurden lediglich die Notwendigkeit der
Änderung mitgeteilt, der neue Akkordsatz erklärt und Fragen beantwortet.
In der Gruppe 2 wurde die Änderung eingehend erläutert und durch umfassende Information die Anerkennung ihrer Notwendigkeit erreicht. Einige der
Gruppenmitglieder konnten darüber hinaus an der Entwicklung der neuen
Methode mitarbeiten und ihren Kollegen bei deren Einführung behilflich
sein. In den Gruppen 3 und 4 wurde diese Art der Mitwirkung auf alle Grup-
penmitglieder ausgedehnt.

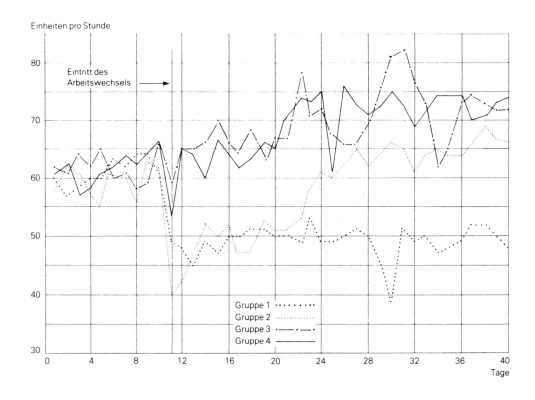

Einheiten pro Stunde

Abbildung 9: Produktivität und Beteiligung der Gruppen bei der Einführung
einer neuen Arbeitsmethode in einem Betrieb der textilverarbeitenden Industrie (nach: Coch und French, 1948)

Die Abbildung 9 zeigt die günstigsten Leistungen für die Gruppen mit dem
höchsten Grad der Mitwirkung bei Vorbereitung und Einführung der neuen Arbeitsmethode. Aus der Darstellung geht ferner hervor, daß die Gruppe 1
das vor Einführung der Änderung vorhandene Leistungsniveau nicht wieder
erreicht. Der symptomatische Leistungsrückgang wird in diesem Fall mehr
auf (vorsätzliche, aktive) Leistungszurückhaltung zurückgeführt als auf
(unbeabsichtigte, passive) Leistungsminderung. Tatsächlich entstanden hier
fast unmittelbar nach Einführung der neuen Methode Widerstand und Agressi-
vität gegen Betriebsleitung und Vorgesetzten. In den ersten vierzig Tagen
der Arbeit mit der neuen Methode kündigten 17 Prozent der Arbeiter dieser
Gruppe. Mit den verbleibenden Mitgliedern der Gruppe wurde einige Monate
später ein weiteres Experiment durchgeführt. Hier wurde der Gruppe der
gleiche Grad der Mitwirkung zugestanden wie früher den Gruppen 3 und 4,

deren günstigen Leistungsverlauf sie nunmehr ebenfalls erreichte.

Dieses Beispiel zeigt deutlich eine Anzahl jener Symptome, über die aus der betrieblichen Praxis häufig berichtet wird. Sie werden besonders augenfällig in Zusammenhang mit der Einführung technischer oder organisatorischer Veränderungen.

Eine Analyse von Untersuchungen (wie der oben erwähnten) und zahlreichen Fallstudien führt zu dem Ergebnis, daß sich die Vielfalt der in der Praxis vorfindbaren Symptome unangemessen - d.h. vornehmlich: imperativen - Führungsverhaltens weitgehend auf einige zentrale Symptome zurückführen läßt, wie sie in Abbildung 10 schematisch dargestellt sind.

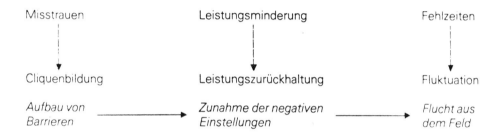

Abbildung 10: Schematische Darstellung von zentralen Symptomen unangemessenen Führungsverhaltens

In diesem Zusammenhang muß schließlich noch einmal betont werden, daß zwischen dem Führungsstil der Vorgesetzten, der Leistung einer Gruppe und deren Zusammenhalt gegenseitige Abhängigkeiten bestehen. Dies läßt sich sehr bildhaft am Ergebnis einer Untersuchung aufzeigen, die zwar aus dem militärischen Bereich stammt, aber ohne Schwierigkeiten auf betriebliche Situationen übertragbar gedacht werden kann. In dieser Untersuchung wurden Angehörige zweier amerikanischer Marineflieger-Einheiten aufgefordert, anzugeben, wen sie als Flugpartner bevorzugen bzw. ablehnen. Beide Einheiten bestanden aus je 17 Angehörigen des fliegenden Personals, einem Kommandanten (CO) und einem weiteren Vorgesetzten (XO).

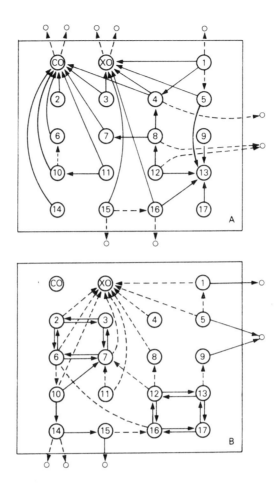

Abbildung 11: Gruppenbeziehungen in zwei militärischen Einheiten (nach
Jenkins, 1948)

——▶ Bevorzugung

- - - -▶ Ablehnung

Ein Vergleich der in Abbildung 11 wiedergegebenen Gruppenstrukturen dieser beiden militärischen Einheiten zeigt sehr deutliche und typische Unterschiede.

In der Einheit A fällt die größte Zahl der positiven Wahlen auf die beiden Vorgesetzten; in der Einheit B dagegen entfällt ein großer Teil der
negativen Wahlen auf den einen Vorgesetzten (XO), während der andere (CO)

offenbar gänzlich isoliert ist, da auf ihn weder Zustimmungen noch Ablehnungen entfallen. Darüber hinaus sind in der Einheit B zwei Cliquen erkennbar, deren Angehörige sich ausschließlich gegenseitig bevorzugen und
Außenstehende als unerwünscht bezeichnen. Eine ähnliche Cliquenbildung
ist im Soziogramm von A nicht erkennbar. Bemerkenswert ist schließlich,
daß Angehörige der Einheit B in größerer Zahl nicht dieser Einheit ange-
hörende Personen bevorzugen. In Einheit A dagegen werden Außenstehende
nur als unerwünscht bezeichnet, während Ablehnungen innerhalb der eigenen
Einheit zahlenmäßig vergleichsweise gering sind.

Nach dieser Analyse wird verständlich, daß über die Einheit A berichtet
wird, sie zeige guten Zusammenhalt und überdurchschnittliche Erfolge, während bei Einheit B das Gegenteil der Fall sei. Im übrigen ist ohne weiteres einsehbar, daß die geschilderten unterschiedlichen Strukturen einen
ursächlichen Zusammenhang mit den unterschiedlichen Formen des von den
jeweiligen Vorgesetzten praktizierten Führungsverhaltens aufweisen.

7. Selbstverständnis und zukünftige Aufgaben des Managers

• Der damalige Dozent für Unternehmensführung an der Harvard Business
  School und Consulent für Produktivitätsfragen bei den Vereinten Natio-
  nen, Seymour Tilles, hat sich vor einer Reihe von Jahren in der "Harvard Business Review" über die "Aufgaben des Managers - in systematischer Betrachtungsweise" geäußert. Sein Beitrag beginnt mit der Schil-
  derung einer Beobachtung, die so bemerkenswert wie beunruhigend ist,
  sofern sie keinen Einzelfall darstellt.

"Was tut ein Manager eigentlich?" Das war die Frage, die den Autor beschäftigte. Aus einer Gruppe von Vorarbeitern, denen er diese Frage
stellte, erhielt er zwei Arten von Antworten. Die eine lautete: "Das
ist der Typ, der den Leuten Anweisungen erteilt." Die andere lautete:
"Er sitzt in seinem Luxusbüro an der Ecke des Verwaltungsgebäudes und
fährt einen großen Wagen." Diese beiden Antworten mögen auf uns durchaus komisch oder gar lächerlich wirken. Aber vielleicht vergeht uns
das Lachen ein klein wenig, wenn wir hören, was die ebenfalls befragten Manager über ihre eigene Tätigkeit auszusagen wußten. Tilles bemerkt

dazu: "Die Vorarbeiter hatten ihre Antwort wenigstens auf eine zuver-
lässige Beobachtung aus erster Hand begründet." Die Manager selbst aber
gaben im wesentliche klischeehafte Antworten, indem sie z.B. sagten:
"Sie organisieren alles." Im übrigen aber war niemand in der Lage anzugeben, wer die bestehende Struktur des Unternehmens entwickelt hatte,
noch konnte jemand erklären, wieso gerade diese Struktur besser als irgendeine andere dazu beitragen soll, die Ziele des Unternehmens zu erreichen. An späterer Stelle seines Berichts schreibt der Autor aufgrund
seiner Beobachtungen: "In den meisten Firmen ist die Organisationsstruk-
tur lediglich Ergebnis eines zufälligen Entwicklungsprozesses" (Tilles
1963, 13).

● Vielleicht mag, was der Autor hier formuliert, für eine Reihe von Unternehmen durchaus zutreffen. Für viele andere Unternehmen trifft möglicherweise aber ein gänzlich anders gearteter Sachverhalt zu. Spätestens
seit der Analyse von Edgar Schein (1980) wissen wir nämlich, daß Strukturen von Unternehmen häufig und weitgehend eine Konsequenz von Annahmen über den Menschen, sogenannten Menschenbildern also, sind. Dies
ist insofern eigentlich gar nicht verwunderlich, als die Struktur eines
Unternehmens ja den Zweck hat, die Tätigkeiten der in ihm beschäftigten
Menschen festzulegen und auf das Unternehmensziel hin zu koordinieren.
Daß der Grad der vertikalen und horizontalen Arbeitsteilung, der Grad
der Hierarchisierung und Spezialisierung von Annahmen über die Fähigkeiten und Bedürfnisse der verfügbaren Menschen geprägt oder zumindest
beeinflußt wird, wird bei jeglicher Diskussion über alternative Arbeits-
oder Organisationsstrukturen deutlich. Da wird z.B. von den Frauen, die
zu Hause einen Haushalt organisieren, ein Budget einteilen und für einen Tag, eine Woche oder einen Monat im voraus disponieren und vieler-
lei komplexe Tätigkeiten zeitlich und inhaltlich koordinieren, die also eigentliche Haushaltsmanager sind - gesagt, sie seien unmöglich in
der Lage, einen Arbeitszyklus von mehr als vier Minuten zu bewältigen.
Oder es wird behauptet, es sei wider die menschliche Natur, daß die
gleiche Person, die eine Arbeit ausführe, die Qualität der geleisteten
Arbeit auch noch selbst prüfe. Obwohl jederman außerhalb seiner beruflichen Tätigkeit für die Folgen seines Verhaltens selbstverständlich
verantwortlich und gegebenenfalls auch haftbar gemacht wird. Gerade
solche Annahmen über den Durchschnittsmenschen verleiten uns aber dazu,

an Organisationsstrukturen festzuhalten, die aus dem ersten Fünftel dieses Jahrhunderts stammen - in der Hoffnung, mit diesen Strukturen die Probleme zu lösen, die sich uns im letzten Fünftel dieses Jahrhunderts stellen. So als hätte sich in uns und um uns herum nichts verändert. Ich möchte auf diese Zusammenhänge im folgenden etwas näher eingehen.

Seit dem Beginn dieses Jahrhunderts haben wir es im wesentlichen mit vier verschiedenen Menschenbildern zu tun, die in sehr unterschiedlicher Weise das Selbstverständnis von Managern und die Struktur von Unternehmungen beeinflussen. Zunächst findet sich da die - auch heute noch vorfindbare - Vorstellung vom Menschen als "economic man" oder "homo oeconomicus". Dieses Bild vom Menschen basiert auf der Annahme, der sogenannte Durchschnittsmensch sei im wesentlichen durch monetäre Anreize motiviert und handle nach der Maxime des größten Gewinns. Da die ökonomischen Anreize in der Hand des Unternehmens liegen, ist der Mensch innerhalb der Organisation vorwiegend passiv und lediglich Objekt, das durch die Organisation manipuliert und kontrolliert wird. Hieraus sind die klassischen Funktionen des Managers abgeleitet: nämlich Planen, Organisieren, Führen und Kontrollieren. Da das Unternehmen wesentlich als technisches System aufgefaßt wird, wird auch Führen vorwiegend als technischer Vorgang begriffen. Wie weit verbreitet diese Auffassung noch heute ist, wurde erst kürzlich von Tschirky (1981) gezeigt. Tschirky konnte aufgrund einer sorgfältigen Analyse der in den 100 größten Schweizer Unternehmen vorhandenen Führungsrichtlinien nämlich nachweisen, daß 83 % der in diesen Richtlinien enthaltenen Aussagen "eine technische Betrachtungsweise von Führung zum Ausdruck bringen" (Tschirky 1981, 35).

Die Folgen für die Struktur von Unternehmungen sind u.a. weitgehende Arbeitsteilung, individuelle Anreizsysteme, kleine Leitungsspannen, formelle Regeln, sorgfältige Stellenbeschreibungen, straffe Hierarchie und Zentralisierung der Entscheidungsstrukturen. Ich muß nicht eigens begründen, daß es sich hier zugleich um einen Niederschlag tayloristischer Vorstellungen von Ablauf- und Aufbauorganisation handelt. Im übrigen ist die Übereinstimmung mit der von McGregor so genannten Theorie X offensichtlich.

Im folgenden findet sich sodann ein Menschenbild, das auf den Annahmen der Human-Relations-Bewegung basiert und von der Vorstellung des Menschen als eines "social man" ausgeht. Hier wurde angenommen, der Mensch sei im wesentlichen durch soziale Bedürfnisse motiviert und werde demzufolge in seinem Verhalten auch besonders von den sozialen Normen seiner Arbeitsgruppe bestimmt. Da im übrigen als Folge der industriellen Revolution die Arbeit sinnentleert sei, müsse durch die Schaffung entsprechender sozialer Beziehungen ein Ersatz geschaffen werden. Das Unternehmen wurde wesentlich als soziales System verstanden und Führen als sozialer Vorgang begriffen. Für den Manager leitete sich daraus die besondere Aufgabe der sozialen Anerkennung der Mitarbeiter und der Sorge für das Entstehen sowie die Pflege guter zwischenmenschlicher Beziehungen und die besondere Förderung von Teamarbeit ab. Für die Struktur der Unternehmungen hatte dies zur Folge, daß Informations- und Kommunikationsprozessen innerhalb der Organisation besondere Beachtung geschenkt wurde, daß Aufbau und Förderung von Arbeitsgruppen systematisch betrieben, Übereinstimmung von formaler und informaler Organisation angestrebt und Gruppenanreizsysteme an die Stelle von individuellen Anreizsystemen gesetzt wurden.

Das dritte Menschenbild, das in unserem Zusammenhang eine Rolle spielt, ist das des Menschen, der nach Selbstentfaltung und Selbstverwirklichung strebt. "Self-actualizing man" hat Schein dieses Konzept genannt. Es geht davon aus, daß der Mensch nach Autonomie und Selbstkontrolle strebt. Dadurch wird der Mensch innerhalb des Unternehmens aktiv, er wird Subjekt seiner eigenen Handlungen, deren Ergebnisse auch von ihm selbst überprüft werden. Für das Selbstverständnis des Managers muß ein solches Menschenbild zur Folge haben, daß er seine Aufgabe nicht mehr so sehr im Einwirken und Kontrollieren, sondern vielmehr im Anregen, Unterstützen und Fördern sieht. Für sein Verständnis von Autorität bedeutet dies zugleich, daß die - nicht weiter hinterfragte - formale Amtsautorität ersetzt oder zumindest ergänzt werden muß durch die - stets neu unter Beweis zu stellende - funktionale Fachautorität. Unter den sogenannten Führungstechniken hat hier natürlich in erster Lnie das "Management by objectives", die Führung durch Zielvereinbarung, ihren Platz, die auf gar keinen Fall mit der etwa im Harzburger Modell vorgesehenen Zielvorgabe verwechselt werden darf. Das Unternehmen wird als

soziotechnisches System aufgefaßt. Dies hat zur Folge, daß eine Optimierung nur der technischen Struktur oder nur der sozialen Struktur gar
nicht für möglich gehalten wird. Optimierungsprozesse müssen vielmehr
immer das soziotechnische System insgesamt betreffen. Für die Unternehmensstrukturen würde die Akzeptanz eines solchen Menschenbildes die Aufhebung extremer Arbeitsteilung durch Verbindung vorbereitender, instand-
haltender und kontrollierender mit ausführenden Tätigkeiten zur Folge
haben, aber auch die Schaffung flacher Hierarchien und dezentralisierter
Entscheidungsstrukturen mit Möglichkeiten der Mitbestimmung am Arbeitsplatz. Für eine solche Struktur sind rigide Stellenbeschreibungen und
ausschließlich ökonomische Anreizssysteme eher hinderlich. Aus solchen
Strukturen sind schließlich auch neue Lohnformen wie etwa der Polyvalenzlohn entstanden. Beispiele für solche Strukturen mehren sich rasch.
Erfolgreiche Beispiele sind mit Namen wie Volvo, Olivetti, Saab, Gene-
ral Foods, Harman Factories und vielen anderen verknüpft. Auch in der
Schweiz nehmen das Interesse und die tatsächlichen Bemühungen in dieser Richtung ständig und in zum Teil sehr eindrücklicher Weise zu.

Vermehrt wird nun gerade in den letzten Jahren darauf hingewiesen, daß
es - wie Wolfgang Staehle dies formuliert hat - "keine generell gültigen Handlungsalternativen und kein generell gültiges Bild vom Menschen
gibt, sondern lediglich Abbilder von in konkreten Situationen handeln-
den Menschen" (Staehle 1980, 1312). Diese Annahme ist wiederum mit einem bestimmten Menschenbild verknüpft, das wir als Konzept des "complex
man" zu bezeichnen gelernt haben. Dieses Konzept geht zunächst davon
aus, daß die einseitige Betonung der ökonomischen Bedürfnisse im Bild
des economic man ebenso wie die einseitige Betonung der sozialen Bedürfnisse im Bild des social man als absolut unzulässige Vereinfachung an-
zusehen sind. Vielmehr haben die Menschen auch in bezug auf die Arbeit
vielfältige Bedürfnisse, deren Hierarchie durchaus einem Wandel unterliegt und zu einer bestimmten Zeit nicht für alle Menschen in gleicher
Weise gelten muß. Für den Manager hat dies zur Folge, daß er vor allem
Situationen diagnostizieren können muß, daß er Unterschiede von Personen und Situationen und von Beziehungen zwischen Personen und Situationen erkennen können muß und daß er sein eigenes Verhalten situationsge-
mäß variieren können muß. Für die Struktur von Unternehmungen bedeutet
die Anerkennung einer Vielfalt menschlicher Bedürfnisse und deren in-

terindividueller Unterschiedlichkeit einen teilweisen Verzicht auf generelle Lösungen, ein hohes Maß an Flexibilität sowie die Schaffung von Möglichkeiten zur Individualisierung von Arbeitstätigkeiten, entsprechend dem früher von mir formulierten Prinzip der differentiellen Arbeitsgestaltung (Ulich 1978). Darüberhinaus gilt das, was vorher über Mitbestimmung am Arbeitsplatz, dezentralisierte Entscheidungsstrukturen, Stellenbeschreibungen und Lohnsysteme gesagt wurde, mutatis mutandis auch hier.

Wenn wir diese - hier ja nur sehr grob skizzierten - Zusammenhänge zwischen Menschenbildern und Unternehmungsstrukturen abschließend überdenken, wird uns die Notwendigkeit deutlich, sich gerade auch als Manager Klarheit über das eigene Menschenbild zu verschaffen und dessen Bedeutung für das alltägliche Geschäft zu reflektieren. Zugleich wird aber auch verstehbar, weshalb nach der Beobachtung von Tilles, aber übrigens auch nach meinen eigenen Erfahrungen tatsächlich viele Manager nicht begründen können, weshalb gerade diese Unternehmensstruktur besser als irgendeine andere für die Erreichung der Unternehmensziele besonders gut geeignet sein soll. Vielleicht akzeptieren wir sogar die Äußerung von Tilles, daß wir uns "auf dem Gebiet der formalen Organisation" noch immer "auf dem Niveau des Bastlers" befinden (1963, 13). Jedenfalls aber können wir wohl der Feststellung von Lichtman und Hunt (1971, 271) zustimmen, daß eine Organisationstheorie nicht besser sein kann als die Annahme, die sie über die menschliche Persönlichkeit macht.

● Wenn auch die Herkunft der Struktur im einzelnen häufig nicht erkennbar oder erklärbar ist, so besteht doch gerade unter Managern ein weit verbreitetes Bedürfnis nach Orientierung darüber, wie gut die Struktur des Unternehmens, in dem sie beschäftigt sind, tatsächlich funktioniert. Hier aber stoßen wir abermals auf Schwierigkeiten, die uns in Zukunft vermutlich noch erheblich zu schaffen machen werden. Es sind dies Schwierigkeiten, die aus den traditionellen Ansätzen betrieblicher Kosten-Nutzen-Analysen systematisch entstehen und die dazu führen, daß wir über das Funktionieren von Unternehmensstrukturen ökonomisch viel weniger aussagen können, als dies tatsächlich wünschenswert ist und erforderlich sein kann. Dazu ist hier zunächst zweierlei zu bemerken. Erstens sind häufig bestimmte, gerade für einen Vergleich von Arbeits- und Orga-

nisationsstrukturen relevante Kostenarten in den Unternehmen nur ungenügend bekannt oder nicht isoliert ausgewiesen. Dies gilt für die infolge
von Absenzen und Fluktuation entstehenden Kosten, die vermutlich in der
Mehrzahl der Unternehmen nicht exakt ermittelt oder auch nur geschätzt
und außerdem den Gemeinkosten zugerechnet werden. Der aus einer Reduzierung von Absenzen und Fluktuation als Folge der Einführung alternativer
Arbeits- oder Organisationsstrukturen entstehende Nutzen ist in solchen
Fällen also gar nicht ohne weiteres erfaßbar, da es ja keine Vergleichs-
werte gibt. Die Folgerung liegt auf der Hand: Um alternative Arbeits-
und Organisationsstrukturen angemessen beurteilen zu können, müssen die
Wirtschaftlichkeitsrechnungen in zahlreichen Fällen präzisiert, differenziert und erweitert werden. Nur am Rande sei darauf aufmerksam gemacht, das Thommen (1981) erst kürzlich belegt hat, daß Fluktuations-
kosten der schweizerischen Wirtschaft jährlich Milliardenverluste ver-
ursachen. Zweitens ist aber darauf hinzuweisen, daß manche Folgen der
Einführung alternativer Arbeits- und Organisationsstrukturen auch bei
ernsthaftem Bemühen um eine Verfeinerung der betriebswirtschaftlichen
Kosten-Nutzen-Analysen gar nicht ohne weiteres und eindeutig monetär
quantifizierbar sind. So sind zwar etwa die Aufwendungen für die Qualifizierung von Mitarbeitern und die Erhöhung der Flexibilität von Arbeitssystemen errechenbar; der langfristige Nutzen daraus dürfte einer ein-
deutigen Quantifizierung aber nur schwer zugänglich sein.

Offensichtlich besteht aber ein erhebliches und zunehmendes Bedürfnis
nach Rechenbarkeit derartiger Daten. Dies geht aus einer ganzen Anzahl
neuerer Hinweise auf die Notwendigkeit einer "Buchführung über Humanvermögen" oder das sogenannte "Human resource accounting" hervor. Dieses Bedürfnis artikuliert sich gerade neuerdings etwa, wenn es darum
geht zu entscheiden, ob und gegebenenfalls mit welchen Folgen für die
Struktur eines Unternehmens neue Technologien beschafft und eingesetzt
werden sollen. Gerade hier haben wir in einer Vielzahl von Fällen eine
ungenügende und für viele Manager natürlich auch unbefriedigende Ent-
scheidungsbasis. Gerade hier aber gilt es, eine Aussage von Likert
(1975, 179) erneut zu bedenken:

"Wenn man Kosten und möglichen Nutzen der Buchführung über Humanvermögen gegeneinander abwägt, dann sollte man auch in Betracht ziehen, daß

die derzeit übliche Praxis, einen Bruchteil der Aktiva eines Unternehmens mit hoher Präzision zu erfassen und Aktiva etwa desselben oder noch größeren Werts völlig unberücksichtigt zu lassen, eine bedenkliche Unausgewogenheit darstellt. Die Bilanzen eines Unternehmens wären viel aussagekräftiger und genauer, wenn allen Aktiva des Unternehmens in etwa die gleiche Aufmerksamkeit geschenkt würde."

Im übrigen aber trägt der Umstand, daß wir die Güte von Arbeitssystemen und Unternehmensstrukturen als Ergebnis eines Kosten-Nutzen-Kalküls nicht ohne weiteres ausweisen können, vermutlich nicht unerheblich dazu bei, daß wir uns bei der Strukturierung von Unternehmungen manchmal eher auf unser Menschenbild verlassen als auf tatsächlich verfügbare Daten und daß im Alltag des Managers Intuition, Ahnung und Berufung auf allgemeine Erfahrung eine wesentlich größere Rolle spielen, als manchmal angenommen wird.

Mangelnde Kalkulierbarkeit des eigenen Trachtens und Wirkens in einer nicht immer ohne weiteres zu durchschauenden und möglicherweise kaum zu beeinflussenden Struktur kann wiederum nicht ohne Rückwirkung auf das eigene Selbstverständnis bleiben. So können sich hier - vor allem bei Managern mittleren und höheren Lebensalters - Befürchtungen entwickeln, wie sie in einem vor einigen Jahren im "Manager-Magazin" (1973) erschienenen Bericht einmal genannt worden sind. Dazu gehören nach den Angaben der für die dort beschriebene Untersuchung befragten Manager vor allem

- die Befürchtung, nicht den richtigen Führungsstil zu praktizieren,
- die Befürchtung, nicht anerkannt zu werden,
- die Befürchtung, von Kollegen überrundet zu werden,
- die Befürchtung, den Anschluß an die fachliche Entwicklung zu verlieren (Halbwertzeit vor allem der technischen Kenntnisse!).

Neuerdings kommt Cooper aufgrund der Ergebnisse einer recht sorgfältigen Untersuchung zu einem ähnlichen Schluß:

"Im mittleren Lebensalter und gewöhnlich auf der Ebene des mittleren Managements treten dann Karriereprobleme auf. Die meisten leitenden Angestellten sehen ihr Fortkommen verzögert, wenn nicht gar völlig gebremst. Berufliche Chancen ergeben sich seltener, ... in der Vergangenheit liegende (falsche?) Entscheidungen sind nicht mehr rückgängig zu machen, früheres Wissen und Methoden veralten, Energien versiegen oder werden von der Familie beansprucht, und im Konkurrenzkampf ist man dem Druck von frischen, jungen Nachwuchsleuten ausgesetzt" (Cooper 1981a, 39).

Die erst kürzlich von Cooper (1981 b) vorgelegte Untersuchung über Manager in Großunternehmen kommt darüber hinaus zu interessanten Differenzierungen. Die erste Differenz lautet: "Vertreter des mittleren und höheren Managements sehen sich in einem signifikant höheren Druck durch Einschränkungen, Vorschriften, Regeln, die die Firma ihnen auferlegt, ausgesetzt, als dies im unteren Managementbereich der Fall ist" (298). Die zweite Differenzierung geht dahin, daß die Manager in mittleren Positionen höhere Streßwerte durch lange Arbeitszeiten aufweisen als die höhergestellten Manager (299). Wörtlich heißt es weiterhin: "Zeitdruck, hohe Verantwortung, Schwierigkeiten im Umgang mit Untergebenen, Mangel an Autonomie und die Sorge um Aufstiegschancen sind die Hauptthemen des Managers in mittlerer Position. Unglücklicherweise sind auch dessen Zufriedenheitswerte zu niedrig, um diese Ergebnisse ausgleichen zu können. Daraus müssen wir schließen, daß ein großer Teil dieser Gruppe sich unter Streß fühlt" (Cooper 1981 b, 301).

Eines der besonderen und zusätzlichen Probleme besteht für Manager darin, daß es zu ihrem Selbstverständnis zu gehören scheint, über derlei Probleme nicht zu sprechen. Daheim nicht und auch im Betrieb nicht. Dadurch fehlt ihnen aber eine bestimmte Form von sozialer Unterstützung, weil sie z.B. nicht wissen, ob ihre Kollegen und Vorgesetzten solche Befürchtungen ebenfalls hegen oder ob sie damit allein sind. Dieses Fehlen von sozialer Unterstützung wird aber nach allem, was wir darüber wissen, als besonders bedrückend empfunden und verstärkt das Gefühl von Streß möglicherweise erheblich.

Auch die höheren Manager beklagen sich zwar über lange Arbeitszeiten, Mangel an Autonomie, Probleme bei Entscheidungen und Führungsprobleme. "Es sieht allerdings so aus", schreibt Cooper (1981 b, 301), "als ob ein größerer Teil der höheren Manager ... sich durch die Anerkennung, die sie erhalten, und durch den Einfluß, den sie haben, ausreichend entschädigt fühlen". Insgesamt kommt Cooper zu dem Schluß, daß es sich hier um "ein ernstzunehmendes Problem" handle und daß generell die Möglichkeit für eine Mitbestimmung "auch in den Reihen des mittleren und gehobenen Managements verbessert werden müsse" (303).

In Übereinstimmung mit dieser Einsicht zeigen Erfahrungen aus den letzten Jahren immer wieder, daß gerade unter den jüngeren Managern der Wunsch wächst und auch artikuliert wird, mehr darüber zu wissen, was innerhalb und außerhalb des Unternehmens vorgeht. Man möchte wissen, warum eine Entscheidung so oder so getroffen worden ist. Man möchte die Verpflechtungen des Unternehmens mit seiner Umwelt kennenlernen und Begründungen für die oft zitierten "Sachzwänge" erfahren. Man möchte wissen, welche technologischen Neuerungen wann, warum und mit welchen Folgen eingeführt werden. Man möchte wohl auch wissen, wie das eigene Unternehmen in fünf oder in zehn Jahren aussehen wird; schließlich möchte man darauf nach Möglichkeit auch einen Einfluß nehmen können. Gerade unter jüngeren Managern scheint sich dieses Bedürfnis nach Durchschaubarkeit, Vorhersehbarkeit und Beeinflußbarkeit der Lebens- und Arbeitsbedingungen in neuerer Zeit erheblich deutlicher zu artikulieren, als dies früher der Fall war. Derartigen Bedürfnissen Rechnung zu tragen, scheint um so wichtiger, als wir - wiederum vorwiegend, aber doch nicht ausschließlich unter jüngeren Managern - hier und da eine gewisse Tendenz zur Karriereverweigerung erkennen können. Viele von uns haben ja tatsächlich Kenntnis von dem einen oder anderen, der nicht weiter aufsteigen will; dem genügt, was er hat; der nicht noch am Feierabend oder am Wochenende über sein Geschäft nachdenken will; der mehr von seiner Lebenszeit für sich und seine Familie haben will; der einfach nach mehr Lebensqualität strebt. Mein amerikanischer Kollege Michael Maccoby hat aufgrund intensiver Analysen von Managerverhalten und Managerwünschen in seinem Buch "Gewinner um jeden Preis" dazu einige Beobachtungen mitgeteilt. Sein Buch schließt mit folgender Feststellung: "So wie die Dinge in den meisten Unternehmen in führenden Universitäten und in Bürokratien stehen, leben die erfolgreicheren Manager als Sklaven ihrer Karrieren und als sich und anderen Entfremdete. Es gibt einige, die diesen Preis nicht zahlen wollen. Sie erledigen ihre Arbeit und ziehen sich lieber vom Wettbewerb als von ihrem Ich zurück. Bis die Arbeit verändert worden ist, werden die begabtesten Menschen vor dieser Wahl stehen" (Maccoby 1977, 215). Es scheint mir offensichtlich, daß hier der allgemeine Wertwandel, der sich in unserer Gesellschaft vollzieht, seinen besonderen Niederschlag findet.

● Inzwischen werden weltweit Modelle über alternative Arbeits- und Organisationsstrukturen erprobt. In zahlreichen Industrieländern gibt es Regierungsprogramme und öffentlich geförderte Forschung, in vielen Fällen sind deren Ergebnisse in die Gesetzgebung eingegangen. Was in den anglo-amerikanischen Sprachgebieten unter der Bezeichnung "Quality of Working Life" getan wird, nennt man in den deutschsprachigen Ländern "Humanisierung des Arbeitslebens". Auch in der Schweiz wird es ein Nationales Forschungsprogramm "Arbeitswelt: Humanisierung der Arbeit und technologische Entwicklung" geben.

"Als human bezeichnen wir eine Arbeitstätigkeit, die die psychophysische Gesundheit des Arbeitstätigen nicht schädigt, sein psychosoziales Wohlbefinden nicht oder allenfalls vorübergehend - beeinträchtigt, seinen Bedürfnissen entspricht, individuelle und/oder kollektive Einflußnahme auf Arbeitsbedingungen wie Arbeitssysteme ermöglicht und zur Entwicklung seiner Persönlichkeit im Sinne der Förderung seiner Handlungskompetenz beizutragen vermag" (Ulich 1981, 13).

Interessanterweise stößt aber die Forderung nach einer Humanisierung der Arbeit bei Managern hier und da auf Abwehr und Widerspruch. Die einen argumentieren, mit der Verwendung des Begriffes "Humanisierung" werde unterstellt, daß die betriebliche Situation den Ansprüchen an eine humane Arbeitswelt nicht entspreche; sie begreifen schon den Terminus als Vorwurf, den es abzuwehren gilt. Die anderen argumentieren, Humanisierung sei schon recht, aber schließlich müsse vor allem die Wirtschaftlichkeit Vorrang haben. Sie begreifen Wirtschaftlichkeit allerdings zumeist in einem sehr eingeschränkten Sinn. Die einen stimmen mit den anderen merkwürdigerweise aber darin überein, daß zwischen Humanität und Wirtschaftlichkeit letztlich ein Zielkonflikt bestehe. Beide reflektieren allerdings kaum je die Konsequenz einer solchen Annahme. Sie würde schließlich heißen, daß Wirtschaftlichkeit nur auf Kosten von Humanität zu erreichen sei. Ich möchte nicht entscheiden, welche Einstellung oder Einsicht sich hinter dieser Abwehr verbirgt. Bemerkenswert ist aber, daß die einen wie die anderen zumeist gar nicht in der Lage sind, stichhaltige Belege für die Güte ihrer Argumentation beizubringen. Beide aber neigen leicht dazu, die Stichhaltigkeit der von Vertretern anderer Positionen vorgebrachten Belege auf jeden Fall einmal zu bezweifeln und deren Argumentation im einzelnen auch nicht so genau zur Kenntnis zu nehmen. Die Diskussion um das viel und falsch zitierte Volvo-Beispiel und die ständigen Versuche, solche und andere gut und produktiv arbeitende Strukturen totzusagen, sind ein eklatantes Beispiel dafür. Eine ganze Palette von Erfahrungen aus den letzten Jahren veranlaßt mich zu vermuten, daß das Festhalten an den vertrauten Strukturen auf Befürchtungen zurückzuführen sein könnte, die eigene - ohnehin sehr schwierige - Position werde durch alternative Strukturen zusätzlich bedroht oder sogar in Frage gestellt.

● Wie sollen nun aber Arbeitssysteme und Organisationsstrukturen aussehen, die unseren heutigen Vorstellungen entsprechen, und welche Art von Tätigkeit soll den Managern darin zukommen?

Um diese Fragen zu beantworten, müssen wir einige Einschätzungen der zukünftigen Entwicklung vornehmen, die - wie man gleich sehen, aber auch verstehen wird - hier nur von sehr allgemeiner Art sein können. So möchte ich zunächst daran erinnern, daß einmal geschätzt wurde, die Welt des Jahres 2000 werde sich von der Welt des Jahres 1980 etwa so unterscheiden, wie die Welt des Jahres 1980 von der des Jahres 1930. Das können wir leicht verstehen, wenn wir hören, daß nach den Schätzungen eines großen westdeutschen Unternehmens aus der Elektrik- und Elektronikindustrie 50 bis 75 Prozent der im Jahre 1990 vorfindbaren Arbeitstätigkeiten heute weder bekannt noch im einzelnen vorstellbar sind. Dieser Sachverhalt wird damit begründet, daß einerseits die Produkte einem raschen Wechsel unterliegen, andererseits sich die Verfahren zur Herstellung auch schon bekannter Produkte infolge der technischen Weiterentwicklung und gleichzeitigen Verbilligung der neueren Technologien ebenfalls rasch ändern werden. So kann man beispielsweise durchaus annehmen, daß ein

großer Teil der heute mit erheblichem Aufwand in zahlreichen Betrieben
eingeführten Bildschirmarbeitstätigkeiten bereits in zehn Jahren - vielleicht sind es schließlich auch 15 Jahre - in der gleichen Form bereits
nicht mehr existiert. Das heißt: das Unternehmen der Zukunft braucht eine
Struktur und ein Management, die am geplanten Wandel orientiert sind.
Die steigenden und wechselnden Anforderungen aus der Umwelt werden zu
ihrer Bewältigung ein zunehmendes Maß an Flexibilität verlangen. Die
meisten der international an solchen Problemen arbeitenden Experten sind
sich darüber einig, daß dazu flache Unternehmensstrukturen notwendig sind
mit weniger hierarchischen Ebenen, als sie als späte Folge des tayloristischen Menschenbildes noch immer vorfindbar sind (vgl. Trist 1981). Damit die notwendige Flexibilität erreicht und zugleich die wachsenden
Bedürfnisse nach Mitwirkung und Einflußnahme erfüllt werden können, muß
mit der flacher werdenden hierarchischen Struktur eine Dezentralisierung
der Entscheidungen nach dem Subsidiaritätsprinzip und eine eindeutige
Hinwendung zu einem - dem Menschenbild des "complex man" angemessenen -
partizipativen Führungsverhalten verbunden sein.

Unternehmen als lernende Systeme werden dazu übergehen müssen, einige
Elemente ihrer bisherigen Struktur daraufhin zu überprüfen, ob sie nicht
dem raschen Wechsel in den Anforderungen eher hinderlich sind. Dazu gehören rigide Stellenbeschreibungen, die - heute mühselig erstellt -
morgen vielleicht gar keine Gültigkeit mehr haben und einer notwendigen
Veränderung, insbesondere aber der weltweit beobachtbaren Tendenz zur
Überwindung extremer Formen der Arbeitsteilung, im Wege stehen. Dazu gehören manchmal auch die Organigramme, die bisweilen ein "Kästchendenken"
bewirken und dann Veranlassung sind, daß Manager einander eher konkurrenzieren anstatt zu kooperieren. Dazu gehören Lohnsysteme, die heute
schon den Verhältnissen kaum noch gerecht werden. Wir werden in diesem
Zusammenhang vermehrt Vorschläge prüfen müssen, die darauf hinauslaufen,
jemanden vermehrt für sein Wissen und seine Bereitschaft, sich fortlau-
fend relevantes neues Wissen anzueignen, zu bezahlen als lediglich für
das, was er tut. Dies ist wichtig deshalb, weil sich die Arbeitsrollen
in zahlreichen Unternehmen in den nächsten Jahren rasch und wiederholt
verändern werden und wir darauf angewiesen sind, daß die Qualifikationen
zur Bewältigung solcher Veränderungen auch wirklich vorhanden sind.

Die Notwendigkeit für ein verändertes Rollenverständnis ergibt sich im übrigen insbesondere auch für die Meisterebene, die ganz im Gegenteil zu ihrer praktischen Bedeutung bisher kaum zum Gegenstand arbeitswissenschaftlicher Analysen und Bemühungen gemacht worden ist. Die zukünftige Struktur wird vermehrt darauf angewiesen sein, daß Meister ihre Rolle vor allem in der Unterstützung und Ausbildung der ihnen unterstellten Mitarbeiter sehen und darüber hinaus wesentlich mehr als bisher üblich in Planungsaufgaben einbezogen werden; damit werden sie quasi zum unteren Management, was sie heute keineswegs überall sind. Und noch zu einem letzten Element: Es ist ein Trend erkennbar, der unsere Unterstützung verdient, die Qualitätskontrolle - wo immer und so weitgehend wie möglich - in die Arbeitstätigkeit einzubauen nach dem Grundsatz: "Qualität wird produziert, nicht hineingeprüft."

Was bedeutet das alles für die zukünftigen Aufgaben und das für die Bewältigung der vor uns stehenden Aufgaben notwendige Selbstverständnis des Managers? Für die Aufgaben bedeutet es zunächst, daß wir uns darauf vorbereiten müssen, immer besser ausgebildetete, selbstbewußte und kritische Menschen zu führen und zunehmend mehr Verständnis aufzubringen für das, was außerhalb des Unternehmens in der Gesellschaft vorgeht. Das heißt auch, daß wir uns immer weniger auf verliehene Autorität werden verlassen können, sondern Autorität sich immer erneut wird beweisen müssen. Schließlich ist ein Unternehmen nicht nur ein soziotechnisches System, sondern auch ein offenes System, das von der Entwicklung in der Gesellschaft nicht einfach abstrahieren kann [1]. Konkreter bedeutet die zukünftige Entwicklung der Unternehmensstrukturen - in Übereinstimmung mit unserem Menschenbild -, daß Manager sich nicht mehr so sehr um das alltägliche Geschäft der ihnen unterstellten Mitarbeiter kümmern, sondern mit diesen gemeinsam vor allem Zielvereinbarungen treffen und Ursachen für allfällige Soll-Ist-Differenzen analysieren. Im übrigen aber werden sich Manager in Zukunft vor allem um die Regelung der Grenzbedingungen, um die Diagnose der stets wechseln-

---

1) "A firm can no longer be managed as if it were a separate entity, and a variety of external or contextual factors must be taken into account" (Evered 1981, 8).

den Situation und die daraus abzuleitende Planung der näheren und weiteren Zukunft zu befassen haben. Wenn der Manager sich mehr und mehr als Diagnostiker der Situation und Planer der Zukunft verstehen muß, dann heißt das auch, daß er vermehrt proaktiv lernen muß, anstatt reaktiv - d.h. vergangenheitsorientiert - zu lernen. Vermehrt werden wir auch lernen müssen, mit Ungewißheiten, uneindeutigen Situationen und Widersprüchen umzugehen. Sie werden vermutlich noch mehr, als dies bisher schon der Fall ist, die Rolle des zukünftigen Managers bestimmen.

Wenn wir diese Umrisse zukünftiger Strukturen - die einige Unternehmen ja bereits erkennen lassen - und die daraus abgeleiteten Vorstellungen über Aufgaben und Selbstverständnis von Managern betrachten, müssen wir zu dem Schluß kommen, daß die Anforderungen an die Manager noch erheblich zunehmen werden und daß damit notwendigerweise auch die Ausbildungsanforderungen höher sein werden als je zuvor. Damit verbunden ist nun aber auch die Forderung, daß diese Ausbildung nicht einfach als ein dem Beruf vorangehender Lebensabschnitt betrachtet werden darf, sondern daß ein lebenslanges, kontinuierliches und veränderungsbewußtes Lernen ermöglicht werden muß. Wem abverlangt wird, daß er ständig weiterlernt, um wechselnde Situationen zukunftsorientiert bewältigen zu können, dem muß dies als Bestandteil seiner Aufgabe verdeutlicht werden und dem müssen konsequenterweise auch die Zeit und die Gelegenheit zum Lernen eingeräumt werden. So sollten wir etwa, anstatt bei den geringsten Anzeichen einer erschwerten Wirtschaftslage als erstes an den Ausbildungskosten zu streichen - und damit eine vergangenheitsorientierte Einstellung zu belegen - lieber darüber nachdenken, ob wir nicht Managern z.B. Bildungsurlaube ermöglichen können. Unter dem Aspekt einer Buchhaltung über Humanvermögen würden wir hier mit Gewißheit nicht nur Kosten zu verrechnen, sondern zumindest langfristig auch erheblichen Nutzen zu verbuchen haben. Damit würden wir den Managern wohl eher gerecht, als wenn wir den Weg weitergehen, ihnen ständig neue Verantwortungen aufzubürden, ohne sie zugleich in die Lage zu versetzen, sich für das Tragen dieser Verantwortung auch entsprechend zu rüsten.

• Es wäre entweder naiv oder aber leichtfertig, nicht wahrhaben zu wollen, daß unsere Wirtschafts- und Arbeitswelt tiefgreifenden Veränderungen ausgesetzt ist. Die Vernetzungen der Volkswirtschaften, die technologischen Innovationen, die Ungewißheiten über die Ressourcen, die Veränderungen der Werte in unserer Kultur verlangen von einer ständig größer werdenden Anzahl von Unternehmungen strukturelle Überlegungen, die den Übergang von der industriellen in die nachindustrielle Gesellschaft bewältigen helfen. Dabei kann es nicht darum gehen, Leistung in Frage zu stellen; vielmehr muß es darum gehen, die Frage zu stellen, unter welchen Umständen die für die Zukunftsbewältigung erforderliche Leistung optimal erbracht werden kann. Dem Manager kommt in diesem Prozeß eine bedeutsame und entscheidene Aufgabe zu. Ich denke, wir alle müssen unseren Beitrag dazu leisten, ihn in die Lage zu versetzen, daß er diesen Auftrag auch erfüllen kann. Mit Schwarzmalerei ist uns dabei ebenso wenig gedient wie mit Schönfärberei. Mutig den Kopf in den Sand stecken kann schließlich keine brauchbare Alternative sein zu dem Versuch, die eigene Situation gründlich zu analysieren und sich an der Gestaltung der Zukunft aktiv zu beteiligen.

8. Schlußfolgerungen für die betriebliche Praxis

Unsere Gesellschaft befindet sich offenbar in einer Phase tiefgreifenden Wertwandels, der seiner Natur entsprechend auch die Einstellungen zum Betrieb und zur Arbeit betrifft. Gleichzeitig erleben wir im Bereich der Mikroelektronik eine technologische Entwicklung von bisher ungekannter Geschwindigkeit und mit vermutlich sehr weitreichenden, aber noch keineswegs hinreichend bekannten Auswirkungen. Damit stellt sich die Frage, ob die Anforderungen der Zukunft mit den zum großen Teil aus dem ersten Viertel dieses Jahrhunderts stammenden Organisations- und Führungsprinzipien noch bewältigt werden können. Die Antwort liegt auf der Hand und erscheint durch die Ausführungen der hier vorliegenden Schrift hinreichend begründet. Dennoch sollen abschließend stichwortartig einige allgemeine Schlußfolgerungen gezogen werden, die dem einen oder anderen möglicherweise als Grundlage für die Erstellung einer den jeweiligen betrieblichen Bedürfnissen entsprechenden "Checkliste" dienen können:

- Führungsrichtlinien formulieren; dadurch
  - das die Unternehmenspolitik bestimmende Menschenbild erkennbar

machen,

- den Vorgesetzten Orientierungshilfen für den Umgang mit Mitarbeitern
  an die Hand geben,
- den Mitarbeitern ohne Vorgesetztenfunktion einen Bezugsrahmen für mögliche Erwartungen vermitteln.

- Das tayloristische Prinzip der 'Trennung von Denken und Tun' überwinden;
  dadurch
  - das für die Zukunft der Unternehmung erforderliche Qualifikationspo-
    tential fördern,
  - die Realisierung partizipativer Führungsstile ermöglichen,
  - den Mitarbeitern ohne Vorgesetztenfunktion Möglichkeiten zur qualifi-
    zierten Mitwirkung schaffen.

- Die möglicherweise vorwiegende Verwendung finanzieller ('extrinsischer')
  Anreize überprüfen; dadurch
  - das Menschenbild des ausschließlich oder doch überwiegend finanziell
    motivierbaren Mitarbeiters sichtbar revidieren,
  - die Einführung neuer Lohnformen wie Polyvalenzlohn mit gruppenbezoge-
    ner Prämie ermöglichen,
  - den Mitarbeitern das 'Lernen' bzw. den Erwerb neuer Qualifikationen
    attraktiv machen.

- Fortschreitende technologische Entwicklung zur Dezentralisierung benutzen; dadurch
  - Tendenzen zur Bürokratisierung des Unternehmens entgegenwirken,
  - Betriebsteilen und betrieblichen Arbeitsgruppen Spielraum zur relativ
    selbständigen Gestaltung schaffen,
  - den Mitarbeitern mehr Durchschaubarkeit, Vorhersehbarkeit und Beein-
    flußbarkeit ihrer Arbeitsbedingungen ermöglichen.

Besonders wichtig erscheint schließlich die Erkenntnis, daß zu den Produkten eines Unternehmens immer auch der Mensch gehört. Dies bedeutet in
der Konsequenz, daß mit der Gestaltung von Arbeitsbedingungen im weitesten Sinne auch Verantwortung für die Entwicklungsmöglichkeiten der im
Unternehmen Beschäftigten entsteht. Damit wird zugleich deutlich, daß

der Entwicklung der Arbeitswelt ausschlaggebende Bedeutung für die zukünftige Entwicklung unserer Gesellschaft zukommt.

LITERATUR

BRUGGEMANN, A., GROSKURTH, P. & ULICH, E.:
    Arbeitszufriedenheit. Schriften zur Arbeitspsychologie (Hrsg.:
    E. Ulich), Bd. 17. Bern; Huber, 1975

COOPER, C.L.:
    Streß auf verschiedenen Stufen der Management-Hierarchie. In: Frese, M.
    (Hrsg.): Streß im Büro. Schriften zur Arbeitspsychologie (Hrsg.: E.
    Ulich, Bd. 34, Bern: Huber, 1981 a, 282 - 305.

COOPER, C.L.:
    Streßbewältigung: Person, Familie, Beruf. München: Urban & Schwarzen-
    berg, 1981 b.

EVERED, R.:
    Management Education for the year 2000. In: Cooper, C.L. (ed.): Deve-
    loping Managers for the 1980's. London: Macmillian, 1981, 3-27.

FREI, F.:
    Arbeit als Lernprozess und Qualifizierungschance, Psychosozial 1979,
    1, S. 7 - 21

FRESE, M., GREIF, S. & SEMMER, N. (Hrsg.): Industrielle Psychopathologie.
    Schriften zur Arbeitspsychologie (Hrsg.: E. Ulich), Bd. 23, Bern:
    Huber, 1978.

FRICKE, W.:
    Arbeitsorganisation und Qualifikation. Bonn-Bad Godesberg: Neue Ge-
    sellschaft, 1975.

GAUGLER, E., KOLB, M. & LING, B.:
    Humanisierung der Arbeit und Produktivität. Mannheim: Forschungsstelle
    für Betriebswirtschaft und Sozialpraxis, 1976.

HERTOG, F. den:
    Arbeitsstrukturierung. Schriften zur Arbeitspsychologie (Hrsg.: E.
    Ulich), Bd. 21, Bern: Huber, 1978.

INGLEHART, R.:
    The Silent Revolution. Changing values and political styles among
    western publics. Princeton University Press, 1977.

LICHTMANN, C. & HUNT, R.E.:
    Personality and organization theory: a review of some conceptual li-
    terature. Psychological Bulletin 1971, 76, 271 - 294.

LIKERT, R.:
    Die integrierte Führungs- und Organisationsstruktur. Frankfurt: Campus,
    1975.

MACCOBY, M.:
    Gewinner um jeden Preis. Hamburg: Rowohlt, 1977.

MAHER, J.R.:
Job Enrichment. Motivierung durch Arbeitsgestaltung. Zürich: Moderne Industrie, 1976.

MAYER, A. (Hrsg.):
Organisationspsychologie. Stuttgart: Poeschl, 1978.

MC GREGOR, D.:
The Human Side of Enterprise. New York: McGraw-Hill, 1960. Dtsch. Übersetzung.: Der Mensch im Unternehmen. Düsseldorf: Econ, 1970.

NACHREINER, F.:
Die Messung des Führungsverhaltens. Schriften zur Arbeitspsychologie (Hrsg.: E. Ulich), Bd. 22. Bern: Huber, 1978.

NEUBERGER, O.:
Theorien der Arbeitszufriedenheit. Stuttgart: Kohlhammer, 1974.

NEUBERGER, O. & ALLERBECK, M.:
Messung und Analyse von Arbeitszufriedenheit. Schriften zur Arbeitspsychologie (Hrsg.: E. Ulich), Bd. 26. Bern: Huber, 1978.

NIEDER, P. (Hrsg.):
Fehlzeiten. Ein Unternehmer- oder Arbeitnehmerproblem? Wege zur Reduzierung von Fehlzeiten. Bern: Haupt, 1979.

ROHMERT, W. & WEG, F.J.:
Organisation teilautonomer Gruppenarbeit. München: Hanser, 1977.

SCHEIN, E.H.:
Organizational Psychology. Englewood Cliffs: Prentice Hall, 1980.

STAEHLE, W.:
Menschenbilder in Organisationstheorien. In: Grochla, E. (Hrsg.): Handwörterbuch der Organisation. 2. Aufl. Stuttgart: Poeschl, 1980, 1301 - 1313.

TAYLOR, F.W.:
The Principles of Scientific Management. New York: Harper & Row, 1911. Dtsch.: München: Oldenburg, 1913. Neu herausgegeben und eingeleitet von VOLPERT, W. & VAHRENKAMP, R. Weinheim: Beltz, 1977.

THOMMEN, A.: Personalfluktuationen in der Privatwirtschaft. Wirtschaftspolitische Mitteilungen 1981, 37, Heft 7/8.

TILLES, S.:
The Manager's Job - a System's Approach. Deutsche Übers.: Die Aufgabe des Managers - in systematischer Betrachtungsweise. Harvard Business Review 1963. 41, 5 - 15.

TRIST, E.:
The Evolution of Sozio-technical Systems. Toronto: Ontario Quality of Working Life Centre, 1981.

TSCHIRKY, H.:
Führungsrichtlinien. Zürich: Industrielle Organisation, 1981.

UDRIS, I.:
Ist Arbeit noch länger zentrales Lebensinteresse, Psychosozial 1979,
1, S. 100 - 120.

ULICH, E.:
Über das Prinzip der differentiellen Arbeitsgestaltung. Industrielle
Organisation 1978, 47, 566 - 568.

ULICH, E.:
Über mögliche Zusammenhänge zwischen Arbeitstätigkeit und Persönlichkeitsentwicklung. Psychosozial 1978, 1, S. 44 - 63.

ULICH, E., GROSKURTH, P. & BRUGGEMANN, A.:
Neue Formen der Arbeitsgestaltung. Frankfurt/M.: Europäische Verlags-
anstalt, 1973.

ULICH, E.:
Humanisierung - Wirtschaftlichkeit. Sysdata 1981, 12/Heft 11, 13 -15.

WORK IN AMERICA:
Report of a Special Task Force for the Secretary of Health, Education
and Welfare. Cambridge/Mass.: MIT-Press, 1973. Dtsch. Übers.: Die 8
Stunden am Tag. München: Goldmann, 1974.

o.V.:
Die Ängste der Manager. Managermagazin 1973, Heft 8, 86 - 87.

PERSONALENTWICKLUNG UNTER DEM ASPEKT NEUER WERTVORSTELLUNGEN

VON HANS-PETER FISCHER, GAGGENAU
    HANS-JÜRGEN HEINECKE, GAGGENAU

1. Vorwort

Ein Praxisbericht ist fast immer eine Momentaufnahme, ein Fazit des Vor-
läufigen, eine Zwischenbilanz. Er ist durch die persönliche Arbeitserfahrung der Berichterstatter geprägt, die wiederum durch die konkrete Organisation oder den spezifischen institutionellen Rahmen, in dem sie arbeiten, stark beeinflußt wird.

Praxisberichte sind Rohmaterialien, die der Weiterverarbeitung bedürfen,
die ergänzt werden müssen. Erfahrungen bleiben für Außenstehende zwangsläufig unvollständig. Die Wahrnehmung der Berichterstatter muß verzerren,
unvollständiges Begriffs- und Theoriegebäude, in das die Wahrnehmungen
eingeordnet werden, erschweren die Übertragbarkeit, der Prozeß des Mit-
teilens von Erfahrungen vor einem großen Tagungsplenum verhindert die
intensive Betrachtung, Diskussion und Kritik des Praxismaterials.

Vor unkritischer Übertragung wird gewarnt. - "Keine Idee eines anderen
und keine meiner eigenen Ideen ist so maßgeblich, wie meine Erfahrung."
(C. R. Rogers)

Warum diese Einschränkung zu Beginn des nunmehr zu veröffentlichen Praxisberichts? Liegt es daran, daß im allgemeinen Verständnis das Schriftliche einen verbindlicheren Charakter hat, als das gesprochene Wort? -
Ein Teil der Einschränkungen mag darin begründet sein.

Der größte Teil ist jedoch durch den zunehmenden Abstand zur Tagung begründet. Neue Erfahrungen sind hinzugekommen, neues Praxismaterial ist
entstanden. Wir standen im Dezember 1981 am Beginn unserer eigenen Beschäftigung mit dem Thema Werte. Unsere Erfahrung war hauptsächlich durch
konkrete Personalentwicklungs- und Bildungsarbeit geprägt, weniger durch

die intensive Beschäftigung mit dem Wertebegriff. Wir erkannten aber deutlich, daß die Berücksichtigung von Wertesystemen und -strukturen in der Entwicklungsarbeit unverzichtbar ist.

Zwischenzeitlich sind wir einige Schritte weitergegangen. Wir haben uns intensiver mit dem Wertebegriff befaßt und die Wichtigkeit einer Unterteilung in individualpsychologische Wertsysteme und sozialpsychologische Wertestrukturen erkannt.

Ausgerüstet mit einem besseren begrifflichen Instrumentarium konnten bestimmte Fragen auch in der täglichen Arbeit anders angegangen werden...

Jetzt, da die Notwendigkeit einer schriftlichen Formulierung unserer (überholten?) Gedanken ansteht, bekommen wir es ein wenig mit der Angst zu tun. Waren wir bei der Berichterstattung begrifflich zu unpräzise und dazu noch in einigen Punkten zu dogmatisch? (Man neigt ja häufig dazu, Unpräzises mit größerem Nachdruck zu vertreten, da die Argumentation zu wenig für sich selbst spricht.) Ist es fair, jetzt den Bericht auf den neuen Erkenntnisstand zu trimmen?

Diese Selbstzweifel verzögerten die Arbeit an dem Bericht. Das Unterfangen ganz aufstecken? Die auch unter Praktikern und Pragmatikern verbreitete Eitelkeit, sich vor einem größeren Publikum gedanklich zu verbreitern, hat dies wohl auch bei uns verhindert.

Wir haben uns entschlossen, einen Mittelweg zu gehen und gleichzeitig - die wilde Entschlossenheit der durch praktische Personalarbeit Gestärkten schlägt hier wohl durch - die Mängel eines Praxisberichts durch seine Stärken zu bekämpfen.

Im ersten Teil wollen wir unseren Weg zum Wertethema aufzeigen, möglichst ehrlich und offen, auch mit den Irrtümern, denen wir aufgesessen sind, und den Fallen, in die wir liefen. Wir glauben, daß aus dieser praktischen Erfahrung durchaus einige Verallgemeinerungen für die Entwicklungsarbeit in Organisationen ableitbar sind und diese Verallgemeinerungen in Form einiger Gesetzmäßigkeiten präzisiert werden können.

Der zweite Teil des Berichts stellt im Wesentlichen die Tagungspräsentation dar, die zwar etwas umfassender ist, aber weitgehend an die damaligen Überlegungen anknüpft.

Im dritten Teil möchten wir einige ergänzende Arbeitsbeispiele vorlegen, und im letzten Teil schließlich deutlich machen, welche Entwicklungsperspektiven die Personal- und Bildungsarbeit durch die Auseinandersetzung mit der Wertethematik bekommt.

Über die Unvollkommenheit des Berichts tröstete uns vor allen Dingen der folgende Gedankengang Gregory Bateson's [1] hinweg:

Für den wissenschaftlichen Fortschritt können zwei Elemente in einem abwechselnden Prozeß erkannt werden...

"Erstens das lockere Denken und die Errichtung einer Struktur auf wackligen Grundlagen und dann die Korrektur zu strengerem Denken und das Einsetzen einer neuen Untermauerung unter die schon konstruierte Masse...

Ich glaube, die Wissenschaft wird aufgehalten, wenn wir anfangen, uns zu lange auf entweder strenges oder lockeres Denken zu spezialisieren."

2. Der lange Weg zum Thema
   - Die Entwicklung unseres Erfahrungshintergrundes

Wir alle stehen am Ende einer Kette von Einflüssen, Situationen, Begegnungen, Chancen und Krisen, die unsere Erfahrung sind und die unsere Weise, die Dinge zu sehen, prägen.

Die Art der Erlebnisse und Begegnungen wird bestimmte gedankliche Entwicklungen beschleunigen, verlangsamen oder gar verhindern. Sie zeigt aber auch, warum bestimmte Themen relevant werden, andere dagegen nicht.

---

1) Bateson, Gregory: Ökologie des Geistes, Frankfurt 1981, S. 131

Damit das Thema Werte wichtig für die Personal- und Bildungsarbeit wird, muß eine bestimmte Entwicklungsstrecke, müssen bestimmte Phasen durchlaufen werden, die wohl logisch aufeinander aufbauen.
Die folgenden Abschnitte sollen in verdichteter Form einige wichtige Punkte und Situationen unseres Entwicklungsweges beleuchten und vor allen Dingen aufzeigen, warum das Thema "Werte" für uns eine zentrale und wichtige Arbeitsfrage geworden ist.

Dieser Versuch einer historischen Betrachtung unserer Arbeitserfahrung soll folgendes zeigen:

● Die vielleicht typische Entwicklungsgeschichte des Bildungswesens in einem Großunternehmen und damit die Lerngeschichte von Entwicklungsbegleitern.

● Darüber hinaus das - zunächst planlos - in eine Situation geraten und Ausweg ersinnen, dessen innere Struktur und Logik erst spät erkannt wird. Bestimmte Themen sind erst nach einer Erfahrungsstrecke wichtig. Ein Instrument wie die Kontraktverhandlung ist erst dann wichtig, wenn bestimmte Erfahrungen gemacht oder Einsichten erarbeitet werden. Ohne diese Erfahrung bleibt dieses Instrument eine modische Attitüde.

● Nur die konsequente Reflexion der eigenen Lerngeschichte führt zu einer Auseinandersetzung mit den eigenen Werten.

● Erst die Auseinandersetzung mit den aus unterschiedlichen Erfahrungshintergründen resultierenden Werten ergeben ein gemeinsames integriertes Bild des Geschehens.

2.1 Die Übernahme der Verantwortung für Bildungsarbeit
    - Welche Themen sind wichtig?
    - Was ist das richtige Design?

Vor fünf Jahren begannen wir, die Bildungsarbeit in einem mittelgroßen Automobil-Produktionswerk (ca. 9.500 Beschäftigte) zu gestalten. Unsere

berufliche Herkunft ist extrem unterschiedlich. Der Eine ist mit der Bildungsarbeit groß geworden und war von 1970 an verantwortlich für die Konzeption, Ausgestaltung und Durchführung von Bildungsmaßnahmen im Erwach-
senenbereich für das Gesamtunternehmen. Im Rahmen eines Horizontalwech-
sels übernahm er dann die Leitung der Personalplanung im heutigen Arbeitsfeld mit Arbeitsschwerpunkten wie Gehaltsplanung, Bedarfsplanung
und Führungskräfteplanung.

Der Andere hat das Werk aus Sicht des Assistenten der Werksleitung ken-
nengelernt und brachte außer der Begeisterung für Personalentwicklungs-
und Bildungsarbeit und intensive Kenntnisse der besonderen Werksproble-
me wenig Voraussetzung für die Bildungsarbeit mit.

Es liegt auf der Hand, daß der gegensätzliche Berufshintergrund bei den
ersten Begegnungen zu Spannungen und Reibungen führte. Aber Reibungen erzeugen Wärme, und Wärme dürfte die beste Voraussetzung für eine intensive Arbeitsbeziehung sein - wenn man das Problem der Überhitzung in den
Griff bekommt.

Der intensive Kontakt- und Meinungsaustausch kommt vor Kooperation -
sonst bleibt Zusammenarbeit nur eine leere Worthülse.

Den ersten Meinungsaustausch hatten wir zum Thema der Führungskräfteplanung. Der Eine war Nachwuchskraft, der Andere Führungskräfteentwickler.
Neben den unterschiedlichen Herkünften trat ein programmierter Interes-
senkonflikt. Was sind richtige und wichtige Entwicklungsschritte, um das
Potential einer Nachwuchskraft voll zu entfalten?

Die Einzelheiten des Konfliktverlaufs treten bei der Rückschau in den
Hintergrund. Bestehen bleibt, daß wir uns auf diese Weise ein gemeinsames Thema erschlossen: Bildungs- oder besser Personalentwicklungsarbeit
im weitesten Sinne.

Daß wir beide im Laufe der Zeit auch organisatorisch im Bildungswesen unseres Werkes verantwortliche Aufgaben übernahmen, mag zu einem Teil Zufall und zu einem größeren Teil persönliche Affinität (das Bedürfnis nach

Reibungswärme) sein. Zum größten Teil entspricht es jedoch unserer Auffassung, daß gerade die Bildungswesen in größeren Unternehmen aufgrund ihrer quasi neutralen Stellung ohne wesentliche Sanktionsinstrumente prädestiniert sind, komplexe personale und organisatorische Entwicklungsprozesse zu begleiten.

Damals fanden wir ein Werksbildungswesen vor, daß sich als Schwerpunkt die Entwicklung der technischen Berufsausbildung gesetzt hatte.
Die Erwachsenenbildung nahm dagegen einen kleinen Raum ein und bestand hauptsächlich aus den Funktionen:

- Vermittlung von Fachkursen
- Modifizierung und Durchführung von
  Standardkursen in den Bereichen
  Führung, Arbeitsmethodik und
  Sprachen/Gespräche

Unsere ersten Diskussionen entstanden an der Frage:
Welche Themen sind für das Werk wichtig?
Unsere Unterschiedlichkeit entfachte eine kreative Spannung und ein unterschiedliches Ausgestalten von Themenideen, und wir brannten darauf, diese Ideen auch in die Tat umzusetzen.

Da wir ein Arbeitsfeld beschritten, das bislang weitgehend brach lag, konnten wir sicher sein, daß sich auch genügend Interessenten für unsere Themen finden würden. So gesehen wurden wir sogar in der Richtigkeit unserer Themenauswahl bestätigt.

Intensive Selbstkritik sollte in diesen Fällen die höchste Tugend der Personalentwickler sein, sonst kann es zu gefährlicher Selbstverstärkung kommen.

Dies führte zum zweiten Thema, das intensiv diskutiert und bearbeitet wurde:
Wie können die Wünsche der Betroffenen einbezogen werden?
Die Philosophie war, die Betroffenen wissen am besten, was denkbare Defizite sind und sollen die Verantwortung für die Entwicklung von sinn-

vollen Lernzielen mit übernehmen.

Zwangsläufig bedeutet dies, daß sich - trotz aller sorgfältiger Bedarfs-
erhebung im vorhinein - die Veranstaltungen tendenziell in Richtung of-
feneren Struktur entwickelten. Die Teilnehmer bekommen auch in den Veranstaltungen freie Räume, ihren persönlichen Wünschen und Neigungen
nachzugehen. In der Konsequenz heißt dies auch, die Mitbeteiligung an
der didaktischen Gestaltung und Steuerung der Veranstaltungen.
Dies führte zu weiteren Diskussionen und brachte auch Mitarbeiter des
Bildungswesens an Grenzen. Sie waren teilweise nicht bereit, den Weg in
eine offenere Veranstaltungsstruktur mitzugehen.

Wir erinnern uns gut an viele Diskussionen über Übungen und Seminarein-
heiten und ihre Eignung bestimmte Lernziele zu vermitteln oder bestimmte
Freiräume zum Selbstgestalten zu gewähren.

Die wichtigste Frage blieb dabei auf der Strecke. Wir haben sie erst in
jüngster Zeit entdeckt und sie hat unmittelbar mit dem Wertethema zu tun.

Ist Selbstbestimmung (oder Freiheit) tatsächlich ein Wert, der über den
Seminarbetrieb hinaus in der Organisationskultur einen Platz hat? Ist
das ein Wert, der von dem Mikrokosmos, in dem der Teilnehmer nach dem
Seminar wieder arbeiten muß, auch verkraftet werden kann? Oder: Pflegen
wir in den Bildungsveranstaltungen durch unser Leistungsverhalten eine
Gegenkultur, die uns und die Teilnehmer in programmierte Konflikte mit
der Organisation bringen kann?

In einer sehr frühen Phase unserer Arbeit ist dieses Grundthema zum ersten Mal angestimmt. Die folgenden Phasen werden zeigen, daß es sich tatsächlich um ein Grundthema handelt, das in vielen Varianten wieder auf-
taucht. Als Leit(d)thema haben wir es aber erst sehr spät entdeckt.

In dieser ersten Phase unserer Bildungsarbeit wurde der Wandel von Ange-
bots- zu Auftragsarbeit vollzogen. Die Themenstruktur änderte sich und
auch das Design und die Struktur der Veranstaltungen.

Dennoch waren wir immer noch an einem Defizitmodell orientiert. Die Teilnehmer haben ein Wissens-, Fähigkeiten- oder Verhaltensdefizit in einem bestimmten auf irgendeine Weise feststellbaren Bereich. Dieses Defizit ist ein Individualproblem, es zu beheben ist ein Personalentwicklungsthema. Es gibt Experten, die wissen, wie man das Defizit behebt.

2.2 Wie gestaltet man Beziehungen?
   - Überbewertung der Gruppe
   - Interaktionismus

Die weitgehende Selbstorganisation durch Teilnehmer in Bildungsveranstaltungen führte zu einem Phasenwechsel in unserer Bildungsarbeit. Die Teilnehmer entdeckten, daß die "Experten" allzu häufig nur die Hälfte von dem halten, was ihr Expertenstatus verspricht, und daß von dieser Hälfte nur ein Bruchteil für die tägliche Lebens- und Arbeitspraxis wichtig ist. Dagegen zeigte sich, daß der intensive persönliche Austausch, das Kennenlernen, Verarbeiten und Relativieren von Kollegen-Erfahrungen fruchtbare Impulse für die eigene Entwicklung geben kann.

Im Nachhinein erscheint dies als logische Fortsetzung des Selbstbestimmungsideals, wobei die Selbstbestimmung nicht nur auf Systemparameter, sondern auf die Grundregel des Systems ausgedehnt wurde.

Die Logik in der Rückschau kann nicht die Bestürzung zum Zeitpunkt des Ereignisses verhindern. Wir waren schon bestürzt, als nicht nur externe Experten angezweifelt, sondern auch wir selbst als Entwicklungsbegleiter einer Führungsnachwuchsgruppe von den Teilnehmern ausgeladen wurden. Auf der anderen Seite mischte sich auch Stolz in die Situationsanalyse. Hatten die Teilnehmer nicht deutlich gezeigt, daß sie Selbstbestimmung als Wert akzeptierten und auch in konkretes Handeln umsetzten? Bewiesen sie nicht Experimentier- und Entdeckungsfreude?

Die vielschichtigen Fragen und Probleme stellen sich erst jetzt nach längerem zeitlichen Abstand und kennzeichnen die Situation als deutlich paradox: Wenn Teilnehmer nach dem vom Leiter einer Entwicklungsmaßnahme deutlich vorgelebten Ideal handeln, ist das dann tatsächlich Selbstbestimmung oder Imitation? Verbaut man als Leiter den Weg zur Selbstbestimmung nicht schon dadurch, daß man Selbstbestimmung fordert?

Die Situation erinnert sehr stark an eine Watzlawick Paradoxie: " ....., wenn eine Ehefrau ihrem Mann nahelegt, ihr doch gelegentlich Blumen mitzubringen. Da sie sich vermutlich seit langem nach diesem kleinen Liebesbeweis gesehnt hat, ist ihr Wunsch durchaus verständlich. Weniger offensichtlich dagegen ist die Tatsache, daß sie sich damit nun die Erfüllung ihrer Sehnsucht endgültig verbaut hat: Wenn er nämlich ihren Wunsch ignoriert, wird sie sich noch weniger geliebt fühlen; kommt er ihm aber nach, so wird sie dennoch unzufrieden sein, denn er bringt ihr die Blumen ja nicht spontan, von sich aus, sondern nur, weil sie sie verlangte." [1)]
Dies ist wohl eine spezielle Variante der "Sei-spontan-Paradoxie". Unsere damalige Situation gehört dann wohl in die Klasse der "Sei selbständig-Paradoxien".

Die Gefahr, sich in solche paradoxe Situationen zu verstricken, ist nach unserer heutigen Erfahrung immer dann sehr groß, wenn man versucht, eigene Wertesysteme auf Klienten zu übertragen, und das mit der Anmaßung eines imperativen, moralischen Mandats.

Sich aus paradoxen Situationen zu befreien, ist für beide Parteien eine heikle Geschichte, zumal in diesen Situationen die Parteien dazu neigen, sich wechselseitig die Schuld zuzuschreiben. Wir versuchten seinerzeit durch zwei Schritte aus dieser Situation zu kommen. (in diesem Abschnitt wird nur der erste Schritt dargestellt; der zweite leitet in die nächste Phase über und wird unter 2.3 behandelt.) Zunächst versuchten wir generell den Erfahrungsaustausch zu intensivieren. Wir verstanden uns zunehmend als Erfahrungsaustausch-Moderatoren, die Mitarbeiter mit unterschiedlichen oder vergleichbaren Erfahrungen ins Gespräch brachten.

---

1) Watzlawick, Paul: Wie wirklich ist die Wirklichkeit; Wahn - Täuschung - Verstehen - 7. Auflage, München 1970, S. 31

Einige typische Beispiele für eine Erfahrungsaustausch-Moderation sind:

- erfahrene und neue Mitarbeiter diskutieren Arbeitsprobleme,

- zwei Führungsebenen tauschen ihre Sichtweise von typischen Führungsproblemen aus,

- eine bestimmte Mitarbeitergruppe (Führungsgruppe oder Berufsgruppe etc.) tauscht Arbeitserfahrungen aus,

- ein Bereich arbeitet gemeinsam an bestimmten Bereichsproblemen,

- alle, die an einer bestimmten Aufgabe/einem bestimmten Produkt arbeiten, tauschen ihre Erfahrungen aus.

Diese neue Aufgabe war für uns alle spannend, zumal sie uns in didaktisches Neuland führte. Sie zwang uns, Abschied zu nehmen von der Rolle des Lehrmeisters, desjenigen, der durch didaktische Kalküle Lehrsituationen gestaltet, um festgelegte oder gemeinsam ermittelte Lernziele zu erreichen. Wir mußten uns in sehr viel stärkerem Maße an den Lerngewohnheiten der Teilnehmer orientieren und teilnehmerorientierte Lernsituationen gestalten mit Themen, die wir fachlich nicht beherrschen. Abschied vom Expertenstatus!

Hauptaufgabe des Moderators ist es, die Gesprächsbereitschaft der Teilnehmer sicherzustellen. Diese Aufgabe spricht sich sehr viel leichter aus, als sie in der praktischen Bildungsarbeit zu verwirklichen ist. Sehr viele Störungen beeinflussen die Austauschbeziehung zwischen Teilnehmern, und die Bearbeitung dieser Störungen nimmt häufig den größten Raum ein. Allerdings bringt sie den Teilnehmern intensive Einsichten in Bereiche ihrer Persönlichkeit, die häufig tabuisiert werden. Nach anfänglicher Skepsis wurde die Chance von den Teilnehmern angenommen und genutzt.

Allerdings bestand (und besteht) bei dieser Form der Bildungsarbeit (und Personalentwicklungsarbeit) auch permanent die Gefahr, daß sich die Teilnehmer und Leiter ausschließlich auf die Aspekte der Beziehung und Klärung konzentrieren und somit wiederum nur einen Teil der Arbeitswirklichkeit erfassen. Wir vermuten, daß alle, die in unserem Metier an vergleichbaren Problemstellungen arbeiten, in der Gefahr stehen, diese Probleme ausschließlich mit der dynamischen Kraft der Gruppe und ihren Klärungsgesetzmäßigkeiten zu begegnen. Wir stehen immer in der Gefahr, "Groupies" zu werden.

Aber auch dann, wenn man durch einen beherrschten und kontrollierten Leitungsstil dieser Gefahr weitgehend begegnen kann, gibt es bei dem Austauschmodell, das dieser Form der Bildungs- und Personalentwicklungsarbeit zugrunde liegt, programmierte Grenzen.

Das Austauschmodell geht davon aus, daß die meisten Probleme und Themen durch einen funktionalen Austausch zwischen Personen (zumeist Diyaden) angegangen werden können. Fachexperten sind nicht unbedingt notwendig, eher Interaktionsexperten, die Austauschprozesse in Lernsituationen umsetzen können und umgekehrt. Immer noch steht jedoch das Dogma vom Individualproblem im Mittelpunkt. Die einzelne Person hat Probleme oder "macht Probleme" oder "bringt eine Problemsituation" ein. Die Systemprobleme bleiben unberücksichtigt.

Wir waren in der zweiten Phase unserer praktischen Arbeit ganz deutlich an diesem Austauschmodell orientiert. Die Grenzen erfuhren wir am deutlichsten durch die Transferproblematik. Auch die Arbeit mit geschlossenen Bereichen ("Family Groups") garantierte nicht, daß die funktionale Problemlösung in der Abgeschiedenheit eines Bereichsseminars in der späteren Arbeit zum Standard wurde.

2.3 "Prozeß" - Ein Wort mit vielen Fragezeichen
- Der Entwicklungsbegriff
- Die Geschichte mit dem langen Atem

Der Übergang in diese dritte Phase unserer Arbeitserfahrung vollzog sich
fast unmerklich. Zwei Faktoren waren ausschlaggebend: auf der einen Seite unsere intensive Transferdiskussion, auf der anderen Seite die zunehmende Anzahl konkreter, praktischer Arbeitsaufträge an uns aus Fachbe-
reichen.

Viele dieser Aufträge waren nicht durch reine Qualifizierungsbemühungen
zu bewältigen, sondern umfaßten alle Arbeitsprozesse des Bereichs und
das gesamte Beziehungsgeflecht dazu. Unser Arbeitsfeld verlagerte sich.
Die typische Hotel- und Tagungsstättenseminare gingen zurück und gleich-
berechtigt trat daneben die intensive Bereichsbetreuung durch Einzelge-
spräche, Sitzungsmoderation und teilnehmende Beobachtung.

Wir mußten dabei viel Lehrgeld zahlen (und zahlen heute noch). Häufig
wurden wir mit diffusen Änderungsaufträgen konfrontiert. Am besten sollte "alles anders werden".
Erst auf dem Entwicklungsweg lernten wir die Absicht von Auftraggebern
und andere unterschiedliche Interessenlagen kennen.

"Veränderung bedeutet nur, daß es keinen Stillstand gibt, daß sich alles
im Strom der Zeit bewegt. Erst wenn die Änderung nach einem bestimmten
System abläuft, wird sie interessant..." [1] Die Form der Veränderung, bei
der es im wesentlichen nur zu einer Vermehrung des Vorhandenen kommt,
kann man als Wachstum bezeichnen - eine quantitative Zunahme bei gleich-
bleibender Struktur.

---

1) vgl. dazu Lievegoed, B. C. J.: Organisationen im Wandel, Bern 1974,
   S. 35

Entwicklung bedeutet dann die Form von Veränderung, die auch eine Veränderung der Struktur einschließt.

Ein gegebenes organisatorisches System kann sich nicht entwickeln, wenn bestimmte Parameter, die das System konstituieren und strukturieren, von der Entwicklung ausgeklammert werden.
Der Ruf nach Veränderung/Verbesserung geht vielen Auftraggebern leicht über die Lippen, die Konsequenzen geplanter Entwicklungsversuche mitzutragen, ist wesentlich schwerer.

Eine weitere Konsequenz dieser neuen Arbeitsform war, daß die Ausgestaltung von Einzelaktivitäten weniger wichtig wurde. Im Mittelpunkt stand jetzt die Verkettung von Einzelaktivitäten, das sinnvolle Aneinanderreihen von Maßnahmen, die ständige Überwachung, ob alle Beteiligten nach wie vor (mit-) arbeitsbereit sind. Es galt, Interessengegensätze zu sehen, zu verdeutlichen und ausgleichbar zu machen.

Die Verantwortung für Einzelaktivitäten ging zunehmend auf die Bereiche selbst über. Für uns ging dadurch der letzte Rest "eindimensionaler Logik" verloren, der Versuch nämlich, die Arbeit durch das Modell zu erklären: "eine Ursache (Bildungsmaßnahme) erzeugt eine Wirkung (Lernergebnis)".

Komplexe Entwicklungsprozesse entziehen sich dieser Logik. Die Zusammenfügung von Einzelteilen/Einzelaktivitäten zu einem gestalteten, geplanten Ganzen erscheint mehr zu ergeben, als nur die Auswirkungssumme der Einzelteile. Der Versuch, die Strukturierungsgesetze von Entwicklungsprozessen zu erfahren und in ein Beeinflussungssystem umzusetzen, ist für uns noch lange nicht abgeschlossen.

Eines haben wir bei diesem Prozeßmodell der Bildungsarbeit gelernt: Für die Begleitung braucht man einen langen Atem. Diese Arbeit ist nichts für den schnellen Erfolg. Vermutlich ist es sogar so, daß ein Entwicklungsprojekt dann erfolgreich abgeschlossen ist, wenn sich die Betroffenen diesen Erfolg guten Gewissens ihrer eigenen Phantasie zuschreiben können. Das Klassenziel für die Entwicklung ist wohl "Sich überflüssig machen".

Zunehmend wurde uns jedoch klar, daß ein langer Atem und das Verständnis
für Entwicklungsprozesse nicht ausreichen. Mit allen Beteiligten muß
von Beginn an klar definiert werden, was die Spielregeln eines lang dauernden Entwicklungsprozesses sind.

Wir entdeckten für uns den "Auftrag" als zentrale Größe. Wir wissen heute, daß es keine Entwicklungsarbeit ohne einen klar definierten schriftlichen Auftrag geben kann (auch im Binnenverhältnis). "In den Auftragsverhandlungen müssen die Art des Problems, die "Soll-Phantasie" des Auftraggebers und der von ihm erwartete, manchmal verdeckte Nutzen als wichtigste Punkte geklärt werden... Die Bereitschaft des Auftraggebers zur
eigenen Entwicklung bei geklärten und abgesprochenen persönlichen Risiken ist zentraler Bestandteil jedes Auftrags." [1]

Der so definierte Auftrag muß allen weiteren Betroffenen, Beteiligten
oder auch nur flüchtig Tangierten klar sein und mit ihnen durchdiskutiert
werden. Es kann nicht verhindert werden, daß es Widerstände gegen den Auftrag aus der Sicht der Betroffenen gibt. Diesen Widerstand zu akzeptieren, mit ihm umzugehen und ihn produktiv zu nutzen, ist ein erster Ent-
wicklungsschritt.

Wir sind heute in unserer Arbeit schwerpunktmäßig an dem Prozeßmodell
orientiert, obwohl Teile unserer Arbeit immer noch durch das Defizit- und
Austauschmodell geprägt sind. Die Modelle schließen sich ja auch nicht
per Definition aus, sondern ergänzen sich.

Erst in jüngster Vergangenheit erkannten wir, daß auch das Denken und Handeln in diesem Prozeßmodell nicht ausreicht, um alle Problemsituationen
vollständig zu verstehen.

---

1) Fischer, Hans-Peter; Heinecke, Hans-Jürgen: Betriebliche Bildungsarbeit
   im Umbruch - Voraussetzung und Chance zur Organisationsentwicklung? in
   Organisationsentwicklung 01/82, S. 21

Zunächst dachten wir, durch Auftragsverhandlungen ein faires Startinstrument für Entwicklungsprozesse erarbeitet zu haben. "Kein Auftrag kann jedoch verhindern, daß es Nutznießer und Benachteiligte... gibt. Ein Bereich arbeitet an der langfristigen Sicherung seiner fachlichen Kompetenz durch gezielte Mitarbeiter-Qualifizierungsmaßnahmen und kann so unter Umständen seinen Einfluß gegenüber anderen Bereichen vergrößern. Egal was wir tun, wir bevorzugen und benachteiligen. Allein die Bindung unserer personellen Resourcen an bestimmte Projekte schafft Nutznießer (die mit uns arbeiten können) und Benachteiligte (für die wir keine Zeit haben)." [1]

Der Beginn eines Entwicklungsprojektes impliziert also eine Wertentscheidung. Dieser Auftrag ist es wert, bearbeitet zu werden oder dieser Auftraggeber ist es wert, berücksichtigt zu werden. Diese Überlegungen zeigen deutlich, wie eng Personalentwicklungs- und Bildungsarbeit, aber auch Organisationsentwicklungsarbeit an Wertethemen gekoppelt sind.

An diesen Punkt unserer Arbeit angelangt, hatten wir zum ersten Mal nach langer Zeit wieder grundsätzliche Differenzen in der Situationsanalyse untereinander. Wir konnten uns nicht über eine Prioritätenrangreihe bei der Bearbeitung unserer Aufträge einigen. Es ist uns zwischenzeitlich klar geworden, daß Prioritätensetzungen nur eine Abbildung des individuellen Wertesystems sind, daß die vorliegenden Aufträge nach ganz differenzierten unterschiedlichen Kriterien bewertet wurden.

Wir spüren heute deutlich, daß wir uns an der Schwelle zu einer neuen Phase unserer Arbeit befinden, die weitere wichtige Einsichten bringen wird.

---

1) Fischer, Hans-Peter; Heinecke, Hans-Jürgen: Betriebliche Bildungsarbeit im Umbruch - Voraussetzung und Chance zur Organisationsentwicklung? in Organisationsentwicklung 01/82, S. 21

2.4 Was sind die Grundlagen der Arbeit
   - Wertebewußtsein und Legitimationsfragen
   - Kräftegleichgewichte

Unsere Grundthese heißt jetzt: Betriebliche Personalentwicklungsarbeit
ist Auftragsarbeit, die einen definierten Nutzen haben muß!

Durch die Einführung des Nutzenbegriffs werden die hinter jeder Arbeit
stehenden Werte angesprochen. Wer sagt, was nützlich ist? Wie wird Nutzen definiert? Ist die Festlegung nützlicher Arbeit ein gemeinsamer Ge-
staltungsprozeß? Ist der Begriff Nutzen auf ein enges Begriffskonzept
beschränkt oder umfaßt er auch weniger quantifizierbare Ergebnisse?

Die Personalentwicklung und Organisationsentwicklung (und in diesem Zusammenhang würden wir Bildungsarbeit als Instrument von Personal- und
Organisationsentwicklung verstehen) müssen sich dieser Nutzendiskussion
stellen, oder sie müssen sie bei den Managern und Mitarbeitern ihres Unternehmens anregen. Unterschiedliche Nutzenbegriffe als Konsequenz ebenso unterschiedlicher, individueller und organisatorischer Wertesysteme
werden in der Diskussion auftauchen. Wichtig ist, die unterschiedlichen
Standpunkte zu verstehen und gemeinsam mit den Betroffenen auf ihre Funktionalität hin zu überprüfen.

Wir sind heute davon überzeugt, daß die Vielfalt individueller Wertesysteme und ihre Umsetzung in ebenso vielfältiges politisches und organisatorisches Handeln ein entscheidendes Charakteristikum industrieller Organisation ist. Dieses komplexe Kräftefeld ist in einer gesunden Organisation
ausbalanciert und muß von Zeit zu Zeit an Änderungen im Umfeld angepaßt
werden. Das sind kritische Momente, weil das Kräftegleichgewicht außer
Balance gerät. Das sind aber auch Chancen für eine sinnvolle Personalent-
wicklungs- und Organisationsentwicklungsarbeit. "Wirkungsvolle Entwicklungsarbeit muß immer als Intervention in ein vorhandenes Kräftefeld betrachtet werden. Wenn wir wirkungsvoll arbeiten, wird es immer Kräfte geben, die die Arbeit hindern oder zumindest das Ergebnis neutralisieren

wollen" [1] ... und Kräfte, die die Arbeit unterstützen. "Dies scheint uns ein Naturgesetz zu sein. Wir neigen dazu, uns mit den fortschrittlichen Kräften in Organisationen zu verbünden und wundern uns, daß wir die Vorsichtigen, Behutsamen und vielleicht auch Umsichtigen auf den Plan rufen. Je stärker wir uns bemühen, um so größer wird die Wand, die wir übersteigen wollen. Große und komplexe Organisationen sind nur dann voll funktionsfähig, nutzen ihr Potential nur dann voll aus, wenn es ein Zustand von Ausgewogenheit und Stabilität der wichtigsten Kräfte gibt. Entwicklungsprozesse, die durch Bildungsimpulse eingeleitet werden, müssen diesen Zustand nach angemessener Zeit wieder erreichen. Wir müssen auch mit Kräften, die gegen unsere Arbeit gerichtet sind, phantasievoll umgehen lernen. Vor allen Dingen müssen wir begreifen, daß Bildungsarbeit - soll sie einen im Arbeitsvollzug spürbaren Nutzen zeigen - als strategische Beeinflussung eines Kräftefelds betrachtet werden muß." [2]

Nur wenn wir unsere Vorstellungen, unser Wertesystem bei jedem Auftrag erneut zur Diskussion stellen und mit den Werten der Betroffenen und den Organisationswerten (vielleicht wäre der Begriff "Normen" besser) abgleichen, dürfen wir uns legitimiert fühlen, komplexe Entwicklungsprozesse einzuleiten.

Dieses Arbeitsmodell sollte zweckmäßigerweise Kräftefeldmodell genannt werden. Es ist eine Art Meta-Modell - Grundlage für jede Arbeit und in seinen Konsequenzen über die anderen Modelle weit hinausgehend.

Aufgabe dieses Kapitels war es, zu zeigen, auf welchem Wege wir auf das Kräftefeldmodell gekommen sind, was die typische Erfahrung auf dem Weg

---

1) Fischer, Hans-Peter; Heinecke, Hans-Jürgen: Betriebliche Bildungsarbeit im Umbruch - Voraussetzung und Chance zur Organisationsentwicklung? in Organisationsentwicklung 01/82, S. 21

2) ebenda

dorthin war. Vorüberlegungen zur Ausgestaltung des Kräftefeldmodells haben wir auf der IME-Studientagung mit den Teilnehmern diskutiert und einige exemplarische Probleme vertieft bearbeitet.

3. Werteproblematik in der personellen Entwicklungsarbeit

Dieses Kapitel orientiert sich weitgehend an dem Material, das auf dem IME-Forum vorgestellt und mit den Teilnehmern diskutiert wurde. Wir gehen jeweils von den gezeigten Packpapierpostern aus, die wir dann im Text analog unseren Vortragspassagen während des Forums kommentieren. Die Anregungen und Diskussionsbeiträge der Forumsteilnehmer haben wir in die Kommentierung integriert.

3.1 Wertediskussion zwischen Mode und Zeitgeist

Veranstaltungen, Publikationen und Meinungsäußerungen zum Wertethema und seiner gesellschaftlichen Bedeutung haben in der letzten Zeit wesentlich zugenommen. Wertediskussionen sind in Mode gekommen, sarkastisch gesprochen: sie sind gerade "in". Überall wird über Werte und Wertewandel gesprochen. Uns bereitet diese Diskussionsfülle Unbehagen. Wir wissen, daß für viele unserer Kollegen die Auseinandersetzung mit der Wertethematik ernst und wichtig ist. Welche Bedeutung sie für uns persönlich hat, haben wir skizzenhaft versucht, in den Eingangskapiteln zu erläutern.

Vielleicht kann man in der Wertediskussion versuchen, drei "Interessengruppen" idealtypisch zu trennen. Einmal ist es schick geworden, sich gepflegt über Werte zu unterhalten, ohne sich tatsächlich über Bedeutung und Sinngehalt des Begriffskonstrukts klarzuwerden. Neben "Frust", "Selbstverwirklichung" und "Eltern-Ich" etc. ein weiteres Psycho-Schlagwort, das einem seichten small-talk den gepflegten Überbau liefert. Die tatsächliche Problemlage wird dabei zwar aus den Augen verloren, aber diese Interessengruppe in "Sachen Werte" mutet vergleichsweise harmlos an, da sie mit Auftauchen einer neuen Mode das Schlagwort wechseln wird.

Problematischer ist die zweite Gruppe. Wir empfinden hier mit Helmut Klages, daß "Werte zunächst überall dort für Probleme verantwortlich gemacht werden, wo sich der Eindruck ergibt, daß politische Notwendigkeiten aufgrund entgegenstehender traditionaler Verhaltensorientierungen nicht entsprochen wird." [1]

Werte oder besser Wertewandel als Breitbandantibiotikum für alle Probleme der 80er?

Wenn es das Ziel dieser Interessengruppe ist, politisches Handeln im Nachhinein durch eine entsprechende Werteentwicklung zu legitimieren, dann ist Vorsicht geboten. Es besteht Manipulationsgefahr. Die besteht schon dann, wenn einzelne Werte in ihrer Begrifflichkeit verfallen und für jede Form des politischen Handelns herhalten müssen. Horst E. Richters sarkastische Beschreibung vom Verfall des Friedensbegriffes mag das verdeutlichen:

"Für den "häuslichen Frieden" sollten teils die Familien selbst sorgen, teils wurde er vom Staat gegen "Hausfriedensbrecher" geschützt. Der "Arbeits-Frieden" und der "soziale Frieden" waren zu bewahren, was vor allem die Arbeiter, die Betriebsräte und die Gewerkschaften bedenken sollten. Natürlich galt der Eiserne Vorhang zwischen Ost und West, jedenfalls aus der eigenen Sicht, als "Friedens-Wall". Frieden war das gleiche wie ruhig, brav, still - friedliche Landschaft, friedliches Meer, Abendfrieden, Feiertagsfrieden, friedliches Lächeln, friedlicher Friedhof. Tu, was man dir sagt, sei friedlich! Friede, Freude, Eierkuchen. Aber dann hieß es auch, der wichtigste Frieden sei der, den jeder mit sich selbst oder in seinem Herzen zu machen habe, der Seelenfrieden. Begrabe in dir Groll und Bitterkeit! Das ist deinem Seelenheil dienlich und schützt dich, was noch wichtiger ist, vor Magengeschwüren und Herzinfarkt!

---

1) Klages, Helmut und Kmieciak, Peter: Einführung zum Sammelband Wertwandel und Gesellschaftlicher Wandel, Frankfurt/New York, 2. Auflage 1981, S. 11

Ein glänzender Einfall aller noch so gegensätzlichen und miteinander ri-
valisierenden Parteien war es, daß sie sich unisono als "Friedens-Par-
teien" deklarierten. Damit schien Frieden zu allem und jedem zu passen.
Zu den Nationalisten, den Rassisten, den Radikalen, den Liberalen. Der
Grabesfrieden von Militärdiktaturen und der Frieden einer humanen Gesellschaft waren ein und dasselbe. Der Friedensbegriff wurde zur Wegwerf-For-
mel." [1]

Der einzig logische und sinnvolle Zusammenhang sollte nicht auf den Kopf
gestellt werden. "Werte sind individuelle, wie auch kollektive geistige
Grundorientierungen und in ihrer Gesamtheit das System sinnkonstituierender Orientierungsleitlinien und Ordnungsaspekte des gesellschaftlichen
Zusammenlebens." [2] Politisches Handeln ist diesen Orientierungsleitlinien verpflichtet, Orientierungsleitlinien sollten nicht nach politi-
scher Opportunität gestaltet werden. Mit dieser Interessengruppe werden
wir uns intensiver auseinandersetzen müssen.

Für die letzte Interessengruppe - idealtypisch gesehen - sind Werte als
Satz von gemeinsam entwickelten, erlernten und übertragenen Verhaltensorientierungen die wichtigste Grundlage für das Zusammenleben. Sollten
die traditionellen Werte für das Zusammenleben nicht mehr zweckmäßig
sein - aufgrund veränderter Umweltbedingungen - oder als belastend empfunden werden, so kann es zu einem Werteverfall kommen, der positiv in
eine Werteentwicklung geführt werden muß.

Das breite Spektrum der "Werteinteressenten", von uns idealtypisch anhand
von drei Gruppen betrachtet, ließ es uns notwendig erscheinen, mit den

---

1) Richter, H. E.: Alle redeten vom Frieden - Versuch einer paradoxen
   Intervention, Hamburg 1981, S. 74 ff.

2) Klages, Helmut und Kmieciak, Peter: Einführung zum Sammelband Wertwandel und Gesellschaftlicher Wandel, a.a.o., S. 23 ff.

Teilnehmern des IME-Forums gemeinsam die Interessenlagen herauszuarbeiten und einige typische Wertefragen vertieft zu diskutieren. Bei der großen Teilnehmerzahl bietet sich ein strukturiertes Frage-Antwort-Spiel durch Kleben von Meinungspunkten mit anschließender Diskussion an. Die folgenden Abbildungen geben das Ergebnis der Meinungsbefragung wieder.

Grundsätzlich sind wir uns über den suggestiven Charakter dieses Frage- und Antwort-Spiels bewußt. Am deutlichsten wird dies bei Abbildung 1. Die meisten Teilnehmer messen dem Thema Werte eine hohe Bedeutung zu, was bei der Themenstellung der Tagung und einer freiwilligen Anmeldung verständlich ist. In der Diskussion über diese Abfrage wurden dennoch einige interessante Aspekte deutlich. Sind die Pole der Skala tatsächlich Gegensätze? Widersprechen sich schick-sein und wichtig-sein? Ist die Beurteilung der Wertediskussion nicht schon ein Wertethema, zumindest eine sehr starke subjektive Wertung? Zumindest ist es möglich, daß Mode und Zeitgeist nur unterschiedliche Betrachtungen über die Diskussionsqualität zum gleichen Thema beschreiben. Aufgrund des Diskussionsverlaufs wurde deutlich, daß die meisten Teilnehmer die Bedeutung des Wertethemas für die Personal- und Organisationsentwicklungsarbeit in ihrem eigenen Aufgabenfeld anerkennen.

In einem zweiten Schritt legten wir den Teilnehmern sieben Bestimmungsgründe für das Handeln von Führungskräften in Wirtschaftsunternehmen vor (siehe Abbildung 2), mit der Bitte, die nach ihrer Auffassung zwei wichtigsten auszuwählen. Die Aufstellung erhebt keinen Anspruch auf Vollständigkeit und konnte durch die Teilnehmer ergänzt werden (was auch in einem Fall genutzt wurde). Die sieben Aussagen repräsentieren so etwas wie den "common sense" über Führungshandeln.

Interessant ist (das wurde auch von den Teilnehmern so gesehen, vergleiche dazu Abbildung 4), daß die Aspekte der Macht und des Einflusses so unbedeutend eingeschätzt werden. Vermutlich wird hier ein bestimmter Trend im gesellschaftlichen Wertewandel deutlich, der Führungskräfte dazu veranlaßt, die faktisch vorhandene Macht zu relativieren. Betrachtet man gleichzeitig den sehr hoch gesetzten Begriff "persönlicher Freiraum", der ja wohl auch nur aufgrund interpersonaler Einflußnahme zu gewährleisten ist, so wird deutlich, daß Wertaussagen neben der individuellen Bedeutsamkeit immer auch gesellschaftliche Erwünschtheit abbilden. Man könnte sagen, die Aussagen "Freiräume sichern", "Handlungsspielräume erweitern" etc. sind gesellschaftlich akzeptabler als die Aussage "die Macht besitzen, das zu tun, was ich will".

In der Orientierung für das praktische Alltagshandeln macht dies wohl kaum einen Unterschied; allenfalls bei den Betroffenen ein schlechtes Gewissen, nämlich durch den täglichen Zwang, bei der Ausübung von Macht gesellschaftlich nicht akzeptables Terrain zu beschreiten. Ein dauerhaft schlechtes Gewissen hätte für alle Betroffenen allerdings erhebliche psychologische Auswirkungen und könnte manch einen Fall von "ausgebranntsein" erklären, von der eklatanten Doppeldeutigkeit gesellschaftlicher Moral in diesem Fall ganz zu schweigen.

Auch den Teilnehmern wurde das Phänomen deutlich, was Kommentare wie:

- Wunschbild oder Wirklichkeit
- nur wenige sind ehrlich und punkten
  bei Macht und Einfluß
- Macht kommt zu kurz

zeigen (vergleiche Abbildung 4).

In der letzten Meinungsabfrage (vergleiche Abbildung 3) versuchten wir, einen anderen Zugang zum Thema zu erschließen. Wertesysteme als individuelle oder gesellschaftliche Orientierungsgrößen auf der einen Seite, und die Herausforderungen, denen sich das Individuum und die Gesellschaft stellen müssen, auf der anderen Seite, sollten langfristig im Einklang stehen. Wenn traditionelle Werte den Herausforderungen nicht entsprechen, wird ein Werteverfall einsetzen oder eine Werteentwicklung begonnen werden müssen.
Übertragen auf die Führungskräfte heißt diese Überlegung: Werte, die das Führungshandeln beeinflussen und langfristige Herausforderungen für Führungskräfte müssen harmoniert werden. Beide Trends sind für das Thema wichtig.

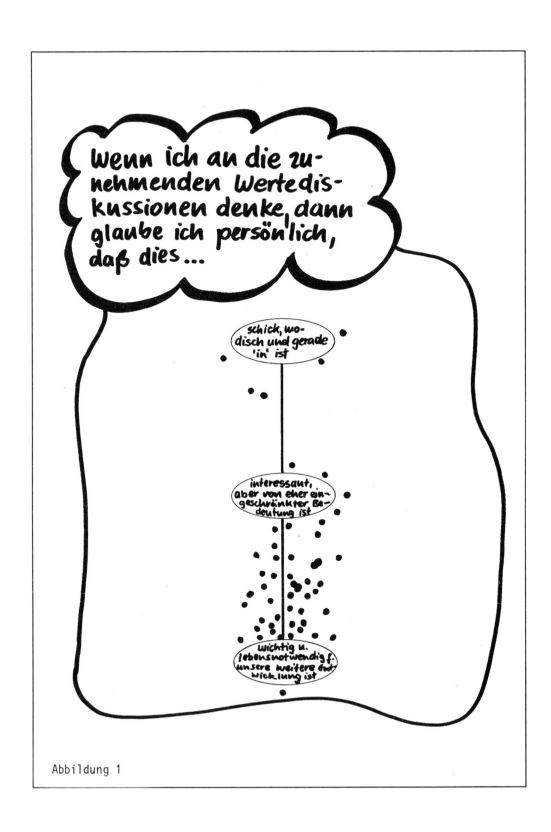

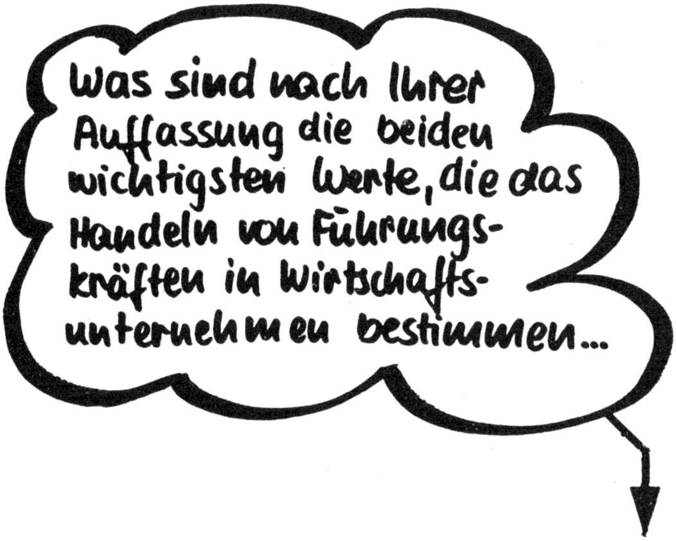

Abbildung 2

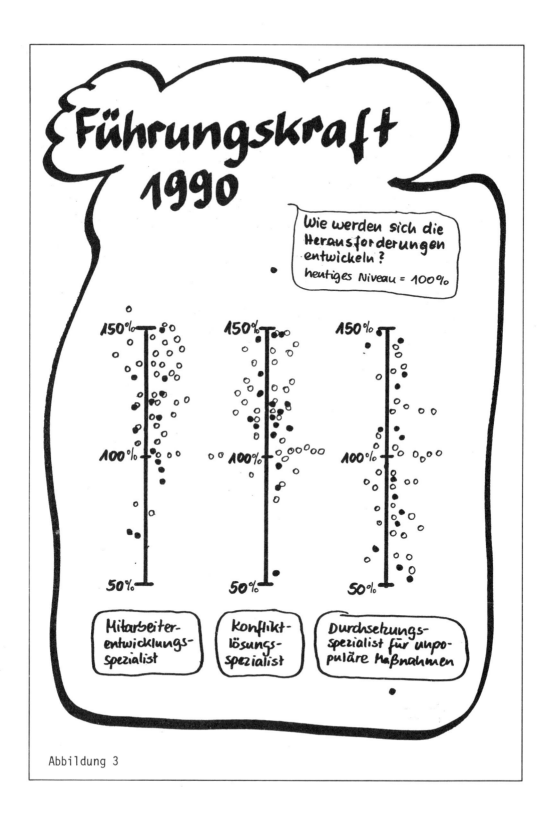

Abbildung 3

Nachdenkliches

- so häufig "einer übergeordneten Zielsetzung dienen"
- Verteilung bei Durchsetzungsspezialist
- Widerspruch /Konflikt ?   • Durchsetzungsmacht ?
  Durchsetzung ↔ Entwicklung   • Materielles
- Selbstverständnis Führungs-   als Reiz   • Spezialist ?
  kraft dienen ↔ Spielraum   • Leistung noch gefragt ?
    - kann man unpopuläre Maßnahmen
      noch durchsetzen ?

Überraschendes

- persönliche Macht
  negativ geladen
  ↳ unpersönliche Macht
  viel gefährlicher
- beim Durchsetzen breite
  Streuung
  - Materielles kommt
    zu kurz
  - Aussteigen Mitarbei-
    terentwicklung
    überrascht
  - Anforderungen ändern
    sich stark
- Wunschbild oder
  Wirklichkeit
  - Macht kommt zu
    kurz
  - nur wenige sind ehrlich und
    punkten bei Macht und Einfluß

Abbildung 4

Idealtypisch sind drei Szenarios für die Führungsherausforderung denkbar, die wir vereinfacht mit den Namen:

- Mitarbeiterentwicklungsspezialist
- Konfliktlösungsspezialist
- Durchsetzungsspezialist
  (für unpopuläre Maßnahmen)

belegen wollen. Diese drei Kategorien sind auf keinen Fall unabhängige Herausforderungsvariablen, sondern es gibt vielfältige wechselseitige Einflüsse. Dennoch ist es für die Bestimmung der zukünftigen Herausforderungen lohnend, die drei Kategorien gedanklich zu trennen.

Mitarbeiterentwicklungsspezialist umfaßt das Einleiten umfassender Qualifizierungsprozesse, die Einstiegs- und Ausstiegsqualifizierung und das Anpassen der Mitarbeiterqualifikation an neue Gegebenheiten. Es geht um ein umfassendes Resourcen-Management. Ziel ist es, andere (die Mitarbeiter) bestmöglich zur Wirkung zu bringen.

Konfliktspezialist bedeutet, daß der Interessenausgleich im Vordergrund steht mit dem Ziel, ein gegebenes Kräftefeld sorgfältig auszubalancieren, fortschrittliche und verharrende Kräfte, Bewahrer und Erneuerer in eine geplante Entwicklung einzubinden.

Durchsetzungsspezialist meint im übertragenen Sinne den Krisenmanager, der sehr stark am Fortbestand der Organisation orientiert ist und Sanierungs- und Gestaltungsmaßnahmen in Führungshandeln und Leitung umsetzt.

Von Ausreißern abgesehen ist die Einschätzung der Entwicklung durch die Teilnehmer für die beiden Kategorien Mitarbeiterentwicklungs- und Konfliktlösungsspezialist einheitlich. In beiden Fällen erwartet man eine allerdings graduell unterschiedliche Zunahme. Interessant sind die Unterschiede zwischen den beiden Gruppen, mit denen wir diskutierten. In der zweiten Gruppe (schwarze Punkte) ist die Meinungsbildung zum Konfliktlösungsspezialisten einheitlicher.

186

Uneinheitlich ist in beiden Gruppen das Bild für den Durchsetzungsspezialisten. Die Diskussion mit den Teilnehmern ergab zwei Erklärungsansätze für dieses uneinheitliche Bild:

- Der Begriff Durchsetzungsspezialist ist schon "wertgeladen" (vielleicht wäre der Begriff "akzeptanzgeladen" richtiger). Durchsetzung widerspricht dem Grundtrend zu mehr Demokratie und Beteiligung am Arbeitsplatz. Die Verteilung spiegelt dann nicht die Entwicklung der zukünftigen Herausforderung wieder, sondern eher die unterschiedliche Akzeptanz des Begriffs "Durchsetzung".

- Verschiedene Branchen sind in unterschiedlichem Maße von Krisen und damit von "unpopulären" Maßnahmen betroffen. Einige müssen sich schon mit Durchsetzungsspezialisten beschäftigen, für andere ist diese Herausforderung noch nicht relevant.

Insgesamt zeigt dieses Beispiel, daß eine saubere begriffliche Festlegung für Wertediskussionen unabdingbar ist. Die Einstiegsdiskussion nahm bei den beiden Gruppen der Forumsveranstaltung einen breiten Raum ein. Meinungen wurden sehr intensiv ausgetauscht. Diese Diskussionsbereitschaft eines doch recht großen Plenums zeigte uns noch einmal deutlich, daß eine Auseinandersetzung mit dem Wertethema richtig und wichtig ist.

3.2 Die Grenzen von Personalentwicklungsstrategien

Die Personalentwicklung kann in gewissen Grenzen als normative Gestaltungskraft im Industrieunternehmen verstanden werden. Sie hat häufig den intensivsten Kontakt mit den besonders kritischen Problembereichen der Mitarbeiter, wie: Beförderung, Gehaltsplanung, Förderung, etc. Häufig wird das Klima in einem Unternehmen stark durch diese sanktionierenden Maßnahmen der Personalentwicklung geprägt.

Abbildung 5 soll die Bindeglied-Funktion der Personalentwicklung verdeutlichen. Auf der einen Seite sieht sie sich in besonderem Maße mit
Entwicklungslinien aus dem gesellschaftlichen Umfeld konfrontiert.

So wirken sich gesamtgesellschaftliche Trends unmittelbar in den Per-
sonalentwicklungssystemen aus. Das Bedürfnis nach mehr Mitgestaltungs-
möglichkeiten hat als Beispiel das Führungssystem und die Personalfüh-
rungsinstrumente in vielen Organisationen entscheidend verändert. Umfassende Personalsysteme machen heute Personalentscheidungen transparenter und objektiver. Das Mehr an Gerechtigkeit hat aber auch ein Mehr
an Systematisierung gebracht und damit ein Weniger an individuellem, auf
den Einzelfall zugeschnittenen Handlungsspielraum. Die Probleme in der
Führungsbeziehung Vorgesetzter-Mitarbeiter werden häufig auf System-
schwächen projiziert und auf diese Weise an die Personalstäbe deligiert.
Dieses Phänomen haben wir an anderer Stelle ausführlicher beschrieben. [1]

Gleichermaßen gravierend in der Auswirkung auf die Personalentwicklungsarbeit ist die individuelle Werteentwicklung. Eine Studie des Institutes
für Demoskopie in Allensbach kommt Ende der 70er Jahr zu dem alarmieren-
den Ergebnis: "Die Arbeitsfreude sinkt" und beweist dies durch die folgende Untersuchung. Auf die Frage: "Welche Stunden sind Ihnen ganz allgemein am liebsten - die Stunden, während Sie arbeiten, nicht arbeiten
oder mögen Sie beide gerne?", antworteten 1962 36 % und 1975 48 % der
männlichen Befragten "wenn ich nicht arbeite". Von den 16 - 29jährigen
Arbeitern antworteten: 1962 39 % und 1975 62 % "wenn ich nicht arbeite".
Viele betrachten ihr Leben nicht als Aufgabe, sondern wollen es nur ge-
nießen: 1962 40 % und 1975 20 % der jungen Arbeiter betrachten das Leben
als Aufgabe. 1962 55 % und 1975 65 % wählten den Genuß als Lebens-

---

1) Fischer, Hans-Peter; Heinecke, Hans-Jürgen: Betriebliche Bildungsarbeit im Umbruch - Voraussetzung und Chance zur Organisationsentwicklung? a.a.o., S. 23 ff.

Abbildung 5

ziel. [1] Es ist zu vermuten, daß sich dieser Trend in den 80ern allenfalls verlangsamen wird. Eine Trendwende ist nicht in Sicht. Hinter dieser Entwicklung ist eine individuelle Werteverschiebung zu verspüren.

Ein weiteres Problem aus diesem Bereich ist die häufig zu beobachtende
Tatsache, daß qualifizierte und begabte Facharbeiter eine Beförderung
zum Meister ablehnen: "Das bißchen Mehr an Belohnung, Prestige und Einfluß reizt mich nicht, die deutlich größere Verantwortung zu übernehmen".
Mit ähnlichen Aussagen werden wir zunehmend konfrontiert.

Darüber hinaus sieht sich die Personalentwicklung häufig im Spannungs-
feld von Unternehmenswerten (schriftlich formuliert als Unternehmensleit-
linien, Führungsleitsätzen usw.) auf der einen Seite und wirtschaftlichen
Sachzwängen auf der anderen Seite ausgesetzt. Daß ein Unternehmen sich
darüber Gedanken macht, sein Wertesystem, die von ihm angestrebte Arbeits-
ethik deutlicher zu machen und durch schriftliche Leitsätze zu formulieren ist begrüßenswert und ein wichtiger Beitrag zur Wertediskussion. Der
Personalentwicklung kommt dabei häufig die Aufgabe zu, den Umsetzungspro-
zeß dieser Werte in praktisches Alltagshandeln zu gestalten und zu begleiten. Problematisch ist nur, wenn in Krisenzeiten aufgrund wirtschaft-
licher Sachzwänge dieses Wertesystem zeitweise außer Kraft tritt. Wirtschaftliche Sachzwänge sind in unseren Augen nur eine höfliche Umschreibung dafür, daß es einen definierten, stark reduzierten Geltungsbereich
für bestimmte Werte gibt. Außerhalb dieses Bereichs gibt es ein verdeck-
tes (Meta-) Wertesystem.

Insgesamt wirken also einige Entwicklungen von außen auf die Personalentwicklung ein. Sie hat hier nur eingeschränkten Einfluß, ist also eher leid-
tragend. Andererseits kann die Personalentwicklung bestimmte Werteentwick-

---

1) Noelle-Neumann, E.: Werden wir alle Proletarier? Zürich, 2. Auflage
   1979

lungen auch aktiv mitgestalten durch das ihr zur Verfügung stehende Personalinstrumentarium. Jede Personalentscheidung, jede Form der Ausgestaltung eines Personalsystems ist eine Werteaussage und kann die individuellen Wertsysteme der Mitarbeiter und die Wertestruktur des Unternehmens beeinflussen.

Entscheidend ist, daß diese impliziten Wertaussagen der Personalentwicklungsarbeit den Entwicklern bewußt werden. Die Abbildungen 6 und 7 sollen diesen Zusammenhang verdeutlichen.

Schwerpunktmäßig konzentrierte man sich in der Vergangenheit auf die Bestgestaltung von "Sachstrategien" in der Personalentwicklungsarbeit. Wie kann man ein definiertes Zielbündel möglichst ökonomisch erreichen? Vordergründig ist diese Fragestellung zunächst ein Planungsproblem, das mittels logischer Kalküle lösbar erscheint. Die Werteproblematik wird jedoch an vielen Stellen sichtbar. Selbst bei einfachen Personalentwicklungsfragestellungen laufen komplexe Kommunikations- und Werteaustauschprozesse ab. Eine typische "Alltagsfrage" eines Vorgesetzten an die Personalentwicklung könnte sein "Mein Mitarbeiter ... ist in Besprechungen unsicher, welche Bildungsmaßnahmen können Sie mir empfehlen?". Wir wollen dieses Beispiel als Ausgangspunkt für einige Überlegungen nehmen, die die kritischen Punkte in rationalen Planungsprozessen aufzeigen sollen.

● Erster kritischer Punkt - die Situationsanalyse

Nehmen wir an, der Mitarbeiter wird zum gleichen Sachverhalt gefragt. Er könnte antworten: "Wenn mein Chef und ich gemeinsam an einer Sitzung teilnehmen, dann ist das so eine Sache ... Wissen Sie, wir sehen die Situation schon sehr unterschiedlich. Mir persönlich tritt er zu massiv auf. Ich operiere lieber etwas vorsichtiger. Darum fällt es uns schwer, eine gemeinsame Vorgehensweise zu entwickeln. Er müßte diplomatischer werden. Ich versuche auch in den Sitzungen durch mein vorsichtigeres Verhalten abzuschwächen". Wir können es uns ersparen, die Antwort des Chefs auf diese Situationsbeschreibung des Mitarbeiters auszudenken. Beide, Mitarbeiter und Vorgesetzter, erzeugen einen "typisch mensch-

Unsere Erfahrung

Wir brauchen für unsere Arbeit (Personalentwicklung / Bildungsarbeit) eine stärkere Bewußtheit der unserem Handeln zugrunde liegenden Werte

Ist es uns wirklich bewußt, was das Umsetzen von Werten in Personalarbeit bei den Betroffenen auslöst

... denn sie wissen nicht, was sie tun ...

Abbildung 6

192

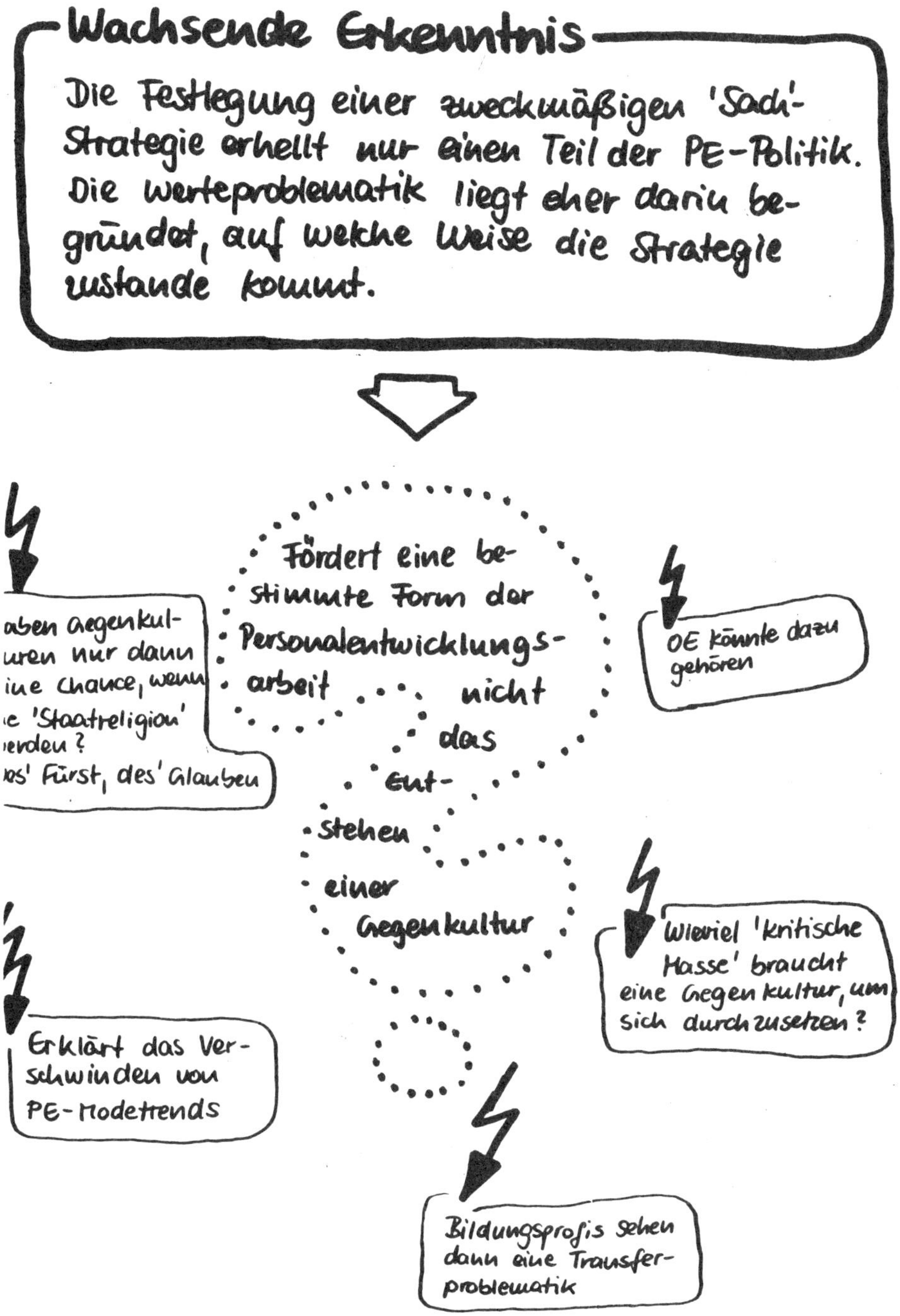

Wachsende Erkenntnis

Die Festlegung einer zweckmäßigen 'Sach'-Strategie erhellt nur einen Teil der PE-Politik. Die Werteproblematik liegt eher darin begründet, auf welche Weise die Strategie zustande kommt.

Fördert eine bestimmte Form der Personalentwicklungs- arbeit ... nicht das Ent- stehen einer Gegenkultur

haben Gegenkulturen nur dann eine Chance, wenn ~e 'Staatreligion' ~erden? ~s' Fürst, des' Glauben

OE könnte dazu gehören

Wieviel 'kritische Masse' braucht eine Gegenkultur, um sich durchzusetzen?

Erklärt das Verschwinden von PE-Modetrends

Bildungsprofis sehen dann eine Transferproblematik

Abbildung 7

lichen Konflikt, der darin besteht, daß das Korrekturverhalten des einen Partners (der Mitarbeiter versucht durch Vorsichtigkeit, den Chef zu korrigieren) vom anderen als das Verhalten gesehen wird, das der Korrektur bedarf (Der Chef findet das vorsichtige Verhalten des Mitarbeiters nicht gut und wird vermutlich noch massiver auftreten.)" [1]

Eine doppelte Werteproblematik wird sichtbar. Einmal aus der Sicht der Betroffenen: Die Einschätzung einer Situation ist eine Art der subjektiven Bewertung - was ist richtiges Gesprächsverhalten - die das individuelle Wertesystem abbildet. Das andere Mal aus der Sicht des Personalentwicklers: Wie behandelt er die beiden Informationen, nach welcher wird er sich orientieren? Geben wir uns keinen Illusionen hin, nicht immer sind diese Art Kommunikationsknoten auflösbar!

● Zweiter kritischer Punkt - das Ziel

Nehmen wir an, es gelingt uns, beide Partner zu einer gemeinsamen Situationsbeschreibung zu bringen oder, was der einfachere Fall ist, beide haben von vornherein die gleiche Situationseinschätzung. Das gemeinsam formulierte Ziel ist dann vielleicht "in kritischen Verhandlungssituationen mehr Sicherheit in der Argumentation haben."
Wir wollen es uns ersparen, wieder die konkrete Situation nach dem Seminar auszudenken. Die Werteproblematik liegt auf der Hand. Trainer, Mitarbeiter und Vorgesetzter haben je nach individueller Wertesystematik eine andere Vorstellung von dem Ausmaß und der Richtigkeit des Ergebnisses, dem Mehr an Sicherheit (wenn es überhaupt ein Mehr ist).

---

1) Watzlawick, Paul: Wie wirklich ist die Wirklichkeit; Wahn - Täuschung - Verstehen, a. a. o. , S. 18 mit Hinweis auf Watzlawick, Paul; Weakland, J. H.; Fisch, R.: Lösungen, Bern/Stuttgart/Wien 1974, S. 55 ff.

● Dritter kritischer Punkt - der Lernprozeß

Gehen wir wieder von dem Fall aus, es herrscht Gemeinsamkeit in der Situationsanalyse und Lernzielbeschreibung.

Ein weiteres Werteproblem wird deutlich, wenn es um die Festlegung der Maßnahmen geht. "Zwei Tage, ein Satz einfacher Regeln für Standardsituationen und dem Mitarbeiter ... ist geholfen", könnte ein Vorgesetzter sagen. "Nach meiner Erfahrung braucht die Bearbeitung eines solchen Problems einen längeren Entwicklungsprozeß. Wir können nur Impulse geben, aber die Hauptentwicklungsarbeit liegt bei Ihnen als Vorgesetzten", könnte der Personalentwickler sagen. Es geht bei diesem Dissens nur vordergründig um unterschiedliche didaktische Strategien oder gar um ein mangelndes pädagogisches Wissen beim Chef, was wir uns nur all zu leichtfertig selbst einreden können. Beide Parteien bilden in dem Dissens eine Prioritätenreihe ab, die ihrerseits wieder das jeweilige individuelle Wertesystem abbildet. Für den Personalentwickler ist Mitarbeiterqualifizierung eine zentrale (Lebens-) Aufgabe. Für den Chef ist Mitarbeiterqualifizierung vielleicht nicht so zentral. Er wird von seinem Vorgesetzten für andere Aufgaben belohnt oder ganz andere Aufgabengebiete seines Aufgabenfeldes bringen ihm Zufriedenheit, weil sie seinem individuellen Wertesystem eher entsprechen.

● Vierter kritischer Punkt - unerwünschte Nebeneffekte

Nehmen wir an, es gelingt, die unterschiedlichen Haltungen zum zweckmäßigen Lernprozeß in einen gemeinsamen klaren Auftrag umzusetzen. Der Mitarbeiter, der Personalentwickler und der Vorgesetzte gestalten den Lernprozeß erfolgreich. Der Vorgesetzte wünscht, zwei weitere Mitarbeiter auf die gleiche Weise zu qualifizieren, was auch zweckmäßig erscheint.

Einige Zeit später zieht der Vorgesetzte die beiden Mitarbeiter zurück und storniert den Auftrag. Ein Telefonanruf könnte die folgende Situation ergeben. Nachdem wir uns durch das übliche Ritual vorgeschobener Argumente gehangelt haben, beschreibt der Vorgesetzte die Situation wie

folgt: "Ich will ja zugeben, daß die Maßnahme erfolgreich war. Der Mitarbeiter ist tatsächlich sicherer geworden. Aber der Erwerb dieser Sicherheit muß von mir teuer bezahlt werden. Plötzlich duzt sich die ganze Truppe in meinem Bereich, sie haben einen vertrauten Umgangston und
haben sich gegen mich verbündet. Euer Leitungsstil paßt nicht zu uns
hier im Betrieb. Dieses Friede-Freude-Eierkuchen-Gehabe, dieses Suhlen
im Mief des Urschreis..."
Ersparen wir uns die weitere Beschreibung. Es gibt zwei Möglichkeiten,
die Situation zu analysieren. Wir können uns (zumindest innerlich) auf
die Seite der Mitarbeiter-Mehrheit stellen, den neuen Abteilungsstil
gut heißen und mit dem Chef daran arbeiten, daß er wieder einbezogen
wird. Bei den uns zur Verfügung stehenden Instrumenten ist das manchmal der leichtere Weg.

Die zweite Möglichkeit ist, zuzugeben, daß uns wohl ein klassischer
Kunstfehler passiert ist. Offensichtlich hat unser Stil, den Lernprozeß zu begleiten oder die Lerngruppe zu leiten dazu geführt, daß in
der Lerngruppe eine Art Gegenkultur entstanden ist. Diese Gegenkultur
ist nicht mit der Kultur der Organisation vereinbar. Zufällig hat die
Gegenkultur in unserem Fall durch drei Mitarbeiter des gleichen Vorgesetzten die kritische Masse erreicht, die zum Umkippen des Abteilungs-
stils führte und den Chef isolierte. Wir sind auftragsbrüchig geworden
und haben unsererseits den Auftrag einseitig ausgeweitet - bewußt oder
unbewußt. Auch fahrlässiges Verhalten ist strafbar.

Wir glauben, daß dieses Beispiel deutlich zeigt, wie sorgfältig nicht
nur der vordergründige Lernprozeß - die Sachstrategie - erarbeitet werden muß, sondern wieviel wichtiger es ist, verdeckte Werte, die durch
den Lernprozeß als Nebeneffekt übertragen werden, bewußt zu erkennen
und die Auswirkung des Übertragungsprozesses zu gestalten.

Fördert eine bestimmte Form der Personalentwicklungsarbeit nicht das
Entstehen einer Gegenkultur? Diese zentrale Frage haben wir mit den Fo-
rums-Teilnehmern ausführlich diskutiert. Ketzerisch könnte man behaupten, daß das Verschwinden bestimmter Personalentwicklungsmodetrends und
auch die immerwährende Transferdiskussion aus der Sicht der Bildungsprofis Auswirkungen des gleichen Wertethemas sind. Personalentwicklungs-

maßnahmen tendieren dazu, sich von der Organisationskultur zu entfernen und eine eigene Seminarkultur oder Gegenkultur aufzubauen.

Es gilt, dieses Auseinanderdriften zu beherrschen und in eine geplante Entwicklung einmünden zu lassen. Die Personalentwicklungsarbeit hat das Recht, Werteimpulse zu geben, sie hat aber auch die Pflicht, funktionale Bestandteile der vorhandenen Wertestruktur im Unternehmen zu bewahren.

3.3 Definition von Strategiefeldern

Ein erster Versuch, die verdeckten Wertethemen zu gestalten, ist die Definition von Strategiefeldern zur Erarbeitung einer bewußten Personalentwicklungspolitik (vergleiche Abbildung 8).
Politik verstehen wir dabei als Umsetzung des Wertesystems in Handlungsabsichten.

Verstehen wir die Personalentwicklungsarbeit als die Planung, Einleitung und Durchführung umfassender Qualifizierungsprozesse (klassische Personalplanungsaufgaben - wie Bedarfsplanung - werden bei dieser begrifflichen Festlegung ausgeklammert), so können drei Strategiefelder gegeneinander abgegrenzt werden:

        1. Lernziele/Lerninhalte
        2. Lernorganisation
        3. Lehrorganisation

● Erstes Strategiefeld - Lernziele/Lerninhalte

Eine schlüssige Lernzieltaxonomie zu entwickeln, ist eine wichtige Aufgabe in diesem Strategiefeld. Wenn diese Taxonomie jedoch ausschließlich von der pädagogisch sinnvollen Lernbereichsgliederung ausgeht, besteht die Gefahr, daß die Auftraggeber in der Organisation damit nicht mehr umgehen können. Wir haben versucht, eine einfache Lernziele/-inhalte-Matrix zu entwickeln, die Vorgesetzten und Mitarbeitern helfen sollen, Entwicklungen im Aufgabengebiet einzuordnen (vergleiche Abbildung 8).

▬ Ein erster Handlungsschritt

Definition von Strategiefeldern zur Erarbeitung einer bewußten Personalentwicklungspolitik

Strategiefeld 1:

Lernziele / Lerninhalte

	Fach-	Methoden-	Sozialkompetenz
Einarbeiten			
Anpassungs- qualifikation			
Nachwuchs- entwicklung			

Werteproblematik **Wie komme ich zu dieser Strategie?**

- **X/Y-Thematik (McGregor)**
  weiß jeder Mitarbeiter was er braucht!

- **industrielles Demokratieverständnis**
  in welchem Umfang können die Mitarbeiter mitbestimmen?

Strategiefeld 2:

Lernorganisation

- Orientierung an den Lebensphasen
- Orientierung an den Lerngewohnheiten

Werteproblematik **Selbststeuerungsideal /**
Ideal: teilautonome Gruppen

Strategiefeld 3:

Lehrorganisation

- Gestaltung von zweckmäßigen
  Lernsituationen
- Effiziente Begleitung von Lernpro-
  zessen

Werteproblematik **Führen oder wachsen lassen**

Abbildung 8

Wir gehen dabei von drei Hauptfragestellungen der Personalentwicklung aus:

Erste Hauptfrage: Einarbeiten
Zwischenzeitlich haben wir diesen Begriff auf Einstiegsqualifizierung erweitert. Jede Stelle kann durch einen Satz Anforderungen beschrieben werden, der unterschiedliche Dimensionen verschieden stark ausgeprägt. Dem gegenüber steht das Kompetenzspektrum des Mitarbeiters, der diese für ihn neue Stelle wahrnehmen soll. Den Lernprozeß, der ihn befähigt, Aufgaben der Stelle durchschnittlich wahrzunehmen, bezeichnen wir als Einstiegsqualifizierung. Die Berufsausbildung im Unternehmen ist eine typische Einstiegsqualifizierung, ebenso die Betreuung und Begleitung neuer Mitarbeiter oder die Betreuung und Begleitung von Mitarbeitern bei einem Horizontalwechsel, der nicht als Einleitung eines Einstiegsprozesses geplant ist.

Zweite Hauptfrage: Anpassungsqualifizierung
Die Anforderungsentwicklung der Stelle - ausgelöst durch technologische, wirtschaftliche und soziale Einflüsse - kann dazu führen, daß die Ausgangsqualifikation des Stelleninhabers nicht mehr den neuen Anforderungen entspricht. Die Notwendigkeit einer Anpassungsqualifizierung entsteht. Diese Fragestellung wird durch verschiedene Innovationsschübe in der Zukunft immer wichtiger werden. Neben den erheblichen Kosten in diesem Bereich ist die Lernmotivation der Betroffenen das Hauptproblem. Wer kann es einem erfahrenen Anlagenelektriker verübeln, daß er wenig Lust verspürt, sich der Elektronik-Revolution zu stellen, zumal es im Regelfall keine Belohnungen für die aufwendige Lernleistung gibt.

Dritte Hauptfrage: Nachwuchsentwicklung
Diese Fragestellung haben wir zwischenzeitlich durch den Begriff Aufstiegsqualifizierung erweitert. Alle Lernprozesse, die Mitarbeiter befähigen sollen, verantwortungsvollere Aufgaben wahrzunehmen, versuchen wir unter diesem Begriff zusammenzufassen.

Durch diese drei Hauptfragestellungen gehen wir zunächst von einem statischen Modell aus. Die Stelle ist vorgegeben, der Mitarbeiter entwickelt sich auf die Herausforderung zu. Dieses gedankliche Modell hat sich im Austausch mit unseren Auftraggebern als praktisch erwiesen. Wir bezeichnen es als statisches, mitarbeiterbezogenes Modell der Personalentwicklung.

Zwei weitere Modelle müssen bei der Gestaltung einer Personalentwicklungsstrategie berücksichtigt werden. Das statische, stellenbezogene Modell der Personalentwicklung ist dadurch gekennzeichnet, daß die Zusammensetzung der Stelle (die einzelnen Anforderungsbestandteile) an dem gegebenen Kompetenzspektrum des Mitarbeiters ausgerichtet werden. Wir erleben in der Praxis häufig, daß mit Wechsel des Stelleninhabers auch die Wirkung der Stelle und das Aufgabenverständnis wechseln.

Der betrieblichen Realität wird es am ehesten entsprechen, wenn man Kompetenzspektrum und Anforderungszusammensetzung der Stelle als permanenten Anpassungsprozeß denkt. Dieses Modell bezeichnen wir als dynamisches Modell der Personalentwicklung.

Für die Entwicklung einer Personalentwicklungs-Strategie gemeinsam mit Mitarbeitern und Vorgesetzten ist nach unserer Erfahrung das erste Modell für den Einstieg am besten geeignet. Erst nach einer Strecke gemeinsamer Erfahrung lernen Personalentwicklung, Mitarbeiter und Vorgesetzte das komplexere dynamische Modell handhaben.

Diese Modelle und die dahinterstehenden Fragestellungen helfen, die Quellen für Personalentwicklungsziele zu identifizieren. Darüber hinaus entstehen bei jeder Fragestellung spezifische Lernprobleme, die sich in einem differenzierten Lernprozeß niederschlagen müssen.

Dem gegenüber stehen in der Lernziele-/inhalte-Matrix die Kompetenzkategorien (vergleiche Abbildung 8).

Wir unterscheiden drei Kompetenzbereiche:

- Fachkompetenz, dies sind das zur Wahrnehmung einer
  Aufgabe notwendige fachliche Breiten- und Tiefenwissen
  und die fachliche Erfahrung

- <u>Methodenkompetenz</u>, dies sind persönliche und grup-
  penorientierte Arbeitstechniken, wie Analyse- und
  Entscheidungstechniken, mündliches und schriftli-
  ches Argrmentationsvermögen, aber auch Führungstechniken wie Initieren, Improvisieren, Kontrollieren und Beraten

- <u>Sozialkompetenz</u>, die die erzielte Wirkung im Umgang mit anderen, Selbständigkeit und Risikobe-
  reitschaft, Ausdauer und Konzentration, emotio-
  nelle Selbstkontrolle und Arbeitsorientierung um-
  fassen könnte. [1]

Diese Grobtaxonomie (Hauptfragestellungen/Kompetenzbereiche) hat den
Vorteil, daß sowohl Stellenherausforderungen als auch denkbare Lernziele und Lernprozesse klassifizierbar und mit ihren spezifischen Problemen verstehbarer werden. Dieses einfache Modell hat uns in den vergange-
nen Jahren bei der Ausarbeitung von Strategien geholfen.

Die Grobtaxonomie hilft zumindest die Werteproblematik des ersten Stra-
tegiefeldes zu verdeutlichen, die mit dem Zustandekommen der konkreten
Personalentwicklungsstrategie zusammenhängt. In welchem Maße werden Mitarbeiter und Vorgesetzte an der Entwicklung der Strategie beteiligt?
Wenn wir beispielsweise davon ausgehen, daß jeder Mitarbeiter genau weiß,
in welchen Bereichen er sich entwickeln muß und will, und die konkrete
Förderung danach ausrichten, dann signalisieren wir ein sehr weitgehen-
des industrielles Demokratieverständnis. Auch dann, wenn die Annahme
sachlich vollständig zu rechtfertigen ist, müssen wir uns mit den Auswirkungen auseinandersetzen, wenn dieses Demokratieverständnis auf an-

---

1) vgl. dazu Fischer, Hans-Peter; Heinecke, Hans-Jürgen: Zwischenbilanz
   eines Entwicklungsprojektes für Führungsnachwuchskräfte in: Elemente
   der Personalentwicklung in der Diskussion - Bestandsaufnahme und
   Trends für die 80er Jahre, Herausgeber: Schäkel, Thiede, Düsseldorf
   1981, S. 242
   vgl. dazu Fischer, Hans-Peter u. a.: Projektorientierte Fachbildung
   im Berufsfeld Metall - Modellversuche zur beruflichen Bildung Heft 9,
   Berlin 1982, S. 51 ff.

dere Bereiche der Arbeit übertragen wird.

● Zweites Strategiefeld - Lernorganisation

Hier geht es um die Gestaltung des Lernprozesses. Grundmaxime muß sein, sich an den Lerngewohnheiten der Teilnehmer zu orientieren. Diese Lerngewohnheiten werden sich in den unterschiedlichen Lebensphasen differenziert ausprägen. Sie sind abhängig von der Lerngeschichte der Teilnehmer und von den Lernritualen im jeweiligen Arbeitsfeld.

Die Lernorganisation kann durch verschiedene Parameter beschrieben werden, wie:

- Nähe "zum Arbeitsplatz" (Lernen am Arbeitsplatz
  und "Lernen im Seminar" sind nur zwei Pole auf
  einer umfassenden Skala)

- Nähe zur Arbeitswirklichkeit

- Strukturierungsgrad des Lernprozesses (inwieweit
  ist der Lernweg vorgezeichnet? Gibt es festgelegte
  Curricula?)

- Strukturparameter (Zeit, Thema, Teilnehmer)

Eine Fülle von Wertproblemen steht hinter diesen Parametern, als Beispiel sei nur das Selbststeuerungsideal oder das Ideal der teilautonomen Lerngruppen aufgeführt. Auch in diesem Zusammenhang muß geprüft werden, welche Auswirkungen zu erwarten sind, wenn der dahinterliegende Freiheitsbegriff (als umfassenderer Wert) auf die alltägliche Arbeitssituation übertragen wird.

● Drittes Strategiefeld - Lehrorganisation

In diesem Strategiefeld wird der Qualifizierungsprozeß aus der Sicht des Entwicklungsbegleiters gesehen. Wie können zweckmäßige Lernsituationen gestaltet werden? Was ist eine effiziente Begleitung von Lernprozessen? Welches Instrumentarium steht in der Prozeßbegleitung zur Verfügung?

Durch das Leitungs- und Begleitungsverständnis von Lernprozessen werden Werte am verdecktesten übertragen. Die Auswirkungen dieses Übertragungsprozesses sind nur schwer beherrschbar. Exemplarisch sei hier die alte Theodor Litt Dichotomie angeführt [1]: Sollen Teilnehmer durch den Lernprozeß geführt werden oder soll man sie an den Lernsituationen wachsen lassen? Können Teilnehmer Lernfelder umfassend selbst erschließen? Zu welchem Zeitpunkt sollen Fehlentwicklungen in Lernprozessen vom Leiter aufgedeckt werden, oder lernen die Teilnehmer am effizientesten, wenn sie auch Fehlentwicklungen erleben?

Auf keine dieser Fragen gibt es allgemeingültige Antworten. Sie müssen auf den Kontext des spezifischen Lernprozesses und Entwicklungsauftrags abgestimmt werden.

Darüber hinaus gilt zudem, daß die sorgfältige Definition von Strategiefeldern nur Wertefragen erkennen hilft. Ein Lösungsschritt ist damit eingeleitet, nicht jedoch die Lösung des Gesamtproblems.

3.4 Interessenausgleich durch Personalentwicklung

Wir können und wollen keinen allgemeingültigen Ansatz zur Lösung von Werteproblemen in der Personalentwicklungsarbeit vorstellen. Wir möchten nur unsere Erfahrungen, die wir in einem Ausschnitt des Gesamtproblems gesammelt haben, zur Diskussion stellen.

Dieser Ausschnitt ist durch die Frage gekennzeichnet: Wie geht die Per-

---

1) vgl. dazu Litt, Theodor: Führen oder wachsen lassen, 13. Auflage Stuttgart 1967

sonalentwicklung mit den gegebenen Werten in der Organisation um? Wir verstehen dabei unter Werten in der Organisation (in Anlehnung an die Klages-Definition) [1], den Satz geistiger Grundorientierungen, der in seiner Gesamtheit das System sinnkonstituierender Orientierungsleitlinien und Ordnungsaspekten organisatorischen Zusammenwirkens bildet.

Dieser organisatorischen Wertestruktur steht die individuelle Wertesystematik der Mitarbeiter gegenüber, wie sie sich in den Interessen, Wünschen, Erwartungen aber auch Befürchtungen und Ängsten niederschlägt. Zwei polare Strategieansätze sind als Reaktion der Personalentwicklung auf diese Interessen denkbar (siehe Abbildung 9). Beide Strategien können wiederum eine Vielzahl von denkbaren Personalentwicklungsmaßnahmen ausprägen. Beide Strategien repräsentieren ihrerseits wiederum eine Wertesystematik. Beide beinhalten eine Fülle von Chancen und Risiken.

Der Emanzipationsansatz liegt wohl im Trend einer gesamtgesellschaftlichen Werteentwicklung, die dem Einzelnen und seinen Strebungen mehr Beachtung schenkt. Diese neuere humanistische Philosophie fußt auf dem Gedankengut Abraham Maslows und seinem Zentralbegriff der Selbstverwirklichung.

Dieser Begriff wird zunehmend umstritten, obwohl er die neuere Betriebspsychologie in den USA und Westeuropa in sehr starkem Maße beeinflußt. Die folgenden Überlegungen sollen die wichtigsten Ansätze einiger prominenter Kritiker verdeutlichen:

- Viktor E. Frankl sieht die Gefahr einer Uminterpretation des Ziels Selbstverwirklichung in einen universellen Zweck. Diese Uminterpretation ... "wäre angesichts der menschlichen Natur sehr naheliegend. Ist aber die Wirklichkeit - das sind die Menschen und die Umwelt - einmal erst zum Mittel abgewertet, dann entsteht eine besonders gefährliche Spielart ... einer ausbeuterischen Beziehung,

---

1) Klages, Helmut und Kmieciak, Peter: Einführung zum Sammelband Wertwandel und Gesellschaftlicher Wandel, Frankfurt/New York, 2. Auflage 1981, S. 11

Die gleiche Frage anders gestellt

Wie geht Personalentwicklung mit den gegebenen Werten in der Organisation um?

Die PE kann mit den Einzelinteressen der Mitarbeiter...

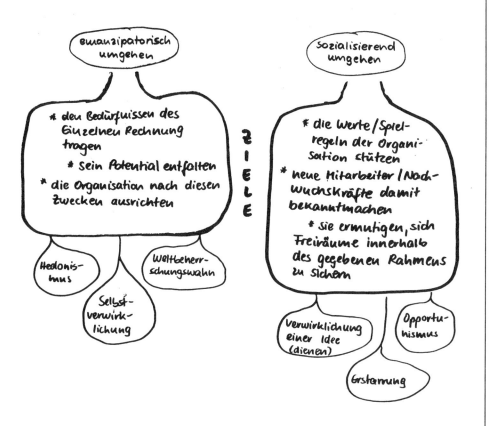

emanzipatorisch
umgehen

* den Bedürfnissen des
Einzelnen Rechnung
tragen
* sein Potential entfalten
* die Organisation nach diesen
Zwecken ausrichten

Hedonis-
mus

Selbst-
verwirk-
lichung

Weltbeherr-
schungswahn

Z
I
E
L
E

sozialisierend
umgehen

* die Werte / Spiel-
regeln der Organi-
sation stützen
* neue Mitarbeiter / Nach-
wuchskräfte damit
bekanntmachen
* sie ermutigen, sich
Freiräume innerhalb
des gegebenen Rahmens
zu sichern

Verwirklichung
einer Idee
(dienen)

Erstarrung

Opportu-
nismus

Abbildung 9

in der der Mensch, um seine Bedürfnisse zu stillen, die Resourcen (Hilfsquellen), die ihm zu Gebote stehen, rücksichtslos für sich nutzt. Wenn Selbstverwirklichung so verstanden wird - und sie wird leider vielfach so verstanden! -, dann läuft sie auf aktive Weltbeherrschung durch den Menschen hinaus, zugleich aber auf Hedonismus ..." [1], auf die alleinige Suche nach Genuß und Sinneslust. Weiterhin gilt, daß unser Selbst verschiedenste Möglichkeiten/Potentiale ausprägt. Diese Möglichkeiten können sich widersprechen und gegenseitig ausschließen. "Wir können nicht fortwährend alle unsere Möglichkeiten und Potentiale realisieren; das Leben zwingt uns Wahlentscheidungen auf." [2]

Diesem Gedankengang folgend kann sich die Person nicht selbst verwirklichen mit all ihren Möglichkeiten. "Nicht der Prozentsatz an erfüllten Lebenschancen entscheidet über den Grad dieser Verwirklichung, sondern die Folgerichtigkeit und Verantwortungsbereitschaft, mit denen wir zu den von uns getroffenen Wahlentscheidungen stehen." [3]

- Wesentlich weiter geht Michael Maccoby, Schüler Fromms und Riesmans in seiner Kritik an dem Zentralbegriff Selbstverwirklichung und der Schule rund um Maslow. Er denkt, daß gerade der Begriff "Selbstverwirklichung" dazu führt, institutionelle und organisatorische Machtstrukturen zu verfestigen. Selbstverwirklichung, eine Erfolgsstrategie für programmierte Gewinner im System?

---

1) Dederra, Erich: Humanistische Psychologen unter Beschuß, FB/IE 27/1978, Heft 6, S. 411 mit Hinweisen auf Frankl, V. E.: Psychotherapy and existentialism, Harmondsworth 1973

2) ebenda

3) ebenda, S. 412

... "außerdem ignoriert das Konzept der "Selbstverwirklichung" die
Frage der Selbstzentrierung, der Egozentrik. Um das Herz zu entwickeln, muß man es für andere öffnen. Maslow betrachtet es als
höchstes Bedürfnis, "alles zu werden, wozu man fähig ist". Dies
aber ist naiv, weil es voraussetzt, daß alle Möglichkeiten mora-
lisch sind und miteinander koexistieren können. Wir sind alle zum
Guten und zum Bösen fähig, Liebende oder Mörder zu sein, weise
Männer oder Frauen oder Wahnsinnige. Wir mögen auch fähig sein,
viele Talente und Rollen zu entwickeln, vom Künstler bis zum Ath-
leten, Strandräuber bis zum Manager. Der springende Punkt sollte
nicht sein, daß wir durch die Befriedigung niedriger Bedürfnisse
automatisch höhere entwickeln, sondern wir müssen wählen, wer und
was wir sein wollen und danach streben, angeborene Anlagen zu Ver-
nunft und Liebe zu verwirklichen, indem wir Habgier und Egozentrik
überwinden sowie gleichzeitig gesellschaftliche produktive Fähigkeiten und Talente entwickeln, die das Leben erhöhen." [1]

Die Kritik - sie mag teilweise überzogen sein, um den eigenen Standort
deutlicher herauszuarbeiten - kann auf einem wesentlichen Punkt konzentriert werden. Der neue Humanismus, ausgehend von Maslows Überlegungen,
konzentriert sich sehr stark auf die Einzelperson. Ihm fehlt die Bezogen-
heit auf andere, die Gemeinschaft, Gesellschaft und Organisation, wie sie
im traditionellen und radikalen Humanismus vom Christentum/Buddhismus bis
hin zu Marx und Fromm zum Ausdruck kommt.

Dieser fehlende Aspekt einer Orientierung auf ein übergeordnetes, für die
Menschen allgemeingültiges Prinzip, bedeutet stets die Gefahr, mit Hilfe
der Selbstverwirklichungs-Philosophie die Umwelt zu mißbrauchen. Dann
wird Selbstverwirklichung eine höfliche Umschreibung für schrankenlosen
Egoismus.

---

1) Maccoby, Michael: Die neuen Chefs, Reinbeck bei Hamburg 1979, S. 195

Eine Organisation ist gekennzeichnet durch die Ausrichtung vieler auf ein gemeinsames Ziel. Ein fundamentales Ziel ist es, den Fortbestand der Organisation zu sichern. Der Aufbau eines Komplexen Systems mit dem Ziel der Systemzerstörung wäre ein Widerspruch in sich. Aus diesem übergeordneten Ziel/Sinn der Organisation kann sich ein Bündel "sinnkonstituierender" Werte ableiten, die durchaus den Entfaltungsspielraum der Einzelinteressen vom Mitarbeiter einschränken.

Die zweite Strategie "sozialisierender Umgang mit den Einzelinteressen" geht davon aus, daß es eine wichtige Aufgabe der Personalentwicklung ist, die Werte/Spielregeln der Organisation zu stützen (vergleiche Abbildung 9).

Der Selbstverwirklichung des Individuums steht hier die Verwirklichung einer Idee (Sinn der Organisation) gegenüber. Die Personalentwicklung könnte die Mitarbeiter ermuntern, ihr Potential in den Dienst dieser Idee zu stellen. Die problematischen Auswüchse bei dieser Strategie liegen auf der Hand. Wenn bestimmte Ziele und Werte der Organisation nicht in Frage gestellt werden dürfen, kann es zur Erstarrung kommen. Personalentwicklungsarbeit wäre dann Erziehung zum Opportunismus.

Der einzig sinnvolle Arbeitsansatz der Personalentwicklung angesichts dieser Situation ist es, einen Interessenausgleich zwischen der individuellen Selbstverwirklichung und der Verwirklichung einer Idee herbeizuführen.

Das instrumentale Arbeitsmodell ist in diesem Falle ein Kräftemodell (Vergleiche Kapital 2.4.), das in seinen groben Zügen durch Abbildung 10 beschrieben wird.

Gehen wir beispielhaft von einer komplexeren Personalentwicklungsaufgabe aus. (Bei diesem Aufgabenniveau wird die Grenze zwischen Personalentwicklung und Organisationsentwicklung fließend. Personalentwicklung muß dann als ein möglicher Weg zur umfassenderen Organisationsentwicklung verstanden werden.) Ein Bereich möchte an der Erhaltung seiner langfristigen Leistungsfähigkeit arbeiten und seine Identität innerhalb der Organisation neu definieren und entwickeln.

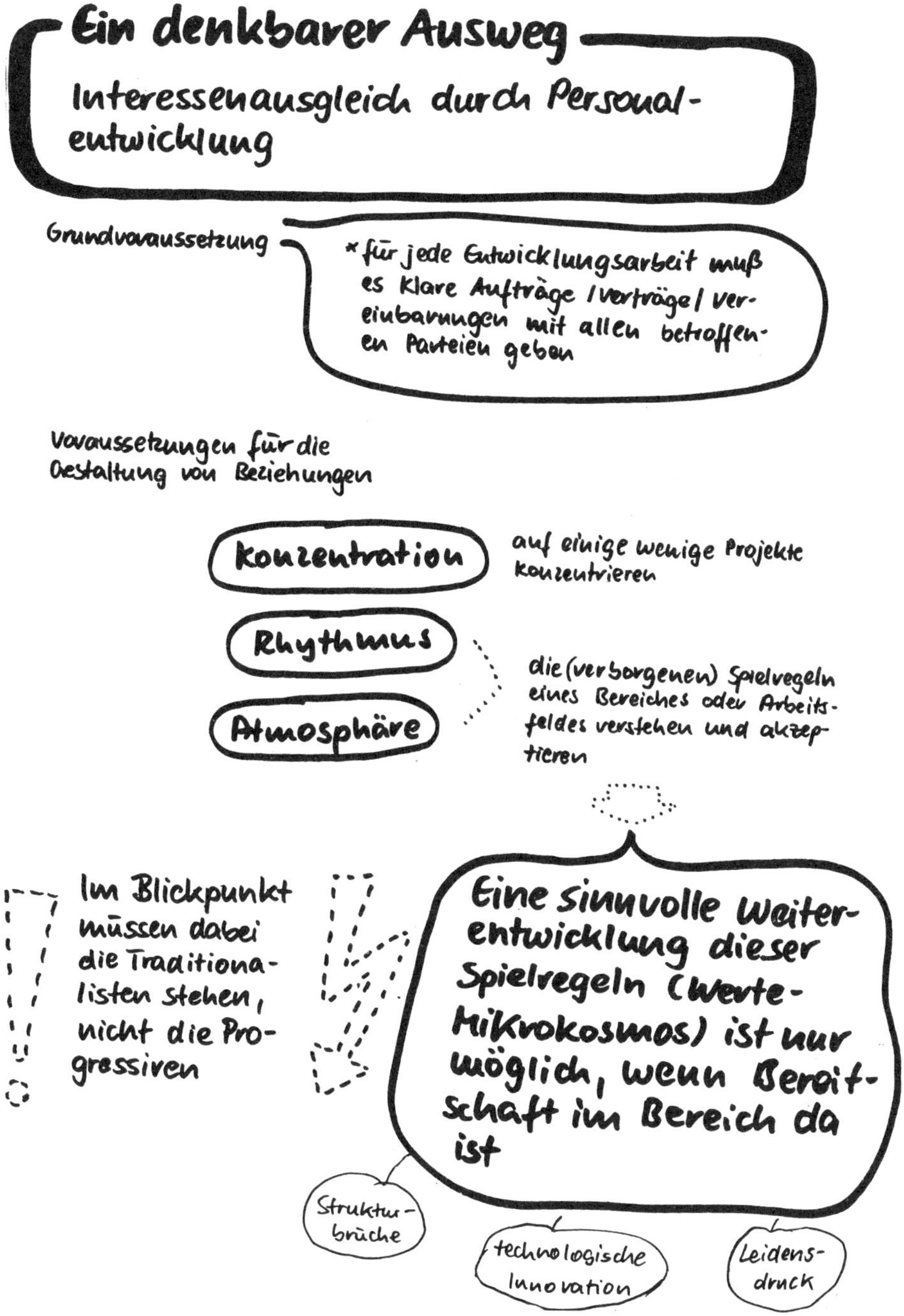

Ein denkbarer Ausweg

Interessenausgleich durch Personalentwicklung

Grundvoraussetzung —

* für jede Entwicklungsarbeit muß
es klare Aufträge / Verträge / Ver-
einbarungen mit allen betroffen-
en Parteien geben

Voraussetzungen für die
Gestaltung von Beziehungen

Konzentration — auf einige wenige Projekte
konzentrieren

Rhythmus

Atmosphäre — die (verborgenen) Spielregeln
eines Bereiches oder Arbeits-
feldes verstehen und akzeptieren

Im Blickpunkt
müssen dabei
die Traditiona-
listen stehen,
nicht die Pro-
gressiven

Eine sinnvolle Weiter-
entwicklung dieser
Spielregeln (Werte-
Mikrokosmos) ist nur
möglich, wenn Bereit-
schaft im Bereich da
ist

Struktur-
brüche

technologische
Innovation

Leidens-
druck

Abbildung 10

Eine solche umfassende Aufgabenbeschreibung ist zumeist schon das Ergebnis eines länger andauernden Entwicklungsprozesses, der einmal mit einer weniger komplexen Fragestellung begonnen hat. Die erste Grundvoraussetzung für die Bearbeitung dieser komplexeren Aufgaben sind klare Vertragsverhandlungen mit möglichst allen betroffenen Parteien (in unserem Beispiel Bereichsleiter, Mitarbeiter, Führungskader, Nachbarbereiche, Geschäftsleitung, Betriebsrat, etc.). Eine andere wichtige Voraussetzung ist, daß zwischen Personalentwicklung und Bereich eine enge Beziehung gestaltet werden kann.

Die Beziehungsgestaltung (nicht nur in diesem Kontext) kann durch drei Begriffe beschrieben werden. Für die Gestaltung von Beziehung braucht es Konzentration auf den Partner. Für die Personalentwicklung heißt dies, Konzentration auf einige wenige Projekte, Bündelung der Energie auf Bereiche anstelle der Verteilung und Versplitterung auf die Gesamtorganisation. Jede Person ist durch einen ihr eigenen Rhythmus, durch einen Lebenstakt bestimmt und durch eine spezifische Atmosphäre. Im interpersonellen Bereich wachsen Beziehungen, wenn die Partner lernen, den Rhythmus und die Atmosphäre des anderen zu achten.

Übertragen auf Bereiche kann man sagen, daß auch Systeme einen Rhythmus und eine Atmosphäre ausprägen, die sich durch die Bereichskultur und durch (manchmal verdeckte) Spielregeln ausdrücken. Diese Spielregeln definieren häufig auch die Systemgrenzen, sie schaffen ein "Innen" und "Außen", was für die Lebensfähigkeit des Systems wichtig ist. Der Versuch, dysfunktionale Spielregeln im Frontalangriff zu ändern, wird immer scheitern. Die Personalentwicklung muß lernen, Spielregeln zu akzeptieren und die Geduld aufbringen, den Zeitpunkt abzuwarten, zu dem auch der Bereich bereit ist, Spielregeln und Kultur zu überdenken. Dies mag sich durch konkrete Ereignisse (Strukturbrüche - wenn eine wichtige Person geht - oder Innovationen) entzünden oder auch daran, daß viele Mitarbeiter des Bereichs (die kritische Masse) deutlich die Dysfunktionalität wichtiger Spielregeln erkennen. Nur dann ist es möglich, in einen Werteentwicklungsprozeß einzusteigen.

Nach unserer Erfahrung müssen dabei im Blickpunkt die Traditionalisten stehen, nicht die Progressiven.

Abbildung 11 stellt einen denkbaren Ablauf eines solchen Werteentwicklungsprozesses dar. Er sollte immer beim Bewahrenswerten beginnen, bei den vorhandenen Spielregeln, bei den gegebenen Befürchtungen, Hoffnungen und Interessen. Vielleicht gelingt es im Entwicklungsprozeß den Bereichsmythos - jene zentrale Spielregel - zu entdecken, die sehr viele Prozesse im System steuert. Mit sehr viel Geduld und langem Atem kann es gelingen, den Bereich zum Nachdenken über eines seiner eheren Gesetze zu bringen. Damit kann der Übergang vom Bewahrenswerten zum Entwicklungsnotwendigen beginnen.

Wir haben die Hoffnung, daß auf diese Weise die Polarität von "Sozialisation" und "Emanzipation" (in dem von uns verstandenen Sinn, vergleiche Abbildung 9) aufgehoben und in eine Werteentwicklung umgesetzt werden kann.

Die nächsten Jahre Arbeit müssen es zeigen.

4. Zwei Arbeitsbeispiele

4.1 Entwicklungsprogramm für Angestellte

Durch dieses Beispiel wollen wir zeigen, wie ein Auftrag Schritt für Schritt erweitert und neu definiert werden mußte, um sich der zentralen Problemlage immer mehr zu nähern. Dieser Prozeß hält noch an.

Das Projekt umfaßt ca. 130 Mitarbeiter aus dem Bereich der Materialwirtschaft. Um den fachlichen Neuerungen (als Beispiel seien hier die Entwicklungstrends in der Logistik genannt) begegnen zu können, wurde 1976 eine qualitative Neubesetzungspolitik beschlossen. Die ersten Aktivitäten bestanden darin, fachliche Resourcen am Arbeitsmarkt zu beschaffen. Dieser Ansatz ging von einem typischen Defizitmodell aus (vergleiche Abschnitt 2.1). Es zeigte sich, daß die Entfaltung dieses externen Potentials im Bereich erhebliche Probleme machte. Offensichtlich wurden zu wenig Kohäsionskräfte entwickelt, um die "Neuen" und ihr Wissen zu integrieren. Die damals noch nicht bewußte Kernfrage war: Kann ein sehr stark an traditionellen

Zwei Vorgehensweisen

Sozialisation

Bewahrenswertes bewahren

- die Spielregeln klar sehen
- ihre Funktionalität überprüfen
- Entstehung / wodurch werden sie gespeist / Befürchtungen und Hoffnungen

Bereichsmythos

Emanzipation

Entwicklungsnotwendiges aufgreifen

- was wollen wir ändern
- was passiert, wenn wir nichts ändern?
- Definition eines Satzes neuer Spielregeln

Abbildung 11

Werten ausgerichteter Bereich ohne Übergangsphase Impulse von außen annehmen? Das Fehlschlagen des nächsten Schritts war damit programmiert.
Auch die Resourcen aus anderen Bereichen konnten die fachlichen "Defizite" nicht wesentlich ändern.

Durch ein mittelfristig vereinbartes Mitarbeiterentwicklungsprogramm versuchten wir, einen Übergang von Einzelfallösungen zu Teilbereichslösun-
gen zu arrangieren. In die Steuerung des Mitarbeiterentwicklungsprogramms
wurden die Führungskräfte des Bereichs integriert. Neben dem Versuch, Betroffene und Führungskräfte des Bereichs in die Überlegungen zu integrieren, war dies auch der Versuch, die Kultur des Bereichs zu berücksichtigen. Die Maßnahmen des Mitarbeiterentwicklungsprogramms gehen aus Abbildung 12 hervor.

Aufbauend auf diesen Überlegungen ist geplant, das Mitarbeiterentwicklungsprogramm für 1985 zu einem Bereichsentwicklungsprogramm als Gesamtkonzept zu erweitern.

Als erster Schritt haben zweitägige Bereichstagungen mit allen Mitarbeitern stattgefunden. Diese Tagungen wurden durch Mitarbeiter des Bereichs
moderiert (im Sinne des Austauschmodells, vergleiche Abschnitt 2.2), die
in einem eigenen Programm auf die Moderation vorbereitet wurden. Die Pro-
blemlösungsvorschläge der einzelnen Gruppen werden von kleinen Arbeitsteams verfolgt und ausgearbeitet und an eine Steuergruppe und die Betroffenen zurückgemeldet (Prozeßmodell, vergleiche Abschnitt 2.3).
Durch die Übertragung der Lehrverantwortung an dazu qualifizierte Mitarbeiter des Bereichs konnte neues, methodisches Wissen in den Bereich integriert werden. Gleichzeitig blieben wesentliche Elemente der Bereichskultur in der Lernsituation erhalten (Kräftefeldmodell, vergleiche Abschnitt 2.4).

Durch diese Arbeit sind verschiedene Eigenarten des Bereichs (Spielregeln)
deutlicher zu Tage getreten, so daß wir sie auch ansatzweise mit den Führungskräften und Mitarbeitern des Bereichs diskutieren konnten.

4.2 Entwicklungsprogramm für Facharbeiter

Durch dieses fachliche Entwicklungsprogramm für Einrichter und Bediener
von NC-Maschinen, soll die Integration von Betroffenen in die Lehrverantwortung und das Zusammenwirken von Auftraggebern und Steuergruppe gezeigt
werden.

Das didaktische Prinzip ist eine Multikplikationsstrategie. Aus dem Kreis
der Einrichter werden neun Mitarbeiter ausgewählt, die dann mit der Haupt-
gruppe der Betroffenen arbeiten. Durch dieses Arrangement soll der betriebliche, natürliche und fachliche Einweisungsprozeß (Einrichter wei-
sen Bediener an Maschinen ein) im Lernprozeß abgebildet werden. Dies ist
ein Beispiel für die Erhaltung von Bewahrenswertem, denn dieser fachliche
Einweisungs- und Betreuungsprozeß hat sich in der Praxis bewährt(Kräftefeldmodell).

Flankiert wird der Prozeß durch die Auftraggebergruppe und die Steuergruppe. Es wird deutlich, daß sich das Bildungswesen auf die Methodenbe-
ratung beschränkt. Durch die Integration von drei Gruppenmeistern in die
Methodenberatergruppe wollen wir auch die Kultur der Betriebsbereiche in
den Lehrprozeß integrieren (Kräftefeldmodell).

Der Prozeß ist so angelegt, daß er sich verselbständigen kann und daß
der fachliche Entwicklungsprozeß nach einer Zeit ohne die Personalentwicklung getragen werden kann (Prozeßmodell).

Der Grundaufbau dieses Entwicklungsprogramms ist in Abbildung 13 wieder-
gegeben.

5. Ausblick

Praxisberichte sind fast immer Momentaufnahmen, ein Fazit des Vorläufi-
gen... - mit diesen Ausführungen begannen wir diesen schriftlichen Bericht. Wir wissen, daß viele der von uns skizzierten Punkte noch deutlicher durchdacht und ausgefaltet werden müssen. Das Kräftefeldmodell

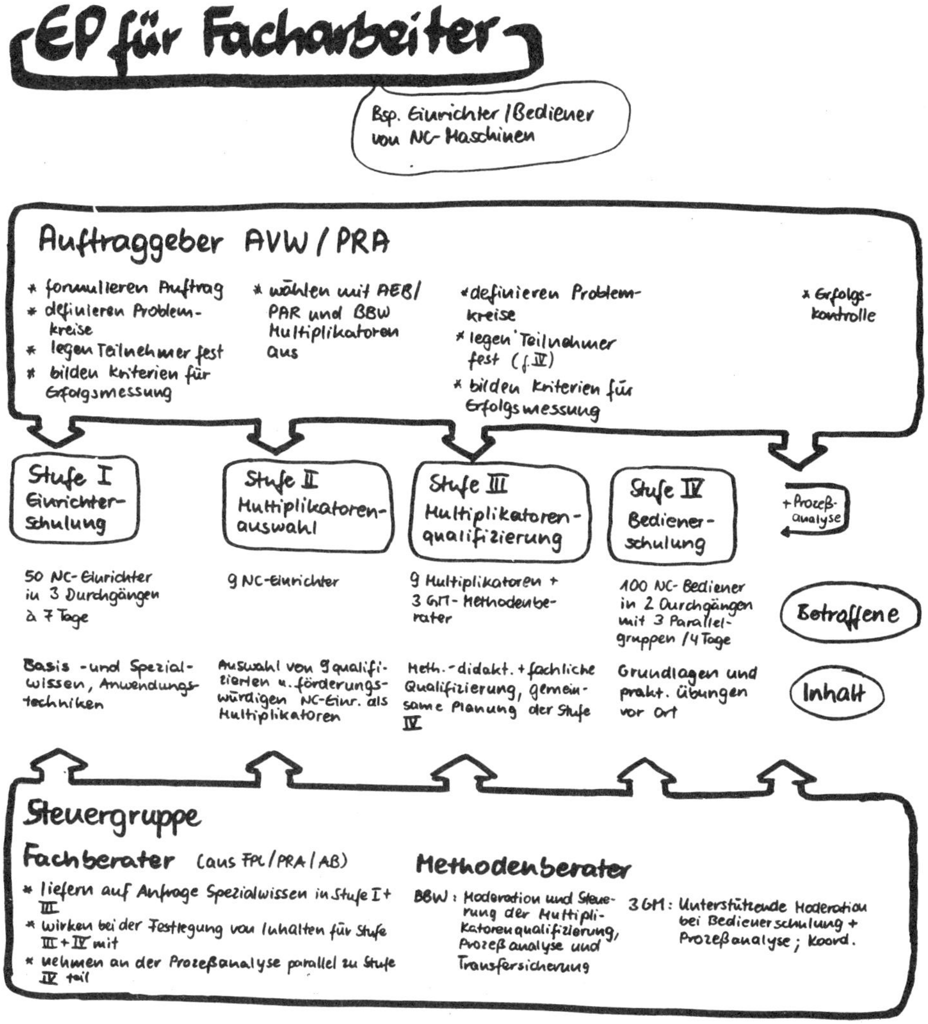

EP für Facharbeiter

Bsp. Einrichter / Bediener von NC-Maschinen

Auftraggeber AVW / PRA

* formulieren Auftrag
* definieren Problem-kreise
* legen Teilnehmer fest
* bilden Kriterien für Erfolgsmessung

* wählen mit AEB/ PAR und BBW Multiplikatoren aus

* definieren Problem-kreise
* legen Teilnehmer fest (f. IV)
* bilden Kriterien für Erfolgsmessung

* Erfolgs-kontrolle

Stufe I
Einrichter-Schulung

Stufe II
Multiplikatoren-auswahl

Stufe III
Multiplikatoren-qualifizierung

Stufe IV
Bediener-schulung

+ Prozeß-analyse

50 NC-Einrichter in 3 Durchgängen à 7 Tage

9 NC-Einrichter

9 Multiplikatoren + 3 GIT-Methodenbe-rater

100 NC-Bediener in 2 Durchgängen mit 3 Parallel-gruppen / 4 Tage

Betroffene

Basis- und Spezial-wissen, Anwendungs-techniken

Auswahl von 9 qualifi-zierten u. förderungs-würdigen NC-Einr. als Multiplikatoren

Meth.-didakt. + fachliche Qualifizierung, gemein-same Planung der Stufe IV

Grundlagen und prakt. Übungen vor Ort

Inhalt

Steuergruppe

Fachberater (aus FPL/PRA/AB)

* liefern auf Anfrage Spezialwissen in Stufe I + III
* wirken bei der Festlegung von Inhalten für Stufe III + IV mit
* nehmen an der Prozeßanalyse parallel zu Stufe IV teil

Methodenberater

BBW: Moderation und Steue-rung der Multipli-katorenqualifizierung, Prozeßanalyse und Transfersicherung

GIT: Unterstützende Moderation bei Bedienerschulung + Prozeßanalyse; Koord.

Abbildung 13

und der Interessenausgleichsansatz sind erste vorsichtige Versuche das Thema des Wertewandels in die Personalentwicklungsarbeit zu integrieren. Begriffe und Instrumente bedürfen der Präzisierung, das Unterfangen beinhaltet erhebliche Risiken.

Die Chance besteht darin, daß die Personalentwicklung sich als wichtiger Bestandteil in das Kräftefeld des Unternehmens integrieren und das Zusammenwirken der verschiedenen Kräfte des Unternehmens ausgestalten kann. Dies könnte dem Unternehmen helfen, sich besser auf die Zukunft einzustellen und Mitarbeitern und Führungskräften helfen, klarer und transparenter ihre Entfaltungschancen zu erkennen.

So gesehen ist das Kräftefeldmodell eine Möglichkeit, die Personalentwicklung in Richtung einer umfassenderen Organisationsentwicklung zu orientieren.

LITERATURHINWEISE

BATESON, GREGORY:
    Ökologie des Geistes, Frankfurt 1981, S. 131

DEDERRA, ERICH:
    Humanistische Psychologen unter Beschuß, FB/IE 27/178, Heft 6,
    S. 411 - 412

FISCHER, HANS-PETER/HEINECKE, HANS-JÜRGEN:
    Betriebliche Bildungsarbeit im Umbruch - Voraussetzung und Chance
    zur Organisationsentwicklung? in Organisationsentwicklung 01/82,
    S. 21, S. 23 ff.

FISCHER, HANS-PETER/HEINECKE, HANS-JÜRGEN:
    Zwischenbilanz eines Entwicklungsprojektes für Führungsnachwuchs-
    kräfte in: Elemente der Personalentwicklung in der Diskussion -
    Bestandsaufnahme und Trends für die 80er Jahre, Herausg.: Schäkel,
    Thiede, Düsseldorf 1981, S. 242

FISCHER, HANS-PETER u. a.:
    Projektorientierte Fachbildung im Berufsfeld Metall - Modellver-
    suche zur beruflichen Bildung Heft 9, Berlin 1982, S. 51 ff.

FRANKL, V. E.:
    Psychotherapy and existentialism, Harmondsworth 1973

KLAGES, HELMUT/KMIECIAK, PETER:
    Einführung zum Sammelband Wertwandel und Gesellschaftlicher Wandel,
    Frankfurt/New York, 2. Auflage 1981, S. 11, S. 23 ff.

LIEVEGOED, B. C. J.:
    Organisationen im Wandel, Bern 1974, S. 35

LITT, THEODOR:
    Führen oder wachsen lassen, 13. Auflage Stuttgart 1967

MACCOBY, MICHAEL:
    Die neuen Chefs, Reinbeck bei Hamburg 1979, S. 195

NOELLE-NEUMANN, E.:
    Werden wir alle Proletarier? Zürich, 2. Auflage 1979

RICHTER, H. E.:
    Alle redeten vom Frieden - Versuch einer paradoxen Intervention,
    Hamburg 1981, S. 74 ff.

WATZLAWICK, PAUL:
        Wie wirklich ist die Wirklichkeit; Wahn - Täuschung - Verstehen -
        7. Auflage, München 1970, S. 18, S. 31

WATZLAWICK, PAUL/WEAKLAND, J. H./FISCH, R.:
        Lösungen, Bern/Stuttgart/Wien 1974, S. 55 ff.

NEU in unserem Katalog

Dave Francis, Don Young
MEHR ERFOLG IM TEAM

Ein Trainingsprogramm mit 46 Übungen zur Verbesserung der Leistungsfähigkeit in Arbeitsgruppen

Aus dem Amerikanischen übersetzt v. Hermann Weber

ca. 300 Seiten, ca. 60.-- DM
ISBN 3-922789-04-8

"Mehr Erfolg im Team" richtet sich an Trainer, Bildungsreferenten, an Führungskräfte und Gruppenleiter, um nur einige zu nennen. Das Buch ist ein praxisorientiertes Arbeitsprogramm für all diejenigen, die die Zusammenarbeit in Gruppen fördern und verbessern möchten. Der erste Teil des Buches vermittelt auf der Basis langjähriger praktischer Erfahrungen der beiden Autoren theoretisches Hintergrundwissen.

Der zweite Teil enthält 46 Übungen, die sofort in ein Teamarbeits-Seminar übernommen werden können, da die Übungen vielfach erprobt worden sind.

Das Buch ist so aufgebaut, daß einzelne Teile für die Teilnehmer eines Seminars unkompliziert vervielfältigt werden können, wie z.B. Fragebogen, Instruktionen etc.

Buchbestellungen richten Sie bitte an Ihre Buchhandlung oder direkt an:

WINDMÜHLE GMBH · Verlag und Vertrieb von Medien · 4300 Essen 16 · Tiergarten 16 · Postfach 16 41 10·
Tel.: (0201) 49 17 21

Marianne Riegger
LERNSTATT ERLEBT

Über praktische Erfahrungen, Gruppeninitiativen am Arbeitsplatz zu entwickeln.
Ein Praxismodell aus der Produktion

ca. 250 S., mit zahlr. Abb. u. Tab.
ca. 35.-- DM
ISBN 3-922789-09-9

"Am liebsten würde ich eine Laudatio auf dieses Buch schreiben, weil es in seltener Lebendigkeit und mit analytischem Verstand einfach erzählt, wie Lernstatt praktiziert wird, so daß wir ein Stück der Entwicklungsgeschichte authentisch miterleben können...", so beginnt Dr. Holger Samson sein Vorwort zu diesem Buch.
Mehr Lob kann man eigentlich nicht aussprechen. "Lernstatt erlebt" beschreibt mit kritischer Distanz und viel menschlicher Wärme wie Lernstatt funtioniert, wie sie zu dem wurde, was sie heute darstellt: eine von der Unternehmensleitung akzeptierte Möglichkeit, Gruppeninitiative am Arbeitsplatz zu entwickeln, Lernen zu einem integrierten Bestandteil des Arbeitens in der Produktion zu machen.

Die pädagogischen Prinzipien bilden dabei eine zentrale Aussage des Buches. Der Begriff der Therapie als sozialpädagogische Wurzel der Lernstatt und die Möglichkeiten, die darin stecken, werden deutlich am Beispiel der persönlichen Entwicklung der Moderatoren.

Das Buch beschreibt die Ausgangssituation der Lernstatt, die Entwicklung des Konzeptes, die Ausbildung der Moderatoren (mit Beispielen aus den Intensiv-Übungen), die Realisierung(Erfahrungen mit der Lernstatt im Betrieb) und Entwicklungstendenzen

Lernstatt wird damit "nachvollziehbar" für den Leser und Entscheidungshilfe für das eigene Arbeitsumfeld.

 **IME**

Institut für Management-Entwicklung

Windmühle GmbH · Verlag und Vertrieb von Medien

IME unterstützt und fördert die Bemühungen der
Unternehmen auf dem Gebiet der Führungskräfte-
und Mitarbeiterförderung und -entwicklung.

IME veranstaltet **offene** und maßgeschneiderte
firmeninterne Seminare im Baukastensystem.

IME Seminare vermitteln Wissen und Verhalten auf
der Basis neuester wissenschaftlicher Erkenntnisse
und Erfahrungen der betrieblichen Praxis.
Theorie und Praxis bilden eine Einheit.

IME berät, plant und organisiert für Sie
kurz- und mittelfristig Führungskräfte- und
Mitarbeiterentwicklungsprogramme.

Institut für Management-Entwicklung

Lutterstraße 14 · 4800 Bielefeld 1
Telefon (05 21) 155 848 · Telex 0932 945

Windmühle GmbH
Verlag und Vertrieb von Medien
Tiergarten 16
Postfach 16 4110
4300 Essen 16

Zu den bisherigen IME-Studientagungen –
das jeweilige Fachbuch

**Aktuelle Konzeptionen
und Instrumente der
betrieblichen Weiterbildung
in der Diskussion**

Beiträge zur
IME-Studientagung 1978

Herausgegeben von
U. Schäkel und J. D. Thiede
Preis: DM 59,–
ISBN 3-8041-3546

**Neue Wege des Lernens
Anwendung und Nutzen in der
betrieblichen Weiterbildung**

Beiträge zur
IME-Studientagung 1979

Herausgegeben von
U. Schäkel und J. D. Thiede
Preis: DM 51,–
ISBN 3-8041-3365-7

**Elemente der Personalentwicklung
in der Diskussion
Bestandsaufnahme und Trends
für die 80er Jahre**

Beiträge zur
IME-Studientagung 1980

Herausgegeben von
U. Schäkel und J. D. Thiede
Preis: DM 84,–
ISBN 3-8041-3366-5

**NEU
Neue Wege der Leistungsgesellschaft
Wertwandel und seine
praktischen Konsequenzen
im Unternehmen**

Beiträge zur
IME-Studientagung 1981

Herausgegeben von
U. Schäkel und J. Scholz
Preis: ca. 50,– DM
ISBN 3-922789-08-0

Alle Titel sind zu beziehen über:
Windmühle GmbH · Verlag und Vertrieb von Medien · Essen

Die Reihe wird fortgesetzt!

*Die Schriftenreihe "ORGANISATIONSENTWICKLUNG IN DER PRAXIS" bietet Original-
arbeiten sowie Uebersetzungen an, in denen die Anwendung der Organisationsentwicklung in Europa im Vordergrund steht. Hier stellen wir Ihnen Band 1 vor:*

Karsten Trebesch

ORGANISATIONSENTWICKLUNG IN EUROPA - Organisation Development in Europe

Beiträge zum 1. Europäischen Forum über Organisationsentwicklung in Aachen 1978

Band 1A: Konzeptionen /Concepts (822 Seiten, 50 Tabellen und 29 Zeichnungen)
Band 1B: Fälle /Cases (804 Seiten, 34 Tabellen und 29 Zeichnungen)
Zusammen: Fr. 125.- /DM 138.-

"Dem Leser wird eine dichte und vielfältige Uebersicht geboten, die als Grundlage für Lernprozesse und als Ausgangspunkt weiterer Entwicklung auf dem Gebiet
der Organisationsentwicklung dienen soll."

Manager-Bibliothek

"Durch die Auswahl der Referate erhält man nicht nur eine bemerkenswerte Samm-
lung dessen, was unter OE verstanden wird, sondern es werden ebenso die unterschiedlichen Entwicklungen und Schwerpunkte deutlich, die die Idee der OE in
den einzelnen europäischen Ländern und von verschiedenen *science communities*
erfahren hat. Damit ist ein Querschnitt durch den Stand der verschiedenen Konzeptionen gelungen, der die Vielfalt der Anwendungsgebiete, Möglichkeiten und
Methoden belegt. Dass neben Wissenschaftlern auch Betriebspraktiker und frei-
praktizierende Berater zu Wort kommen, ist ebenso hervorzuheben wie die Auf-
nahme einer grossen Anzahl von Referaten, die sich z.T. sehr kritisch mit der
OE auseinandersetzen."

Schmalenbachs Zeitschrift für betriebsw. Forschung

haupt

VERLAG PAUL HAUPT BERN UND STUTTGART